Moderna PLUS

GRAMÁTICA

SUPLEMENTO DE REVISÃO

D1723814

© Editora Moderna, 2010

≡lll Moderna PLUS》》

Coordenação editorial: Áurea Regina Kanashiro

Elaboração de originais: Alan Nicoliche da Silva

Edição de texto: José Paulo Brait, José Gabriel Arroio, Mônica Franco Jacintho, Regiane de Cássia Thahira, Marcia Camargo, Áurea Faria, Solange Scattolini

Coordenação de *design* e projetos visuais: Sandra Homma

Projeto gráfico e capa: Everson de Paula, Marta Cerqueira Leite, Mariza Porto
Ilustração da capa: Nelson Provazi

Coordenação de produção gráfica: André Monteiro, Maria de Lourdes Rodrigues

Coordenação de arte: Wilson Gazzoni Agostinho

Edição de arte: Rodolpho de Souza

Editoração eletrônica: APIS design integrado

Coordenação de revisão: Elaine Cristina del Nero

Revisão: Ana Paula Luccisano

Coordenação de pesquisa iconográfica: Ana Lucia Soares

Pesquisa iconográfica: Erika Freitas, Monica de Souza
As imagens identificadas com a sigla CID foram fornecidas pelo Centro de Informação e Documentação da Editora Moderna.

Coordenação de *bureau*: Américo Jesus

Tratamento de imagens: Arleth Rodrigues, Bureau São Paulo, Fabio N. Precendo, Pix Art, Rubens M. Rodrigues

Pré-impressão: Alexandre Petreca, Everton L. de Oliveira Silva, Helio P. de Souza Filho, Marcio H. Kamoto

Coordenação de produção industrial: Wilson Aparecido Troque

Impressão e acabamento: Prol Gráfica

Dados Internacionais de Catalogação na Publicação (CIP)
(Câmara Brasileira do Livro, SP, Brasil)

Abaurre, Maria Luiza M.
    Gramática : texto : análise e construção de sentido : volume único / Maria Luiza M. Abaurre, Maria Bernadete M. Abaurre, Marcela Pontara. – 2. ed. – São Paulo : Moderna, 2010.
    Bibliografia

    1. Português - Gramática (Ensino médio) I. Abaurre, Maria Bernadete M. II. Pontara, Marcela. III. Título.

10-07228   CDD-469.507

Índices para catálogo sistemático:
1. Gramática : Português : Ensino médio 469.507

ISBN 978-85-16-06826-4 (LA)
ISBN 978-85-16-06827-1 (LP)

EDITORA MODERNA LTDA.
Rua Padre Adelino, 758 - Belenzinho
São Paulo - SP - Brasil - CEP 03303-904
Vendas e Atendimento: Tel. (0_ _11) 2602-5510
Fax (0_ _11) 2790-1501
www.moderna.com.br
2010
Impresso no Brasil

1 3 5 7 9 10 8 6 4 2

Apresentação

Ao final do terceiro ano do Ensino Médio faz-se necessária uma revisão dos três anos de curso. O *Suplemento de revisão* foi organizado para esse momento.

Ele acompanha a obra Moderna Plus – Gramática e está organizado em 25 temas que sintetizam os principais conceitos dos três anos de curso. O texto destaca as palavras-chave do tema, organizando as informações essenciais. Imagens auxiliam na compreensão e fixação dos conteúdos revisados.

Para cada tema, são apresentadas questões do Enem e de vestibulares de diversos estados brasileiros.

Ao longo do *Suplemento de revisão*, há remissões para o Portal Moderna Plus, que contém recursos multimídia como vídeos, áudios, animações, sequências interativas e atividades extras para complementar o aprendizado.

O *Suplemento de revisão* é um importante auxílio no estudo e na preparação para os exames de ingresso nas universidades.

Bons estudos!

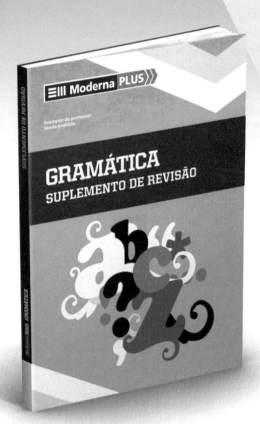

O Suplemento de revisão apresenta a síntese dos principais tópicos dos três anos de curso, acompanhada por questões de vestibulares.

Temas
Seleção de 25 temas que sintetizam os conceitos principais dos três anos de curso.

Formação de palavras

A compreensão dos significados dos afixos e dos processos de formação de palavras nos permite ampliar o nosso léxico.

Composição

❭ O processo de **composição** ocorre quando temos uma palavra formada pela combinação de dois radicais. Exemplo: *gira + sol: girassol*.

❭ Quando o processo de composição ocorre, a palavra resultante tem um sentido diferente do sentido de cada um dos radicais que a compõem. Exemplo: a palavra *girassol*, formada de *gira + sol*, que dá nome a uma planta.

❭ Os elementos da palavra composta não podem ser trocados por sinônimos. Exemplo: não se pode dizer "rodassol" em referência à planta "girassol".

❭ Em português, há dois tipos de composição, a depender da forma da palavra resultante: **composição por justaposição** ou **composição por aglutinação**.

❭ A **composição por justaposição** se define pela combinação de dois (ou mais) radicais que não sofrem alteração na sua forma fonológica (não há mudança nos fonemas originais e cada radical mantém o seu acento tônico). Exemplos: *bem-casado, bem-vindo, escalda-pés, centroavante, guarda-roupa, pontapé, ponta-cabeça, quinta-feira*.

❭ **Radicais gregos e latinos** participam da formação de muitas palavras da língua portuguesa. Conhecer o seu significado ajuda a compreender melhor o sentido das palavras de cuja formação eles participam. Exemplo: *crono-* (radical grego) = tempo, *-metro* (radical grego) = que mede → *cronômetro*: instrumento que mede o tempo.

❭ A **composição por aglutinação** é definida pela combinação de dois (ou mais) radicais que sofrem alteração na sua forma fonológica (há mudança nos fonemas originais e no acento tônico dos radicais envolvidos no processo). Exemplos: *corrimão* (correr + mão), *vinagre* (vinho + acre), *hidrelétrica* (hidro + elétrica), *boquiaberta* (boca + aberta).

Redução ou abreviação

❭ A **redução**, ou **abreviação**, é o processo pelo qual se forma uma nova palavra por eliminação de parte de uma palavra já existente. Exemplos: *micro* (microcomputador), *pneu* (pneumático), *cine* (cinema).

❭ A formação de palavras por abreviação é muito frequente na linguagem coloquial.

Criação de siglas (siglonimização)

❭ A **siglonimização** é o processo de redução que dá origem a novas palavras na língua pela transformação de determinadas sequências vocabulares (geralmente títulos ou designações várias) em uma sigla. Exemplos: *INSS* (Instituto Nacional de Seguridade Social), *RG* (Registro Geral), *IPVA* (Imposto sobre a Propriedade de Veículos Automotores).

❭ As siglas costumam submeter-se aos mecanismos normais de flexão e derivação. Exemplos: ONG → *ONGs*, TV → *TVs*, CD → *CDs*.

Onomatopeia

❭ A figura sonora denominada **onomatopeia** é utilizada em histórias em quadrinhos, por exemplo, para representar sons (espirros, batidas, campainhas, etc.). Exemplo: *atchim*.

Disponível em: <http://www.ivancabral.com
2009/07/charge-do-dia-atchim.html
Acesso em: 9 dez. 2010

❭ Como algumas onomatopeias são incorporadas ao léxico da língua e identificadas como palavras (*tique-taque, blablablá* etc.), esse recurso é reconhecido como um dos processos de formação de palavras.

Empréstimos lexicais

❭ Os **empréstimos lexicais** são palavras de outras língua que vão entrando na língua portuguesa ao longo do tempo Exemplos: *abajur* (do francês), *shopping* (do inglês), *pizza* (do italiano).

❭ Os empréstimos lexicais têm origem no contato entre as culturas e na influência que uma cultura exerce sobre a outra em vários aspectos do comportamento e da vida social.

❭ Muitas vezes, toma-se emprestado uma ideia ou conceito ao qual se associa uma nova palavra. Essa palavra costuma ser mantida na língua original, por vezes com adaptação à ortografia do português. Exemplo: *shampoo → xampu*.

❭ Houve uma fase em que eram comuns os empréstimos do francês (*ateliê, buquê, filé*, etc.). Atualmente, são comuns os empréstimos do inglês (*internet, jeans, skate, rock, hambúrguer, escâner*, etc.).

Síntese do conteúdo
Texto sintetizando os conceitos principais, com destaque das palavras-chave. Imagens auxiliam na fixação dos conteúdos revisados.

Um pequeno texto
informa resumidamente o
tema a ser tratado.

Enem e vestibulares
Para cada tema, questões
do Enem e de vestibulares
de todo o país, selecionadas
com o intuito de auxiliar na
compreensão e fixação
dos conteúdos revisados.

❯ As subordinadas adverbiais condicionais são introduzidas pelas conjunções subordinativas *se, caso* e pelas locuções conjuntivas *desde que, contanto que, salvo se, exceto se, a menos que, uma vez que* (seguida de verbo no modo Subjuntivo).
Exemplo:
Caso você precise de ajuda, ligue para mim.

Orações subordinadas adverbiais concessivas

❯ As orações subordinadas adverbiais **concessivas** são aquelas que indicam **concessão**, ou seja, que exprimem a ideia de que algo que se esperava que acontecesse, contrariamente à expectativa, não acontece. Uma relação de concessão traduz, portanto, algo inesperado em determinadas circunstâncias.

❯ A conjunção subordinativa de concessão é *embora*. Também introduzem orações subordinadas adverbiais concessivas a conjunção *conquanto* e as locuções conjuntivas *ainda que, se bem que, mesmo que, apesar de que, ainda quando, posto que.*
Exemplo:
Recebi muitos elogios, embora eu não merecesse.

Orações subordinadas adverbiais comparativas

❯ As orações subordinadas adverbiais **comparativas** são aquelas que expressam uma **comparação** (de **igualdade**, de **superioridade** ou de **inferioridade**) com um dos termos da oração principal.

❯ A conjunção que tipicamente expressa a ideia de comparação é *como.*

❯ Do ponto de vista formal, as estruturas comparativas costumam vir marcadas pela ocorrência, na oração principal, de um advérbio (*tão, mais, menos*) e pela ocorrência dos conectivos *como, que, quanto* no início da oração subordinada, que geralmente apresenta elipse (omissão) do verbo.
Exemplo:
João não foi tão cuidadoso quanto deveria.

Orações subordinadas adverbiais conformativas

❯ As orações subordinadas adverbiais **conformativas** são aquelas que expressam a ideia de **conformidade** com relação a algo que foi afirmado na oração principal.

❯ As orações subordinadas adverbiais conformativas são introduzidas pelas conjunções *conforme, como, segundo, consoante.*
Exemplo:
Fiz o tratamento conforme determinou o médico.

Orações subordinadas adverbiais finais

❯ As orações subordinadas adverbiais **finais** são aquelas que exprimem **finalidade, objetivo** ou **fim** daquilo que se declara na oração principal.

❯ Tal circunstância vem geralmente introduzida pelas locuções conjuntivas *para que, a fim de que.*
Exemplo:
Compramos livros a fim de que as crianças pudessem ler.

❯ São frequentes as orações subordinadas adverbiais finais reduzidas de Infinitivo introduzidas pela preposição *para.*
Exemplo:
Ana estudou muito para passar no concurso.

Orações subordinadas adverbiais proporcionais

❯ As orações subordinadas adverbiais **proporcionais** são as que expressam **gradação** ou **proporcionalidade**, relacionando o processo verbal indicado na oração principal com aquele expresso na subordinada.

❯ As orações subordinadas adverbiais proporcionais são introduzidas pelas locuções conjuntivas *à proporção que, à medida que, ao passo que,* e pelas estruturas correlativas *quanto mais/menos... mais/menos, quanto mais/menos... tanto mais/menos.*
Exemplo:
Quanto mais eu treino, mais preparada eu fico para a corrida.

Orações subordinadas adverbiais temporais

❯ As orações subordinadas adverbiais **temporais** são aquelas que exprimem **circunstâncias temporais** (de anterioridade, simultaneidade, posterioridade) relativas ao acontecimento que vem expresso na oração principal.

❯ Conjunções temporais: *quando, enquanto.*

❯ Locuções conjuntivas: *assim que, desde que, logo que, depois que, antes que, sempre que.*
Exemplo:
Antes que o prazo terminasse, Carlos fez sua inscrição.

Orações subordinadas adverbiais reduzidas

❯ As orações subordinadas adverbiais, quando não são desenvolvidas, podem ser reduzidas de **Infinitivo**, de **Gerúndio** ou de **Particípio**.

❯ Não são introduzidas por uma conjunção subordinativa, mas podem ser introduzidas por preposições.

Veja os exemplos abaixo.

Orações adverbiais reduzidas de Infinitivo:
A fim de receber presentes, comportei-me bem o ano todo.
(Oração subordinada adverbial final reduzida de Infinitivo)

Orações adverbiais reduzidas de Gerúndio:
Chegando em casa, ele ligará para o pai.
(Oração subordinada adverbial temporal reduzida de Gerúndio)

Orações adverbiais reduzidas de Particípio:
Disciplinado na escola, conseguirei boas notas.
(Oração subordinada adverbial condicional reduzida de Particípio)

⊙⊙ **Conteúdo digital Moderna PLUS**
http://www.modernaplus.com.br
Sequência interativa: *Usos das orações subordinadas adverbiais.*

Conteúdo digital Moderna Plus
Remissão para o *Portal Moderna Plus*, que contém recursos multimídia como vídeos, áudios, animações e sequências interativas.

5. (UERJ – adaptada)

O chefe da estação me olhou de cara feia, e me deu a passagem e o troco. Bateu com a prata na mesa. Se fosse falsa, estaria perdido. Guardei o cartão com ganância no bolso da calça. A estação se enchera. Um vendedor de bilhete me ofereceu um. Não desconfiava de mim. O chefe foi que me olhou com a cara fechada. Já se ouvia o apito do trem. Cheguei para o lugar onde paravam os carros de passageiros. E o barulho da máquina se aproximando. Estava com medo, com a impressão de que chegasse uma pessoa para me prender. Ninguém saberia. E o trem parado nos meus pés. Tomei o carro num banco do fim, meio escondido. O Padre Fileto me viu. Tirava esmolas para a obra da igreja. [...]

REGO, José Lins do. *Doidinho*. Rio de Janeiro: José Olympio, 1971.

"Estava com medo, com a impressão de que chegasse uma pessoa para me prender."

No trecho acima, há duas orações subordinadas. Transcreva essas orações e classifique sintaticamente cada uma delas.

_____
_____
_____
_____

6. (Ufam) Assinale a opção em que está incorreta a classificação da oração grifada:
a) A estrela brilhava no eterno azul *como uma vela*. (subordinada adverbial comparativa)
b) A Lua dizia *que a claridade do Sol resumia toda a luz*. (subordinada substantiva objetiva direta)
c) *Como estava enfarado de sua enorme e desmedida umbela*, o Sol invejava o vaga-lume. (subordinada adverbial causal)
d) A Lua admirava a auréola de nume *que o Sol ostentava*. (subordinada adjetiva restritiva)
e) *Enquanto bailava no ar*, o inquieto vaga-lume fitava com ciúme da estrela. (subordinada adverbial proporcional)

7. (PUC-SP) Leia com atenção o seguinte trecho do texto para responder à questão:

"Então, os peixes jovens, já não era mais possível segurá-los; agitavam as nadadeiras nas margens lodosas para ver se funcionavam como patas, como haviam conseguido fazer os mais dotados.
Mas precisamente naqueles tempos se acentuavam as diferenças entre nós..."

As palavras destacadas indicam, respectivamente,
a) finalidade, oposição, comparação, conformidade.
b) oposição, finalidade, conformidade, oposição.
c) conformidade, finalidade, oposição, comparação.

d) finalidade, comparação, conformidade, oposição.
e) comparação, finalidade, oposição, conformidade.

8. (PUC-RJ)

O açúcar

O branco açúcar que adoçará meu café
nesta manhã de Ipanema
não foi produzido por mim
nem surgiu dentro do açucareiro por milagre.

Vejo-o puro
e afável ao paladar
como beijo de moça, água
na pele, flor
que se dissolve na boca. Mas este açúcar
não foi feito por mim.

Este açúcar veio
da mercearia da esquina e tampouco o fez o Oliveira,
dono da mercearia.
este açúcar veio
de uma usina de açúcar em Pernambuco
ou no Estado do Rio
e tampouco o fez o dono da usina.

Este açúcar era cana
e veio dos canaviais extensos
que não nascem por acaso
no regaço do vale.
Em lugares distantes, onde não há hospital
nem escola,
homens que não sabem ler e morrem de fome
aos 27 anos
plantaram e colheram a cana
que viraria açúcar.

Em usinas escuras,
homens de vida amarga
e dura
produziram este açúcar
branco e puro
com que adoço meu café esta manhã em Ipanema.

GULLAR, Ferreira.
Dentro da noite veloz & Poema sujo.
São Paulo: Círculo do Livro, s/d. p. 51-52.

No poema "O açúcar", Ferreira Gullar faz amplo uso de orações adjetivas, como ilustra especialmente a passagem entre os versos 22 e 27: "Em lugares distantes, *onde não há hospital* / nem escola, / homens *que não sabem ler e morrem de fome* / aos 27 anos / plantaram e colheram a cana / *que viraria açúcar*".
Uma das orações adjetivas destacadas pode ser substituída por um adjetivo de valor correspondente. Faça tal substituição.

_____
_____

SUMÁRIO

Linguagem e variação linguística

O uso da linguagem é essencial para a comunicação humana e a transmissão de ideias. A variação linguística mostra o caráter dinâmico da língua.

Linguagem e língua

> A **linguagem** é uma atividade humana e é sempre utilizada em **situações de interlocução**. Pressupõe, portanto, a existência de interlocutores. Por meio da linguagem elaboramos representações acerca do mundo em que vivemos, organizamos e damos forma às nossas experiências. Nas representações que constrói, a linguagem traz marcas de aspectos históricos, sociais e ideológicos de uma determinada cultura.

> **Língua** é um sistema de representação constituído por signos linguísticos socialmente construídos. São exemplos: português, alemão, italiano, holandês, guarani.

Signo linguístico

> **Signo linguístico** é uma unidade de significação que possui dupla face: (1) o **significante**, que é a sequência de sons que se combinam para formar uma palavra; (2) o **significado**, que é a ideia ou o conteúdo intelectual da palavra.

Observe.

Significante   Significado

gato (português) ———————→
cat (inglês) ———————————→
chat (francês) ————————————→
gatto (italiano) ———————————→

Eric Isselée/Shutterstock

> Considerar "errada" uma determinada variedade linguística é emitir um juízo de valor sobre os falantes dessa variedade. Esse juízo de valor por vezes é usado como pretexto para discriminar socialmente os indivíduos – a isso chamamos **preconceito linguístico**.

Variação e norma

> **Variedade linguística** é cada um dos sistemas em que uma língua se diversifica, em função das possibilidades de variação de seus elementos (vocabulário, pronúncia, morfologia, sintaxe).

> A **variação linguística** é natural e decorre do fato de que as línguas são dinâmicas e sensíveis à influência de fatores como a **região geográfica**, o **sexo**, a **idade**, a **classe social** dos falantes e o **grau de formalidade** do contexto.

> Todas as variedades linguísticas constituem sistemas adequados para a expressão das necessidades comunicativas e cognitivas dos falantes.

> **Normas urbanas de prestígio** são as variedades que, em um país com a diversidade linguística do Brasil, gozam de maior prestígio político, social e cultural. São utilizadas em contextos formais de fala e escrita.

Variedades regionais e sociais

> As **variedades regionais** são responsáveis por grande parte da variação linguística. Observam-se diferenças entre as falas dos indivíduos da região Sul e da região Nordeste, entre falantes de diferentes estados como Minas Gerais e Rio de Janeiro, ou até entre moradores das capitais e do interior.

> As **variedades sociais** costumam apresentar diferenças em termos fonológicos ("prantar" no lugar de *plantar*, "bão" no lugar de *bom*, etc.) ou morfossintáticos ("dez real" por *dez reais*, "eu vi ela" por *eu a vi*, etc.).

> **Conteúdo digital Moderna PLUS**
> http://www.modernaplus.com.br
> Áudio: *Zaluzejo*.
> Vídeo: *Variedades sociais*.
> Áudio: *Variedades regionais*.

Variedades estilísticas

> **Variações de estilo** ou **registros** são as denominações comumente dadas às variações de uso da língua de acordo com o seu grau de formalidade. A linguagem utilizada de modo informal (em situações familiares, entre amigos, etc.) é chamada **coloquial**, e aquela utilizada com maior formalidade (no trato com autoridades, palestras, etc.) é chamada **formal**.

Gíria ou jargão

> **Gíria** ou **jargão** é uma forma de linguagem utilizada por determinado grupo social, distinguindo-o dos demais falantes da língua. O termo *gíria* costuma designar a linguagem de grupos de jovens (*skatistas*, surfistas, *rappers*, etc.). Já o termo *jargão* designa geralmente a linguagem associada a um grupo profissional (advogados, médicos, economistas, etc.).

Mudança linguística

> As línguas se transformam ao longo do tempo, e as mudanças são mais acentuadas quando se consideram espaços de tempo mais longos. Nesse sentido, as formas tidas como "erradas" e/ou "feias" em determinada época podem tornar-se "corretas" e "elegantes" em outra.

> A mudança linguística ocorre também na **organização textual**. Isso significa que, ao longo do tempo, um determinado **gênero discursivo** pode apresentar variações nas escolhas temáticas, na organização e apresentação das ideias, na escolha vocabular, etc.

Enem e vestibulares

1. (Enem-Inep)

Venho solicitar a clarividente atenção de Vossa Excelência para que seja conjurada uma calamidade que está prestes a desabar em cima da juventude feminina do Brasil. Refiro-me, senhor presidente, ao movimento entusiasta que está empolgando centenas de moças, atraindo-as para se transformarem em jogadoras de futebol, sem se levar em conta que a mulher não poderá praticar este esporte violento sem afetar, seriamente, o equilíbrio fisiológico das suas funções orgânicas, devido à natureza que dispôs a ser mãe. Ao que dizem os jornais, no Rio de Janeiro, já estão formados nada menos de dez quadros femininos. Em São Paulo e Belo Horizonte também já estão se constituindo outros. E, neste crescendo, dentro de um ano, é provável que em todo o Brasil estejam organizados uns 200 clubes femininos de futebol: ou seja: 200 núcleos destroçados da saúde de 2,2 mil futuras mães, que, além do mais, ficarão presas a uma mentalidade depressiva e propensa aos exibicionismos rudes e extravagantes.

Coluna Pênalti, *Carta Capital*, 28 abr. 2010.

O trecho é parte de uma carta de um cidadão brasileiro, José Fuzeira, encaminhada, em abril de 1940, ao então presidente da República Getúlio Vargas. As opções linguísticas de Fuzeira mostram que seu texto foi elaborado em linguagem

a) regional, adequada à troca de informações na situação apresentada.

b) jurídica, exigida pelo tema relacionado ao domínio do futebol.

c) coloquial, considerando-se que ele era um cidadão brasileiro comum.

d) culta, adequando-se ao seu interlocutor e à situação de comunicação.

e) informal, pressupondo o grau de escolaridade de seu interlocutor.

(Enem-Inep) Texto para as questões 2 e 3.

Quando eu falo com vocês, procuro usar o código de vocês. A figura do índio no Brasil de hoje não pode ser aquela de 500 anos atrás, do passado, que representa aquele primeiro contato. Da mesma forma que o Brasil de hoje não é o Brasil de ontem, tem 160 milhões de pessoas com diferentes sobrenomes. Vieram para cá asiáticos, europeus, africanos, e todo mundo quer ser brasileiro. A importante pergunta que nós fazemos é: qual é o pedaço de índio que vocês têm? O seu cabelo? São seus olhos? Ou é o nome da sua rua? O nome da sua praça? Enfim, vocês devem ter um pedaço de índio dentro de vocês. Para nós, o importante é que vocês olhem para a gente como seres humanos, como pessoas que nem precisam de paternalismos, nem precisam ser tratadas com privilégios. Nós não queremos tomar o Brasil de vocês, nós queremos compartilhar esse Brasil com vocês.

TERENA, M. Debate. In: MORIN, E. *Saberes globais e saberes locais*. Rio de Janeiro: Garamond, 2000. (Adaptado).

2. Os procedimentos argumentativos utilizados no texto permitem inferir que o ouvinte/leitor, no qual o emissor foca o seu discurso, pertence

a) ao mesmo grupo social do falante/autor.

b) a um grupo de brasileiros considerados como não índios.

c) a um grupo étnico que representa a maioria europeia que vive no país.

d) a um grupo formado por estrangeiros que falam português.

e) a um grupo sociocultural formado por brasileiros naturalizados e imigrantes.

3. Na situação de comunicação da qual o texto foi retirado, a norma padrão da língua portuguesa é empregada com a finalidade de

a) demonstrar a clareza e a complexidade da nossa língua materna.

b) situar os dois lados da interlocução em posições simétricas.

c) comprovar a importância da correção gramatical nos diálogos cotidianos.

d) mostrar como as línguas indígenas foram incorporadas à língua portuguesa.

e) ressaltar a importância do código linguístico que adotamos como língua nacional.

4. (Enem-Inep)

Iscute o que tô dizendo,
Seu dotô, seu coroné:
De fome tão padecendo
Meus fio e minha muié.
Sem briga, questão nem guerra,
Meça desta grande terra
Umas tarefa pra eu!
Tenha pena do agregado
Não me dêxe deserdado
Daquilo que Deus me deu

PATATIVA DO ASSARÉ. A terra é naturá. In: *Cordéis e outros poemas*. Fortaleza: Universidade Federal do Ceará, 2008. (Fragmento).

A partir da análise da linguagem utilizada no poema, infere-se que o eu lírico revela-se como falante de uma variedade linguística específica. Esse falante, em seu grupo social, é identificado como um falante

a) escolarizado proveniente de uma metrópole.

b) sertanejo morador de uma área rural.

c) idoso que habita uma comunidade urbana.

d) escolarizado que habita uma comunidade do interior do país.

e) estrangeiro que imigrou para uma comunidade do sul do país.

5. (Enem-Inep) A escrita é uma das formas de expressão que as pessoas utilizam para comunicar algo e tem várias finalidades: informar, entreter, convencer, divulgar, descrever. Assim, o conhecimento acerca das variedades linguísticas sociais, regionais e de registro torna-se necessário para que se use a língua nas mais diversas situações comunicativas. Considerando as informações acima, imagine que você está à procura de um emprego e encontrou duas empresas que precisam de novos funcionários. Uma delas exige uma carta de solicitação de emprego. Ao redigi-la, você

a) fará uso da linguagem metafórica.

b) apresentará elementos não verbais.

c) utilizará o registro informal.

d) evidenciará a norma padrão.

e) fará uso de gírias.

6. (Enem-Inep)

Quer evitar pesadelos? Então não durma de barriga para cima. Este é o conselho de quem garante ter sido atacado pela Pisadeira. A meliante costuma agir em São Paulo e Minas Gerais. Suas vítimas preferidas são aquelas que comeram demais antes de dormir. Desce do telhado – seu esconderijo usual – e pisa com muita força no peito e na barriga do incauto adormecido, provocando os pesadelos. Há controvérsias sobre sua aparência. De acordo com alguns, é uma mulher bem gorda. Já o escritor Cornélio Pires forneceu a seguinte descrição da malfeitora: "Essa é ua muié muito magra, que tem os dedos cumprido e seco cum cada unhão! Tem as perna curta, cabelo desgadeiado, quexo revirado pra riba e nari magro munto arcado; sobranceia cerrado e zoio aceso..." Pelo sim, pelo não, caro amigo... barriga para baixo e bons sonhos.

Almanaque de Cultura Popular,
ano 10, n. 114, out. 2008. (Adaptado).

Considerando que as variedades linguísticas existentes no Brasil constituem patrimônio cultural, a descrição da personagem lendária, Pisadeira, nas palavras do escritor Cornélio Pires,

a) mostra hábitos linguísticos atribuídos à personagem lendária.

b) ironiza vocabulário usado no registro escrito de descrição de personagens.

c) associa a aparência desagradável da personagem ao desprestígio da cultura brasileira.

d) sugere crítica ao tema da superstição como integrante da cultura de comunidades interioranas.

e) valoriza a memória e as identidades nacionais pelo registro escrito de variedades linguísticas pouco prestigiadas.

7. (Enem-Inep)

Gerente – Boa tarde. Em que eu posso ajudá-lo?

Cliente – Estou interessado em financiamento para compra de veículo.

Gerente – Nós dispomos de várias modalidades de crédito. O senhor é nosso cliente?

Cliente – Sou Júlio César Fontoura, também sou funcionário do banco.

Gerente – Julinho, é você, cara? Aqui é a Helena! Cê ta em Brasília? Pensei que você inda tivesse na agência de Uberlândia! Passa aqui pra gente conversar com calma.

BORTONI-RICARDO, S. M.
Educação em língua materna.
São Paulo: Parábola, 2004. (Adaptado).

Na representação escrita da conversa telefônica entre a gerente do banco e o cliente, observa-se que a maneira de falar da gerente foi alterada de repente devido

a) à adequação de sua fala à conversa com um amigo, caracterizada pela informalidade.

b) à iniciativa do cliente em se apresentar como funcionário do banco.

c) ao fato de ambos terem nascido em Uberlândia (Minas Gerais).

d) à intimidade forçada pelo cliente ao fornecer seu nome completo.

e) ao seu interesse profissional em financiar o veículo de Júlio.

8. (Enem-Inep)

Esta gramática, pois que gramática implica no seu conceito o conjunto de normas com que torna consciente a organização de uma ou mais falas, esta gramática parece estar em contradição com meu sentimento. É certo que não tive jamais pretensão de criar a Fala Brasileira. Não tem contradição. Só quis mostrar que o meu trabalho não foi leviano, foi sério. Se cada um fizer também das observações e usos pessoais a sua gramatiquinha muito que isso facilitará pra daqui a uns cinquenta anos se salientar as normas gerais, não só da fala oral transitória e vaga, porém da expressão literária impressa, isto é, da estilização erudita da linguagem oral. Essa estilização é que determina a cultura civilizada sob o ponto de vista expressivo. Linguístico.

ANDRADE, Mário. Apud PINTO, E. P.
A gramatiquinha de Mário de Andrade:
texto e contexto. São Paulo: Duas Cidades/
Secretaria de Estado da Cultura,
1990. (Adaptado).

O fragmento é baseado nos originais de Mário de Andrade destinados à elaboração da sua *Gramatiquinha*. Muitos rascunhos do autor foram compilados, com base nos quais se depreende do pensamento de Mário de Andrade que ele:

a) demonstra estar de acordo com os ideais da gramática normativa.

b) é destituído da pretensão de representar uma linguagem próxima do falar.

c) dá preferência à linguagem literária ao caracterizá-la como estilização erudita da linguagem oral.

d) reconhece a importância do registro do português do Brasil ao buscar sistematizar a língua na sua expressão oral e literária.

e) reflete a respeito dos métodos de elaboração das gramáticas, para que ele se torne mais sério, o que fica claro na sugestão de que cada um se dedique a estudos pessoais.

(Fuvest-SP – adaptada) Texto para a questão 9.

Belo Horizonte, 28 de julho de 1942.

Meu caro Mário,

Estou te escrevendo rapidamente, se bem que haja muitíssima coisa que eu quero te falar (a respeito da Conferência, que acabei de ler agora). Vem-me uma vontade imensa de desabafar com você tudo o que ela me fez sentir. Mas é longo, não tenho o direito de tomar seu tempo e te chatear.

Fernando Sabino.

9. Neste trecho de uma carta de Fernando Sabino a Mário de Andrade, o emprego de linguagem informal é bem evidente em
a) "se bem que haja".
b) "que acabei de ler agora".
c) "Vem-me uma vontade".
d) "tudo o que ela me fez sentir".
e) "tomar seu tempo e te chatear".

10. (Unifesp) Considere o texto de Patativa do Assaré.

Coisas do meu sertão

Seu dotô, que é da cidade
Tem diproma e posição
E estudou derne minino
Sem perdê uma lição,
Conhece o nome dos rio,
Que corre inriba do chão,
Sabe o nome das estrela
Que forma constelação,
Conhece todas as coisa
Da histora da criação
E agora qué i na Lua
Causando admiração,
Vou fazê uma pergunta,
Me preste bem atenção:
Pruquê não quis aprendê
As coisa do meu sertão?

a) O texto apresentado afasta-se das convenções ortográficas da língua e da norma padrão. Em que medida se podem considerar legítimos os usos nele presentes?

Os usos nele presente evidenciam que o eu lírico é um sertanejo legítimo cujo a fala evidencia a variedade popular regional, pelo fato de o poema representar usufruto oral dem sujeito

b) Transponha para a norma padrão da língua as passagens: "E agora qué i na Lua" e "Pruquê não quis aprendê / As coisa do meu sertão?".

Redução do "r" final de "quer ir" — fonológica regência verbal de ir "a" em vez de ir na — sintática
Aprender — fonológica
As coisas — concordância nominal

11. (Unifal-MG – adaptada)

O bom ladrão

"É o seguinte. Vou ser bem sincero pra ti. Eu roubei um carro. Agora. Eu peguei o carro e tinha uma criança dentro. Eu não vi, entendeu? Então tu manda uma viatura lá e manda o filho da p* do pai dele pegar ele e levar pra casa. Um piazinho, tá?" Assim começou o rápido diálogo entre um ladrão e um policial na delegacia da Brigada Militar (PM) de Passo Fundo, no interior gaúcho, na noite da quarta-feira 17. O policial quis saber qual era o carro: "É um Monza. Tem um piazinho dormindo no banco de trás. E diz pro filho da p* que, da próxima vez que eu pegar aquele auto e tiver um piá lá, eu vou matar ele".

Revista *CartaCapital*,
ano XV, n. 514, 24 set. 2008, p. 25.

É possível identificar, pelas características da declaração, que o assaltante apresenta traços de variação linguística. Retire do texto dois exemplos diferentes que comprovam essa afirmação.

Oralidade e escrita

Nem todas as sociedades do mundo têm escrita, mas todas fazem uso de uma língua oral. Nas sociedades letradas, a oralidade e a escrita são diferentes modalidades de uso da língua.

A relação entre oralidade e escrita

❯ Nas sociedades letradas, a **presença da escrita** no cotidiano das pessoas (placas, rótulos de produtos, anúncios, etc.) faz com que mesmo aqueles considerados analfabetos lidem com essa modalidade, atribuindo alguma interpretação à escrita que veem.

❯ A escrita não é um mero registro da fala, porque surgiu para expressar diferentes **necessidades comunicativas e cognitivas** dos seres humanos.

❯ A escrita utilizada na língua portuguesa é **alfabética**, isto é, faz uso de sinais gráficos (as **letras**) para representar unidades de som menores do que as sílabas (os **fonemas**).

❯ A escrita alfabética permite representar graficamente qualquer palavra da língua, pois recupera os significados (as **ideias**) por meio da representação dos significantes linguísticos (as **palavras**).

❯ Nem todas as sociedades letradas utilizam sistemas de escrita alfabética. A escrita chinesa, por exemplo, faz uso de símbolos que representam ideias (**ideogramas**).

Observe alguns ideogramas chineses e seus respectivos significados.

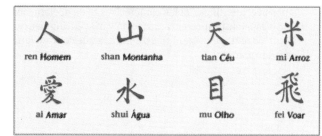

| 人 ren Homem | 山 shan Montanha | 天 tian Céu | 米 mi Arroz |
| 愛 ai Amar | 水 shui Água | 目 mu Olho | 飛 fei Voar |

A dimensão sonora da língua portuguesa

❯ Uma língua utiliza apenas um pequeno número dos sons que o aparelho fonador humano é capaz de produzir. A unidade de som que contribui para o estabelecimento de diferenças de significado entre as palavras de uma língua é chamada de **fonema**. A mudança de sentido entre as palavras *bala* e *mala*, por exemplo, é estabelecida pela substituição do fonema /b/ pelo fonema /m/.

❯ Há muitos casos em que a variação de sons não acarreta mudança de sentido, pois se trata de uma simples diferença de pronúncia. A palavra *tia*, por exemplo, é pronunciada por diferentes pessoas como "tchia" ou "tia". Quando isso ocorre, estamos diante de uma **variação fonética**, pois não se trata de fonemas diferentes.

A relação entre os sons da língua e a escrita alfabética

❯ Embora ocorram muitos sons na língua, apenas os fonemas têm representação no **sistema alfabético** do português. No caso, por exemplo, das palavras *tábua*, *teia*, *terno*, *timbre*, *toldo*, *torta* e *turno* utiliza-se o mesmo símbolo alfabético (a letra *t*) para a representação da consoante inicial.

❯ Na escrita alfabética, um mesmo fonema pode ser representado por letras diferentes. Isso acontece, por exemplo, nas palavras *mesa* e *reza*, em que as letras *s* e *z* representam o fonema /z/.

❯ Uma mesma letra pode representar mais de um fonema. A letra *x*, por exemplo, pode representar o fonema /z/ em *exame* e o fonema /s/ em *sintaxe*.

❯ Uma sequência de duas letras pode representar apenas um fonema, como em *chuva*, em que a sequência *ch* representa apenas um fonema, /ʃ/. Pode haver ainda o caso de uma só letra representar uma sequência de dois fonemas, como o *x* da palavra *sexo*, que representa os fonemas /ks/.

❯ O uso de um sistema alfabético de escrita costuma ser regulado por uma **ortografia**, que estabelece as normas para utilização das **letras** na representação dos fonemas das diversas palavras da língua.

As convenções da escrita

❯ A **ortografia** de uma língua é o conjunto de regras estabelecidas pela gramática normativa para a grafia correta das palavras, o uso de acentos, da crase e dos sinais de pontuação.

❯ O **alfabeto** da língua portuguesa tem 26 letras: a - b - c - d - e - f - g - h - i - j - k - l - m - n - o - p - q - r - s - t - u - v - w - x - y - z. As letras *k*, *w* e *y* são empregadas para grafar nomes próprios estrangeiros, algumas siglas e abreviaturas.

❯ Usamos ainda o **cê cedilha** (ç) na escrita de determinadas palavras, para indicar o fonema /s/ antes das letras *a*, *o* e *u*. O **til** (~) é usado sobre as vogais para indicar nasalidade.

❯ O uso das letras na escrita alfabética é regulamentado por um **sistema ortográfico**. É natural que haja uma convenção ortográfica, porque nossa escrita vem se constituindo há séculos, e os critérios que determinam a escolha das letras são diversos, com base não só na fonologia, mas também na morfologia e na etimologia (ou seja, na história e na origem das palavras).

Algumas regras ortográficas

❱ A grafia dos fonemas /s/, /z/, /ʒ/ e /ʃ/ provoca mais dúvida do que a de outros. Observe a seguir algumas regras ortográficas e alguns contextos de utilização de letras representativas desses fonemas.

Representado na escrita por:	Fonema /s/	
	Caso	Exemplos
s	Em substantivos derivados de verbos terminados em **-nder**, a sequência **nd + vogal temática + r** é substituída pela sequência -**nsão**.	compreender → compreensão distender → distensão
ss	Em substantivos derivados do verbo *ceder* e seus compostos, a sequência **ced + e + r** é substituída pela sequência -**cess**-.	interceder → intercessão retroceder → retrocesso
ç	Em substantivos formados a partir dos compostos do verbo **ter**, usa-se o ç.	obter → obtenção reter → retenção
SC ou SÇ	Em algumas palavras de origem erudita, usam-se os dígrafos *sc* ou *sç*.	crescer, cresço, crescimento, ascender, renascer, ascensor, descender
X	Em algumas palavras, o fonema /s/ é representado pela letra *x*.	extremo, extrair, extra, externo, auxiliar, explorador, morfossintaxe, trouxe
XC	Em algumas palavras de origem erudita, usa-se o dígrafo *xc*.	excedente, excipiente, excerto, excelso, excentricidade, excitante, excetuar, excelência

Representado na escrita por:	Fonema /z/	
	Caso	Exemplos
s	Verbos terminados em -*isar*, derivados de palavras que já têm a letra *s* em seu radical.	análise → analisar paralisia → paralisar
	Adjetivos terminados em -*oso*, -*osa*.	afetuoso, amorosa, bondoso
	Palavras que indicam nacionalidade, origem, profissão e título de nobreza pelas terminações -*ês*, -*esa*, -*isa*.	português, japonesa, poetisa
	Depois de **ditongos**.	causa, endeusar, pouso.
	Nas formas dos verbos **querer** e **pôr** e seus derivados.	quis, quiser, puser, pusera
z	Substantivos abstratos derivados de **adjetivos**.	**sensato** → sensatez **belo** → beleza **rápido** → rapidez
	Verbos formados a partir do acréscimo da terminação -*izar*, quando derivados de palavras que não possuam o *z*.	impermeabilidade → impermeabilizar ameno → amenizar
x	Em algumas palavras, o fonema /z/ é representado pela letra *x*.	exato, exercício, exame, executor, exemplar, exímio, execrável, exumação, exército

Representado na escrita por:	Fonema /ʒ/	
	Caso	Exemplos
G	Em palavras terminadas em *-ágio, -égio, -ígio, -ógio, -úgio*.	*pedágio, colégio, prestígio, relógio, refúgio*
G	Em substantivos terminados em *-gem*.	*ramagem, mensagem, virgem*
J	Em palavras derivadas de outras terminadas em *-ja*.	*gorja → gorjeta, gorjear, gorjeio*
J	Nas palavras de origem *tupi, africana, árabe*.	*jê, jiboia, jirau, pajé, jiló, jerimum, canjica, manjericão, alfanje, alforje*
J	Nas formas derivadas dos verbos terminados em *-jar* no infinitivo.	*almejar → almejo, almeje, almejem beijar → beijo, beije, beijem, beijemos*

Representado na escrita por:	Fonema /ʃ/		
	Caso	Exemplos	
X	Depois de *ditongos*.	*deixo, feixe, baixa*	
X	Depois da sílaba inicial *me-*.	*mexilhão, México, mexida*	A exceção é o substantivo *mecha*
X	Depois da sílaba inicial *en-*.	*enxoval, enxotar, enxugar, enxame*	Exceções: *enchente, encher, enchimento*
X	Nas palavras de origem *indígena* ou *africana*.	*xavante, capixaba, xará, xique-xique, xingar*	
X	Em algumas palavras de origem *inglesa*.	*xampu, xerife*	

❯ O fonema /ʃ/ é representado pelo dígrafo *ch* em palavras como: *arrocho, bochecha, chicória, cachimbo, comichão, chope, chuchu, chuva, fachada, fantoche, flecha, linchar, mochila, pechincha, pichar, salsicha*.

Palavras parônimas e homônimas

❯ **Parônimas** são palavras com pequenas diferenças na grafia e na pronúncia, mas com significados diferentes. Exemplos: *flagrante* (evidente, incontestável), *fragrante* (cheiroso, perfumado); *comprimento* (extensão), *cumprimento* (saudação).

❯ As **palavras homônimas** podem apresentar-se de três maneiras:
- **Homófonas heterográficas**, quando são idênticas na pronúncia, mas diferentes na escrita. Exemplos: *cessão* (ceder), *seção* (divisão), *sessão* (reunião, tempo de um espetáculo); *cesto* (recipiente), *sexto* (numeral ordinal).
- **Homógrafas heterofônicas**, quando são idênticas na escrita, mas diferentes na pronúncia. Exemplos: *acordo* (pacto), *acordo* (primeira pessoa do presente do indicativo do verbo *acordar*); *almoço* (refeição), *almoço* (primeira pessoa do presente do indicativo do verbo *almoçar*).
- **Homófonas homógrafas**, quando são idênticas na pronúncia e na escrita, mas diferentes no significado. Exemplos: *verão* (estação), *verão* (terceira pessoa do plural do futuro do presente do indicativo do verbo *ver*); *são* (sadio), *são* (terceira pessoa do plural do presente do indicativo do verbo *ser*).

O uso de acentos gráficos na escrita

❱ Na língua portuguesa, todas as palavras de mais de uma sílaba têm uma das sílabas pronunciada de modo mais acentuado (ou mais "forte") do que as demais. Isso determina a **tonicidade** das palavras. A gramática classifica as palavras, de acordo com a sua tonicidade, em **oxítonas**, **paroxítonas** e **proparoxítonas**. Também ocorrem alguns **monossílabos tônicos**.

❱ Na língua falada, todas as palavras (à exceção dos **monossílabos átonos**) apresentam uma **sílaba tônica**. Na escrita, no entanto, só algumas palavras recebem **acento gráfico**, cujo objetivo é registrar o timbre aberto ou fechado de determinadas vogais e/ou a posição do acento tônico.

Regras de uso dos acentos

Palavras oxítonas

❱ Acentuam-se as palavras oxítonas terminadas nas vogais -*a*, -*e*, -*o* (seguidas ou não de -*s*): *babá, café, robô, más* (malvadas), *purês, sós.*

❱ Acentuam-se as palavras oxítonas com mais de uma sílaba terminadas em -*em*, -*ens*: *ninguém, reféns.*

❱ Acentuam-se as palavras oxítonas terminadas em ditongo aberto e tônico -*éi*, -*éu* e -*ói* (seguidas ou não de -*s*): *papéis, troféu, chapéus, lençóis.*

Palavras paroxítonas

❱ Recebem acento gráfico as palavras paroxítonas terminadas em:
- -i, -is, -us: *júri, táxi, biquíni, grátis, tênis, ônus, húmus.*
- -l, -n, -r, -x, -ps: *réptil, amável, abdômen, hífen, éter, tórax, bíceps.*
- -ã, -ãs, -ão, -ãos: *imã, órfã, órfãs, órgão, órgãos, bênção, bênçãos.*

- -on, -ons: *íon, íons, elétron, elétrons, plâncton, plânctons.*
- -um, -uns: *álbum, álbuns, fórum, quórum.*
- -ei, -eis: *vôlei, jóquei, jóqueis, cantaríeis, répteis, amáveis.*

Palavras proparoxítonas

❱ Acentuam-se todas as palavras proparoxítonas: *última, tímido, bêbado, máquina.*

❱ Acentuam-se as palavras terminadas em ditongo crescente (seguido ou não de -*s*), consideradas proparoxítonas aparentes, que admitem pronúncia com hiato final: *régua, tênue, salafrários, inócuos.*

Caso especial

❱ Acentuam-se o -*i* e o -*u* tônico dos hiatos quando essas vogais ocorrem sozinhas na sílaba ou são seguidas de -*s* nas palavras oxítonas e paroxítonas (*a-ça-í, a-nhan-ga-ba-ú, ra-í-zes, sa-ú-va*). Há duas exceções para essa regra: **não recebem acento** o -*i* e o -*u* tônico dos hiatos precedidos por **ditongo decrescente** (*bai-u-ca, fei-u-ra, tno-is-mo, Sau-i-pe*) ou quando a sílaba seguinte for iniciada por -*nh* (*ba-i-nha*).

Acentos diferenciais

❱ Acentuam-se as formas verbais indicativas de terceira pessoa do plural dos verbos *ter* e *vir* (e seus compostos) para distingui-las da forma de terceira pessoa do singular: ele *tem* → eles *têm*; ele *vem* → eles *vêm*.

❱ Acentua-se *pôr* (infinitivo verbal, encontrado também no substantivo composto *pôr do sol*) para diferenciá-lo de *por* (preposição).

❱ Acentua-se *quê* (substantivo, interjeição e pronome quando ocorre no final de enunciado) para diferenciá-lo de *que* (demais funções e ocorrências).

❱ Acentua-se *porquê* (substantivo) para diferenciá-lo de *porque* (conjunção).

❱ Acentua-se *pôde* (forma verbal de terceira pessoa do singular, pretérito perfeito) para diferenciá-la de *pode* (forma verbal de terceira pessoa do singular, presente).

Enem e vestibulares

1. (Enem-Inep)

HAGAR   Chris Browne

A linguagem da tirinha revela

a) o uso de expressões linguísticas e vocabulário próprios de épocas antigas.

b) o uso de expressões linguísticas inseridas no registro mais formal da língua.

c) o caráter coloquial expresso pelo uso do tempo verbal no segundo quadrinho.

d) o uso de um vocabulário específico para situações comunicativas de emergência.

e) a intenção comunicativa dos personagens: a de estabelecer a hierarquia entre eles.

2. (Enem-Inep)

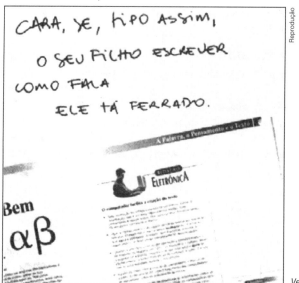

Veja, 7 maio 1997.

Na parte superior do anúncio, há um comentário escrito à mão que aborda a questão das atividades linguísticas e sua relação com as modalidades oral e escrita da língua. Esse comentário deixa evidente uma posição crítica quanto a usos que se fazem da linguagem, enfatizando ser necessário

a) implementar a fala, tendo em vista maior desenvoltura, naturalidade e segurança no uso da língua.

b) conhecer gêneros mais formais da modalidade oral para a obtenção de clareza na comunicação oral e escrita.

c) dominar as diferentes variedades do registro oral da língua portuguesa para escrever com adequação, eficiência e correção.

d) empregar vocabulário adequado e usar regras da norma padrão da língua em se tratando da modalidade escrita.

e) utilizar recursos mais expressivos e menos desgastados da variedade padrão da língua para se expressar com alguma segurança e sucesso.

3. **(Enem/Inep)** O presidente Lula assinou, em 29 de setembro de 2008, decreto sobre o Novo Acordo Ortográfico da Língua Portuguesa. As novas regras afetam principalmente o uso dos acentos agudo e circunflexo, do trema e do hífen. Longe de um consenso, muita polêmica tem-se levantado em Macau e nos oito países de língua portuguesa: Brasil, Angola, Cabo Verde, Guiné-Bissau, Moçambique, Portugal, São Tomé e Príncipe e Timor Leste. Comparando as diferentes opiniões sobre a validade de se estabelecer o acordo para fins de unificação, o argumento que, em grande parte, foge a essa discussão é

a) "A Academia (Brasileira de Letras) encara essa aprovação como um marco histórico. Inscreve-se, finalmente, a Língua Portuguesa no rol daquelas que conseguiram beneficiar-se há mais tempo da unificação de seu sistema de grafar, numa demonstração de consciência da política do idioma e de maturidade na defesa, difusão e ilustração da língua da Lusofonia."

> SANDRONI, C. Presidente da ABL. Disponível em:
> http://www.academia.org.br. Acesso em: 10 nov. 2008.

b) "Acordo ortográfico? Não, obrigado. Sou contra. Visceralmente contra. Filosoficamente contra. Linguisticamente contra. Eu gosto do 'c' do 'actor' e o 'p' de 'cepticismo'. Representam um património, uma pegada etimológica que faz parte de uma identidade cultural. A pluralidade é um valor que deve ser estudado e respeitado. Aceitar essa aberração significa apenas que a irmandade entre Portugal e o Brasil continua a ser a irmandade do atraso."

> COUTINHO, J. P. Folha de S.Paulo.
> Ilustrada, E1, 28 set. 2008. (Adaptado).

c) "Há um conjunto de necessidades políticas e econômicas com vista à internacionalização do português como identidade e marca econômica." "É possível que o (Fernando) Pessoa, como produto de exportação, valha mais do que a PT (Portugal Telecom). Tem um valor econômico único."

> RIBEIRO, J. A. P. Ministro da Cultura de Portugal.
> Disponível em: http://ultimahora.publico.clix.pt.
> Acesso em: 10 nov. 2008.

d) "É um acto cívico batermo-nos contra o Acordo Ortográfico." "O acordo não leva a unidade nenhuma." "Não se pode aplicar na ordem interna um instrumento que não está aceito internacionalmente" e nem assegura "a defesa da língua como património, como prevê a Constituição nos artigos 9º e 68º."

> MOURA, V. G. Escritor e eurodeputado.
> Disponível em: www.mundoportugues.org.
> Acesso em: 10 nov. 2008.

e) "Se é para ter uma lusofonia, o conceito [unificação da língua] deve ser mais abrangente e temos de estar em paridade. Unidade não significa que temos que andar todos ao mesmo passo. Não é necessário que nos tornemos homogéneos. Até porque o que enriquece a língua portuguesa são as diversas literaturas e formas de utilização."

> RODRIGUES, M. H. Presidente do Instituto
> Português do Oriente, sediado em Macau.
> Disponível em: http://taichungpou.blogspot.com.
> Acesso em: 10 nov. 2008. (Adaptado).

4. **(Fuvest-SP)**

O autoclismo da retrete

RIO DE JANEIRO – Em 1973, fui trabalhar numa revista brasileira editada em Lisboa. Logo no primeiro dia, tive uma amostra das deliciosas diferenças que nos separavam, a nós e aos portugueses, em matéria de língua. Houve um problema no banheiro da redação e eu disse à secretária: "Isabel, por favor, chame o bombeiro para consertar a descarga da privada." Isabel franziu a testa e só entendeu as quatro primeiras palavras. Pelo visto, eu estava lhe pedindo que chamasse a Banda do Corpo de Bombeiros para dar um concerto particular de marchas e dobrados na redação. Por sorte, um colega brasileiro, em Lisboa havia algum tempo e já escolado nos meandros da língua, traduziu o recado: "Isabel, chame o canalizador para reparar o autoclismo da retrete". E só então o belo rosto de Isabel se iluminou.

> Ruy Castro, Folha de S.Paulo.

a) Em São Paulo, entende-se por "encanador" o que no Rio de Janeiro se entende por "bombeiro" e, em Lisboa, por "canalizador". Isto permitiria afirmar que, em algum desses lugares, ocorre um uso equivocado da língua portuguesa? Justifique sua resposta.

_____

_____

_____

_____

_____

_____

b) Uma reforma que viesse a uniformizar a ortografia da língua portuguesa em todos os países que a utilizam evitaria o problema de comunicação ocorrido entre o jornalista e a secretária. Você concorda com essa afirmação? Justifique.

_____

_____

_____

_____

_____

_____

_____

_____

_____

5. (Fuvest-SP) Leia o seguinte excerto de um artigo sobre o teólogo João Calvino.

Foi preciso o destemor conceitual de um teólogo exigente feito ele para dar o passo racional necessário. Ousou: para salvar a onipotência de Deus, não dá para não sacrificar pelo menos um quê da bondade divina.

Antônio Flávio Pierucci. Folha de S.Paulo, 12 jul. 2009.

a) O excerto está redigido em linguagem que apresenta traços de informalidade. Identifique dois exemplos dessa informalidade.

_____

b) Mantendo o seu sentido, reescreva o trecho "não dá para não sacrificar pelo menos um quê da bondade divina", sem empregar duas vezes a palavra "não".

_____

_____

_____

6. (Unicamp-SP)

"Os turistas que visitam as favelas do Rio se dizem transformados, capazes de dar valor ao que realmente importa", observa a socióloga Bianca Freire-Medeiros, autora da pesquisa "Para ver os pobres: a construção da favela carioca como destino turístico". "Ao mesmo tempo, as vantagens, os confortos e os benefícios do lar são reforçados por meio da exposição à diferença e à escassez. Em um interessante paradoxo, o contato em primeira mão com aqueles a quem vários bens de consumo ainda são inacessíveis garante aos turistas seu aperfeiçoamento como consumidores."

No geral, o turista é visto como rude, grosseiro, invasivo, pouco interessado na vida da comunidade, preferindo visitar o espaço como se visita um zoológico e decidido a gastar o mínimo e levar o máximo. Conforme relata um guia, *"O turismo na favela é um pouco invasivo, sabe? Porque você anda naquelas ruelas apertadas e as pessoas deixam as janelas abertas. E tem turista que não tem 'desconfiômetro': mete o carão dentro da casa das pessoas! Isso é realmente desagradável. Já aconteceu com outro guia. A moradora estava cozinhando e o fogão dela era do lado da janelinha; o turista passou, meteu a mão pela janela e abriu a tampa da panela. Ela ficou uma fera. Aí bateu na mão dele."*

Adaptado de Carlos Haag. Laje cheia de turista.
Como funcionam os tours pelas favelas cariocas.
Pesquisa FAPESP n. 165, 2009, p. 90-93.

a) Explique o que o autor identifica como "um interessante paradoxo".

_____

_____

b) O trecho em itálico, que reproduz em discurso direto a fala do guia, contém marcas típicas da linguagem coloquial oral. Reescreva a passagem em discurso indireto, adequando-a à linguagem escrita formal.

_____

_____

_____

_____

_____

_____

_____

_____

_____

_____

7. (UEG-GO) Observe o texto abaixo para responder ao que se pede nos itens *a* e *b*.

NÃO ENTRE NUMA GELADA

Fique de olho no *freezer* se você ainda não trocou aquele modelo baratinho por um com degelo automático.

Men's health. 24 abr. 2008. p. 88.

a) Transcreva as expressões típicas da língua falada que ocorrem no texto.

_____

b) Reescreva o texto, mantendo seu sentido original, substituindo essas expressões por outras mais usuais na modalidade escrita formal.

_____

_____

_____

8. (Fuvest-SP)

Já na segurança da calçada, e passando por um trecho em obras que atravanca nossos passos, lanço à queima-roupa:

– Você conhece alguma cidade mais feia do que São Paulo?

– Agora você me pegou, retruca, rindo. Hã, deixa eu ver... Lembro-me de La Paz, a capital da Bolívia, que me pareceu bem feia. Dizem que Bogotá é muito feiosa também, mas não a conheço. Bem, São Paulo, no geral, é feia, mas as pessoas têm uma disposição para o trabalho aqui, uma vibração empreendedora, que dá uma feição muito particular à cidade. Acordar cedo em São Paulo e ver as pessoas saindo para trabalhar é algo que me toca. Acho emocionante ver a garra dessa gente.

MORAES, R.; LINSKER, R. Estrangeiros em casa:
uma caminhada pela selva urbana de São Paulo.
National Geographic Brasil. (Adaptado).

Ao reproduzir um diálogo, o texto incorpora marcas de oralidade, tanto de ordem léxica, caso da palavra "garra", quanto de ordem gramatical, como, por exemplo,

a) "lanço à queima-roupa".

b) "Agora você me pegou".

c) "deixa eu ver".

d) "Bogotá é muito feiosa".

e) "é algo que me toca".

9. (UFBA)

FALA MENINO!   Gouveia

GOUVEIA, L. A. C. *Fala Menino!*: asas da imaginação. Coletânea de tiras em quadrinhos publicadas em jornais. Salvador: Fala Menino! Produções, v. 4, p. 77, 2002.

Normalmente, o gênero de um texto é que vai determinar a variedade de linguagem que deve ser empregada como suporte na escrita. O autor, através da tirinha, recria o ambiente do bate-papo virtual.

Faça um comentário sobre a linguagem característica do espaço virtual – presente na tirinha – focalizando, principalmente, a ortografia utilizada, sua aceitabilidade e o seu entendimento como um novo meio de interação.

A dimensão discursiva da linguagem

A linguagem, utilizada em diversos contextos comunicativos, permite representar diferentes situações de interlocução. A construção do sentido depende, em grande parte, da interação entre os interlocutores.

Os elementos da comunicação

❭ A **teoria da comunicação**, criada pelo linguista russo Roman Jakobson, explica que a comunicação verbal humana é estruturada a partir de **seis elementos** presentes em todas as situações de interlocução. São eles:

- **Emissor**, também chamado de **locutor** ou **remetente**. É aquele que envia a mensagem.
- **Receptor**, também chamado **locutário** ou **destinatário**. É aquele a quem a mensagem é destinada – pode ser um indivíduo ou um grupo.
- **Canal de comunicação**. Trata-se do meio físico pelo qual a mensagem circula (ondas sonoras, papel, *bytes*, etc.). É também a conexão psicológica que se estabelece entre emissor e receptor para que possam se comunicar.
- **Código**. É o conjunto de signos convencionais e de regras que determinam sua organização. O emissor codifica a mensagem que o receptor decodificará.
- **Contexto**. Constitui-se do conteúdo, do assunto a que a mensagem se refere.

As funções da linguagem

❭ As **funções da linguagem** são o conjunto das finalidades comunicativas realizadas por meio dos enunciados da língua.

❭ **Enunciado** é tudo aquilo que é dito ou escrito por meio de palavras, delimitadas por marcas formais: na fala, pela entoação; na escrita, pela pontuação. Está sempre associado ao contexto em que é produzido.

Função referencial ou denotativa (ênfase no contexto)

❭ Quando o objetivo da mensagem é a transmissão de informação sobre a realidade ou sobre um elemento a ser designado, a função predominante no texto é a **referencial** ou **denotativa**. Essa função ocorre, por exemplo, nos textos jornalísticos e científicos.

O texto a seguir cumpre essa função. Observe.

Pequeno grupo de genes regula aparência física dos cachorros

A diferença de um pastor alemão para um *poodle* não é assim tão grande. Pelo menos geneticamente. Diferentemente do que se vê nos humanos, a maior parte das variações na aparência dos cães – como cor dos pelos e tamanho da orelha – são controladas por um pequeno grupo de genes. A conclusão é do maior estudo de DNA já feito com cachorros, em que pesquisadores analisaram a composição genética de 915 bichos. Foram comparadas 80 raças de cães domésticos, 83 canídeos selvagens (incluindo lobos, chacais e coiotes) e dez animais sem raça definida que viviam em abrigos.

A maioria das 57 características avaliadas – que incluem traços como tamanho dos dentes e comprimento dos pelos – são determinadas por pequenas transformações em menos de três regiões cromossômicas. Ou seja: alguns poucos genes são inteiramente responsáveis por certas características. Nos seres humanos e em vários outros mamíferos, por exemplo, é comum que cada gene tenha efeito individual pequeno. É o arranjo de vários deles que, em geral, provoca mudanças perceptíveis. "A incrível variedade fenotípica [de aparência] entre os cachorros domésticos modernos é única entre os mamíferos. Isso permite um olhar sobre as limitações e as potencialidades evolutivas da domesticação", afirmou Carlos Bustamante, da Universidade Stanford (EUA), que chefiou o estudo.

MIRANDA, Giuliana. Pequeno grupo de genes regula aparência física dos cachorros. *Folha de S.Paulo*, 14 ago. 2010. Ciência, p. A21. (Fragmento).

 Conteúdo digital Moderna PLUS
http://www.modernaplus.com.br
Áudio: *Galáxias*.

Função emotiva ou expressiva (ênfase no emissor)

❭ Quando o objetivo da mensagem é expressar emoções, atitudes e estados de espírito do emissor, a função predominante no texto é a **emotiva**.

O texto a seguir é um exemplo em que a linguagem tem função predominantemente emotiva.

O desaparecido

Tarde fria, e então eu me sinto um daqueles velhos poetas de antigamente que sentiam frio na alma quando a tarde estava fria, e então eu sinto uma saudade muito grande, uma saudade de noivo, e penso em ti devagar, bem devagar, com um bem-querer tão certo e limpo, tão fundo e bom que parece que estou te embalando dentro de mim.

Ah, que vontade de escrever bobagens bem meigas, bobagens para todo mundo me achar ridículo e talvez alguém pensar que na verdade estou aproveitando uma crônica muito antiga num dia sem assunto, uma crônica de rapaz; e, entretanto, eu hoje não me sinto rapaz, apenas um menino, com o amor teimoso de um menino, o amor burro e comprido de um menino lírico. Olho-me no espelho e percebo que estou envelhecendo rápida e definitivamente; com esses cabelos brancos parece que não vou morrer, apenas minha imagem vai-se apagando, vou ficando menos nítido, estou parecendo um desses clichês sempre feitos com fotografias antigas que os jornais publicam de um desaparecido que a família procura em vão.

BRAGA, Rubem. O desaparecido. In: *A traição das elegantes*. Rio de Janeiro: Sabiá, 1969. p 112. (Fragmento).

Função conativa ou apelativa (ênfase no receptor)

❭ Quando o objetivo da mensagem é persuadir o destinatário, influenciando seu comportamento, a função predominante no texto é a **conativa** ou **apelativa**.

❯ A linguagem da propaganda é a expressão típica da função conativa. As expressões linguísticas com vocativos e formas verbais no imperativo também exemplificam essa função. **Observe o anúncio a seguir.**

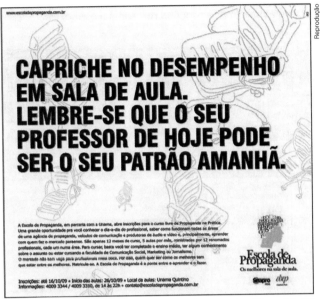

Disponível em: http://lh4.ggpht.com/_KqXeOEStktE/SsosziS3pXI/AAAAAAAAFLM/OUFr72FtH6U/s1600/Escola+de+Propaganda+(Meia+pag)%5B4%5D.jpg. Acesso em: 7 set. 2010.

Conteúdo digital Moderna PLUS

http://www.modernaplus.com.br

Áudio: *Campanha contra o cigarro.*

Função fática (ênfase no canal)

❯ Quando o objetivo da mensagem é simplesmente estabelecer ou manter a comunicação, ou seja, o contato entre o emissor e o receptor, a função predominante é a **fática**.

❯ As frases feitas usadas para marcar o início ou o encerramento de um diálogo, as saudações em mensagens eletrônicas e as "fórmulas" prontas utilizadas em conversas telefônicas são exemplos típicos da função fática da linguagem.

O texto a seguir apresenta exemplos do uso da função fática.

Clic

Cidadão se descuidou e roubaram seu celular. Como era um executivo e não sabia mais viver sem celular, ficou furioso. Deu parte do roubo, depois teve uma ideia. Ligou para o número do telefone. Atendeu uma mulher.

– Aloa.

– Quem fala?

– Com quem quer falar?

– O dono desse telefone.

– Ele não pode atender.

– Quer chamá-lo, por favor?

– Ele está no banheiro. Eu posso anotar o recado?

– Bate na porta e chama esse vagabundo agora.

Clic. A mulher desligou. O cidadão controlou-se. Ligou de novo.

VERÍSSIMO, Luiz Fernando. Clic. In: *As mentiras que os homens contam.* Rio de Janeiro: Objetiva, 2000. p. 41. (Fragmento).

Função metalinguística (ênfase no código)

❯ Quando o objetivo da mensagem é falar sobre a própria linguagem, a função que predomina é a **metalinguística**.

❯ Exemplos evidentes do uso da linguagem em função metalinguística são as definições de verbetes encontradas nos dicionários.

Observe este fragmento de um verbete de dicionário.

texto [...] **1** conjunto de palavras, frases escritas **2** trecho ou fragmento de um autor [...]

HOUAISS, Antônio; VILLAR, Mauro de Salles. *Minidicionário Houaiss da língua portuguesa.* 3. ed. Rio de Janeiro: Objetiva, 2008. p. 726.

Função poética (ênfase na mensagem)

❯ Quando o objetivo da mensagem é chamar a atenção para a própria mensagem, sugerindo que ela resulta de um trabalho de elaboração feito sobre sua forma, a função predominante é a **poética**.

❯ Nas mensagens de função poética, as palavras são exploradas pelo seu potencial em **evocar imagens** e **produzir efeitos sonoros**, cujo objetivo é provocar algum efeito de sentido no receptor.

Observe a evocação de símbolos e a musicalidade do poema a seguir.

Imagens que passais pela retina

Imagens que passais pela retina
Dos meus olhos, porque não vos fixais?
Que passais como a água cristalina
Por uma fonte para nunca mais!...

Ou para o lago escuro onde termina
Vosso curso, silente de juncais,
E o vago medo angustioso domina,
– Porque ides sem mim, não me levais?

Sem vós o que são os meus olhos abertos?
– O espelho inútil, meus olhos pagãos!
Aridez de sucessivos desertos...

Fica sequer, sombra das minhas mãos,
Flexão casual de meus dedos incertos,
– Estranha sombra em movimentos vãos.

PESSANHA, Camilo. Imagens que passais pela retina. In: *Clepsidra*, São Paulo: Ateliê Editorial, 2009. p. 80.

❯ Além de ser típica dos poemas, a função poética também pode se manifestar nos jogos de linguagem, na propaganda e mesmo em textos em prosa.

Conteúdo digital Moderna PLUS

http://www.modernaplus.com.br

Áudio: *As pessoas de Pessoa.*

Animação: *Elementos da comunicação e funções da linguagem.*

O trabalho dos interlocutores com a linguagem

》 A teoria da comunicação apresenta limitações para explicar o funcionamento da linguagem nos textos. Muitas vezes, não é possível identificar em um texto apenas uma das funções da linguagem (referencial, metalinguística, apelativa, fática, poética ou emotiva).
Observe o cartum a seguir, onde há exemplo das funções referencial e emotiva.

(SIC) - Orlandeli

Diário da Região.
São José do Rio Preto, 12 dez. 2010.

》 A teoria da comunicação representa uma simplificação muito grande do funcionamento da linguagem, pois atribui aos interlocutores papéis fixos e objetivos específicos. A linguagem tem um **caráter dinâmico**.

》 Na interação entre as pessoas, ocorrem trocas de papéis entre emissor e receptor, pode-se mudar o objetivo à medida que o diálogo se desenvolve, levam-se em consideração situações extralinguísticas (contexto social, histórico, etc.), diz-se uma coisa quando se quer dizer outra e assim por diante. Tudo isso inviabiliza a descrição do funcionamento da linguagem através de esquemas lineares conforme proposto pela teoria da comunicação.

A indeterminação da linguagem

》 A linguagem é dinâmica e **indeterminada**, pois seus participantes (interlocutores) interagem com diferentes intenções e expectativas, e nem sempre estão dispostos a colaborar uns com os outros, fornecendo as informações solicitadas e sendo claros.

》 Durante as situações de interlocução, os falantes assumem diferentes **papéis** ou **lugares discursivos** (posições ocupadas no discurso pelos interlocutores, que ora assumem o papel de falantes, ora o de ouvintes).

》 Dada a dinâmica da linguagem, que permite a ocorrência de ambiguidades, duplos sentidos, subentendidos e até silêncios disfarçados de palavras, surgem, muitas vezes, mal-entendidos (os interlocutores parecem afirmar uma coisa, mas de fato querem dizer outra).

O papel do falante: ocultar ou revelar suas intenções

》 Cabe sempre ao falante escolher os enunciados que melhor se ajustem aos seus propósitos. Se desejar colaborar com o seu interlocutor, escolherá enunciados que não o confundam, que deixem claros seus pontos de vista, que respondam às perguntas feitas.

》 Caso a intenção do falante seja deixar subentendido o que pensa, ou seja, permitir a dupla interpretação de suas palavras, usará a linguagem para criar efeitos de sentido que levem o interlocutor a perceber essas ambiguidades, sem que ele tenha de explicitá-las.

Enem e vestibulares

1. (Enem-Inep)

A biosfera, que reúne todos os ambientes onde se desenvolvem os seres vivos, se divide em unidades menores chamadas ecossistemas, que podem ser uma floresta, um deserto e até um lago. Um ecossistema tem múltiplos mecanismos que regulam o número de organismos dentro dele, controlando sua reprodução, crescimento e migrações

DUARTE, M. *O guia dos curiosos*.
São Paulo: Companhia das Letras, 1995.

Predomina no texto a função da linguagem

a) emotiva, porque o autor expressa seu sentimento em relação à ecologia.

b) fática, porque o texto testa o funcionamento do canal de comunicação.

c) poética, porque o texto chama a atenção para os recursos de linguagem.

d) conativa, porque o texto procura orientar comportamentos do leitor.

e) referencial, porque o texto trata de noções e informações conceituais.

2. (Enem-Inep)

Sentimental

1 Ponho-me a escrever teu nome
    com letras de macarrão
    No prato, a sopa esfria, cheia de escamas
4 e debruçados na mesa todos contemplam
    esse romântico trabalho.
    Desgraçadamente falta uma letra
7 uma letra somente
    para acabar teu nome!
    – Está sonhando? Olha que a sopa esfria!
10 Eu estava sonhando...
    E há em todas as consciências este cartaz amarelo:
    "Neste país é proibido sonhar."

ANDRADE, C. D. *Seleta em prosa e verso*.
Rio de Janeiro: Record, 1995.

Com base na leitura do poema, a respeito do uso e da predominância das funções da linguagem no texto de Drummond, pode-se afirmar que:

a) por meio dos versos "Ponho-me a escrever teu nome" (v. 1) e "esse romântico trabalho" (v. 5), o poeta faz referências ao seu próprio ofício: o gesto de escrever poemas líricos.

b) a linguagem essencialmente poética que constitui os versos "No prato a sopa esfria, cheia de escamas e debruçados na mesa todos contemplam" (v. 3 e 4) confere

ao poema uma atmosfera irreal e impede o leitor de reconhecer no texto dados de uma cena realista.

c) na primeira estrofe, o poeta constrói uma linguagem centrada na amada, receptora da mensagem, mas, na segunda, ele deixa de se dirigir a ela e passa a exprimir o que sente.

d) em "Eu estava sonhando..." (v. 10), o poeta demonstra que está mais preocupado em responder à pergunta feita anteriormente e, assim, dar continuidade ao diálogo com seus interlocutores do que em expressar algo sobre si mesmo.

e) no verso "Neste país é proibido sonhar." (v. 12), o poeta abandona a linguagem poética para fazer uso da função referencial, informando sobre o conteúdo do "cartaz amarelo" (v. 11) presente no local.

3. (Enem-Inep)

Texto 1

Ser brotinho não é viver em um píncaro azulado; é muito mais! Ser brotinho é sorrir bastante dos homens e rir interminavelmente das mulheres, rir como se o ridículo, visível ou invisível, provocasse uma tosse de riso irresistível.

CAMPOS, Paulo Mendes. Ser brotinho.
In: SANTOS, Joaquim Ferreira dos (Org.).
As cem melhores crônicas brasileiras.
Rio de Janeiro: Objetiva, 2005. p. 91.

Texto 2

Ser gagá não é viver apenas nos idos do passado: é muito mais! É saber que todos os amigos já morreram e os que teimam em viver são entrevados. É sorrir, interminavelmente, não por necessidade interior, mas porque a boca não fecha ou a dentadura é maior que a arcada.

FERNANDES, Millôr. Ser gagá.
In: SANTOS, Joaquim Ferreira dos (Org.).
As cem melhores crônicas brasileiras.
Rio de Janeiro: Objetiva, 2005. p. 225.

Os textos utilizam os mesmos recursos expressivos para definir as fases da vida, entre eles,

a) expressões coloquiais com significados semelhantes.

b) ênfase no aspecto contraditório da vida dos seres humanos.

c) recursos específicos de textos escritos em linguagem formal.

d) termos denotativos que se realizam com sentido objetivo.

e) metalinguagem que explica com humor o sentido de palavras.

4. (Enem-Inep)

Canção amiga

Eu preparo uma canção
em que minha mãe se reconheça
todas as mães se reconheçam
e que fale como dois olhos.
[...]
Aprendi novas palavras
E tornei outras mais belas.

Eu preparo uma canção
que faça acordar os homens
e adormecer as crianças.

ANDRADE, C. D. *Novos poemas*. Rio de Janeiro:
José Olympio, 1948. (Fragmento).

A linguagem do fragmento acima foi empregada pelo autor com o objetivo principal de:

a) transmitir novas informações, fazer referência a acontecimentos observados no mundo exterior.

b) envolver, persuadir o interlocutor, nesse caso, o leitor, em um forte apelo à sua sensibilidade.

c) realçar os sentimentos do eu lírico, suas sensações, reflexões e opiniões frente ao mundo real.

d) destacar o processo de construção de seu poema, ao falar sobre o papel da própria linguagem e do poeta.

e) manter eficiente o contato comunicativo entre o emissor da mensagem, de um lado, e o receptor, de outro.

5. (Enem-Inep)

Em uma famosa discussão entre profissionais das ciências biológicas, em 1959, C. P. Snow lançou uma frase definitiva: "Não sei como era a vida antes do clorofórmio". De modo parecido, hoje podemos dizer que não sabemos como era a vida antes do computador. Hoje não é mais possível visualizar um biólogo em atividade com apenas um microscópio diante de si; todos trabalham com o auxílio de computadores. Lembramo-nos, obviamente, como era a vida sem computador pessoal. Mas não sabemos como ela seria se ele não tivesse sido inventado.

PIZA, D. Como era a vida antes do computador?
Ocean Air em Revista, n. 1, 2007. (Adaptado).

Neste texto, a função da linguagem predominante é

a) emotiva, porque o texto é escrito em primeira pessoa do plural.

b) referencial, porque o texto trata das ciências biológicas, em que elementos como o clorofórmio e o computador impulsionaram o fazer científico.

c) metalinguística, porque há uma analogia entre dois mundos distintos: o das ciências biológicas e o da tecnologia.

d) poética, porque o autor do texto tenta convencer seu leitor de que o clorofórmio é tão importante para as ciências médicas quanto o computador para as exatas.

e) apelativa, porque, mesmo sem ser uma propaganda, o redator está tentando convencer o leitor de que é impossível trabalhar sem computador, atualmente.

6. (Fuvest-SP – adaptada) Observe este anúncio.

DESCUBRA QUEM É E O QUE PENSA O MORADOR DE SÃO PAULO

Folha de S.Paulo, 26 set. 2008.

Na composição do anúncio, qual é a relação de sentido existente entre a imagem e o trecho "quem é e o que pensa", que faz parte da mensagem verbal?

_____

_____

_____

_____

_____

7. (Unicamp-SP)

BOM
PRA
BURRO.

Nessa propaganda do dicionário *Aurélio*, a expressão "bom pra burro" é polissêmica e remete a uma representação de dicionário.

a) Qual é essa representação? Ela é adequada ou inadequada? Justifique.

_____

_____

_____

_____

_____

_____

_____

_____

_____

_____

_____

_____

b) Explique como o uso da expressão "bom pra burro" produz humor nessa propaganda.

_____

_____

_____

_____

_____

_____

_____

_____

8. (UEMS)

Os índios descobertos pelo Google Earth

Duas aldeias de índios que vivem isolados foram fotografadas pela primeira vez, na fronteira entre o Peru e o Acre. O sertanista José Carlos Meirelles, da Funai, havia encontrado ainda em terra vestígios de duas etnias desconhecidas e dos nômades maskos. Rielli Franciscato, outra sertanista da Funai, localizou as coordenadas exatas das malocas pelo Google Earth, programa que fornece mapas por satélite. Meirelles, que procurava os povos havia 20 anos, sobrevoou a área e avistou os roçados e as ocas. O avião assustou a tribo, que nunca teve contato com homem branco. As mulheres e as crianças correram, e os homens tentaram flechar o avião. A exploração de madeira no lado peruano pode ter estimulado a migração das etnias para o território brasileiro.

Revista Época. Globo, n. 524, 2 jun. 2008, p. 17.

No texto, encontra-se como função da linguagem predominante a:

a) fática.

b) metalinguística.

c) referencial.

d) poética.

e) emotiva.

9. (PUC-MG) Para responder à questão, leia o trecho a seguir.

Belo Horizonte, que lindo nome! Fiquei a repeti-lo e a enroscar-me na sua sonoridade. Era longo, sinuoso, tinha de pássaro e sua cauda repetia rimas belas e amenas. Fonte. Monte. Ponte. Era refrescante. Continha fáceis ascensões e aladas evasões. Sugeria associações cheias de nobreza na riqueza das homofonias. Belerofonte. Laocoonte. Caronte. Era bom de repetir – Belorizonte, Belorizonte, Belorizonte – e ir despojando aos poucos a palavra: das arestas de suas consoantes e ir deixando apenas suas vogais ondularem molemente. Belo Horizonte. Belorizonte, Beoizonte, Beoionte. Fui à nossa sala de visitas e apliquei no ouvido a concha mágica que me abria os caminhos da distância. Ouvi seu ruído helênico e o apelo longínquo – beoioooooo – prolongado como silvo dos trens que subiam de Caminho Novo acima, dobrando o canto dos apitos na pauta das noites divididas.

NAVA, Pedro. *Balão cativo*.
São Paulo: Ateliê, 2000. p. 85.

Em todas as alternativas aparece uma descrição adequada do trabalho metalinguístico realizado pelo narrador-personagem relativamente ao nome Belo Horizonte, EXCETO:

a) "Belo Horizonte, que lindo nome! Fiquei a repeti-lo e a enroscar-me na sua sonoridade. Era longo, sinuoso, tinha de pássaro e sua cauda repetia rimas belas e amenas. Fonte. Monte. Ponte." (Constrói-se a definição do nome, realçando seu aspecto prosódico.)

b) "Sugeria associações cheias de nobreza na riqueza das homofonias. **Belerofonte. Laocoonte. Caronte.**" (Além da homofonia, assegurada pela terminação **onte** nos nomes em negrito, pode-se identificar um efeito polifônico, dada a evocação feita a figuras da mitologia grega.)

c) "Fonte. Monte. Ponte. Era refrescante. Continha fáceis ascensões e aladas evasões." (A intenção do autor, em seu trabalho de escrita, foi explorar os vários sentidos que a palavra Belo Horizonte alcança, realçando-lhe o viés polissêmico da expressão.)

d) "Era bom de repetir – Belorizonte, Belorizonte, Belorizonte – e ir despojando aos poucos a palavra: das arestas de suas consoantes e ir deixando apenas suas vogais ondularem molemente. Belo Horizonte. Belorizonte, Beoizonte, Beoionte." (O autor explora os efeitos sonoros provocados pela melodia do falar regional.)

A construção do sentido

O sentido de um texto é construído com base no contexto em que
está inserido e na intenção dos interlocutores.

Sentido e contexto

❯ O **contexto** de um texto é o conjunto das circunstâncias (sociais, políticas, históricas, culturais, etc.) associadas a ele. De acordo com esse conjunto de circunstâncias, diferentes
tipos de contexto são estabelecidos: social, cultural, político, religioso, ideológico.

❯ A **identificação do contexto** é essencial para o leitor compreender o sentido do texto. Sem
essa identificação, pode-se não entender seu sentido ou entendê-lo parcialmente. A análise das informações que permitem identificar a situação à qual um texto está associada
apresenta o contexto em que o texto está inserido.

❯ Mesmo sem perceber, o leitor sempre analisa o contexto criado por um texto, pois é com
base nas informações obtidas nessa análise que é possível atribuir sentido ao texto.

Contexto e conhecimento de mundo

❯ Muitas vezes, o contexto de um texto é de conhecimento do leitor, facilitando sua identificação. Quando isso ocorre, a compreensão do texto pelo leitor é imediata.

Observe a charge a seguir. O leitor consegue identificar facilmente a crítica realizada
pela charge em relação à cidade de São Paulo, analisando o contraste entre a placa de
boas-vindas e a poluição associada ao trânsito.

ANGELI. Bem-vindo a São Paulo.

❯ Quando o contexto referido no texto não faz parte do conhecimento de mundo do leitor, o
sentido do texto pode se tornar incompreensível.

Sentido literal e sentido figurado

❱ **Sentido literal**, ou **denotativo**, é o significado "básico" de palavras, expressões e enunciados da língua.

❱ **Sentido figurado**, ou **conotativo**, é aquele em que as palavras, as expressões e os enunciados adquirem em situações particulares de uso, quando o contexto exige que o falante/leitor perceba que o sentido literal foi modificado, e as palavras e expressões ganham um novo significado.

Observe a tira a seguir. O paciente está fazendo uso das palavras *vazio* e *rombo* em sentido figurado (conotativo), mas o doutor as interpreta em sentido literal (denotativo).

MUNDO TANSO   J. Anderson

ANDERSON, J. Mundo Tanso.
Disponível em: <http://www2.uol.com.br/cartoonshow/tiras/mundotanso/tira0060.jpg>. Acesso em: 7 set. 2010.

Conotação e denotação: relações com o texto

❱ O uso denotativo da linguagem predomina em textos com função utilitária, ou seja, que têm como objetivo principal informar, argumentar, orientar.

O texto a seguir tem um caráter essencialmente informativo. A linguagem utilizada é predominantemente denotativa (literal).

China celebra seu Dia dos Namorados

Hoje (16), sétimo dia do sétimo mês do calendário lunar chinês, marca o tradicional festival "Qixi", equivalente ao Dia dos Namorados no Ocidente. Os chineses ainda hoje se encantam e mergulham na bela história de amor entre Niulang e Zhinü.

O Festival "Qixi", palavra que em mandarim significa literalmente "a noite do sétimo dia", tem sua origem na lenda que remonta à dinastia Han (206 a.C.-220 d.C.), segundo a qual o pastor órfão Niulang se apaixonou por uma fada costureira chamada Zhinü. O festival, também considerado Dia dos Namorados na China, foi um dos primeiros a ser incluído, em maio de 2006, pelo Conselho de Estado chinês na lista do patrimônio cultural imaterial do país.

Com o interesse a cada dia maior da população pelos festivais tradicionais, diversas localidades chinesas vêm desenvolvendo maneiras próprias de festejar a data.

Sônia Qiu. CRI Online. 16 ago. 2010.
Disponível em: <http://portuguese.cri.cn/561/2010/08/16/1s125601.htm>. Acesso em: 7 set. 2010.

❱ O uso conotativo da linguagem é muito comum em textos publicitários, que visam atingir o consumidor estimulando seus sentidos. Esse tipo de linguagem é predominante também em textos literários, que têm finalidade essencialmente estética.

Observe o uso da linguagem conotativa no fragmento de texto literário a seguir.

A estranha (e eficiente) linguagem dos namorados

– Oi, meu berilo!

– Oi, meu anjo barroco!

– Minha tanajura! Minha orquestra de câmara!

– Que bom você me chamar assim, meu pessegueiro-da-flórida!

– Você gosta, minha calhandra?

– Adoro, meu teleférico iluminado!

– Eu também gosto muito de ser tudo isso que você me chama!

– De verdade, meu jaguaretê de paina?

– Juro, meu cavalinho de asas!

– Então diz mais, diz mais!

ANDRADE, Carlos Drummond de. A estranha (e eficiente) linguagem dos namorados. In: *Boca de luar*. Rio de Janeiro: Record, 1984. (Fragmento).

Calhandra: cotovia.
Jaguaretê: onça-pintada.

Relações lexicais

❱ Uma mesma palavra pode apresentar uma multiplicidade de sentidos em diferentes contextos de uso. A esse fenômeno, dá-se o nome de **polissemia**.

Na tira a seguir, o efeito de humor foi construído explorando-se a polissemia. A confusão que a paciente fez com o diagnóstico do doutor se deve à polissemia do verbo *seguir*, que, entre outros sentidos, pode significar *ir atrás de* ou *cumprir*.

Mundo Tanso   J. Anderson

ANDERSON, J. Mundo Tanso. Disponível em:
<http://www2.uol.com.br/cartoonshow/tiras/mundotanso/tira0069.jpg>. Acesso em: 7 set. 2010.

❱ Quando, em um texto, observamos a presença de vários termos relacionados a um mesmo conceito ou ideia, dizemos que formam um **campo semântico**.

Sinonímia e antonímia

❱ **Sinonímia** é a relação de semelhança de sentido entre palavras e expressões da língua. Cada um dos termos de sentido semelhante é chamado de **sinônimo** do outro termo com o qual se relaciona semanticamente.

Exemplos de sinônimos: *sinal → semáforo → farol → sinaleira.*

❱ **Antonímia** é a relação de oposição de sentido entre palavras e expressões da língua. Cada um dos termos de sentido contrário é chamado de **antônimo** do outro termo ao qual se opõe semanticamente.

Exemplos de antônimos: *bonito → feio, limpo → sujo, claro → escuro.*

❱ Os sinônimos nunca apresentam uma identidade completa de significado. Quando, ao escrever um texto, buscamos um sinônimo para retomar uma ideia ou evitar repetições, devemos garantir que a nova palavra seja adequada ao contexto.

 Conteúdo digital Moderna PLUS
http://www.modernaplus.com.br
Vídeo: *Esquete do grupo humorista português Gato Fedorento.*

Hiperonímia e hiponímia

❱ **Hiperônimo** é um termo cujo significado pode ser considerado mais abrangente com relação ao significado de um conjunto de outras palavras com as quais se relaciona. As palavras de sentido mais específico em relação a um hiperônimo são os **hipônimos** dele.

Veja alguns exemplos na tabela a seguir.

Hiperônimos	Hipônimos
felino	*gato, leão, tigre, jaguatirica, onça-pintada, etc.*
flor	*rosa, margarida, azaleia, dália, lírio, etc.*
sentimento	*amor, ódio, tristeza, alegria, felicidade, etc.*

Enem e vestibulares

1. (UEG-GO)

SOZINHOS.COM?

- Oito em cada dez brasileiros on-line frequentam sites de relacionamentos
- O círculo de amigos próximos diminui, enquanto o de contatos virtuais aumenta
- Orkut, Twitter e Facebook não aplacam a solidão, dizem os estudiosos

Em nenhum outro país as redes sociais on-line têm alcance tão grande quanto no Brasil, com uma audiência mensal de 29 milhões de pessoas. Mas ter milhares de amigos virtuais não deixa ninguém menos solitário

Veja. São Paulo: Abril, ed. 2.120, ano 42, n. 27, 8 jul. 2009.

Considerando-se a relação entre os recortes acima:

a) Aponte duas interpretações, no contexto, da construção "SOZINHOS.COM?".

b) Explique o paradoxo decorrente da união das palavras "sozinho" e "com".

2. (Enem-Inep)

Texto 1

No meio do caminho tinha uma pedra
tinha uma pedra no meio do caminho
tinha uma pedra
no meio do caminho tinha uma pedra
[...]

ANDRADE, C. D. *Reunião*. Rio de Janeiro:
José Olympio, 1971. (Fragmento).

Texto 2

As lavadeiras de Mossoró, cada uma tem sua pedra no rio: cada pedra é herança de família, passando de mãe a filha, de filha a neta, como vão passando as águas no tempo [...]. A lavadeira e a pedra formam um ente especial, que se divide e se reúne ao sabor do trabalho. Se a mulher entoa uma canção, percebe-se que nova pedra a acompanha em surdina...

[...]

ANDRADE, C. D. *Contos sem propósito*. Rio de Janeiro: Jornal do Brasil, Caderno B, 17 jul. 1979. (Fragmento).

Com base na leitura dos textos, é possível estabelecer uma relação entre forma e conteúdo da palavra "pedra", por meio da qual se observa:

a) o emprego, em ambos os textos, do sentido conotativo da palavra "pedra".

b) a identidade de significação, já que nos dois textos "pedra" significa *empecilho*.

c) a personificação de "pedra" que, em ambos os textos, adquire características animadas.

d) o predomínio, no primeiro texto, do sentido denotativo de "pedra" como matéria mineral sólida e dura.

e) a utilização, no segundo texto, do significado de "pedra" como dificuldade materializada por um objeto.

3. **(Enem-Inep)** Observe a tirinha da personagem Mafalda, de Quino.

MAFALDA   Quino

QUINO. *Toda Mafalda*. Tradução de Monica S. M. da Silva. São Paulo: Martins Fontes, 1988.

O efeito de humor foi um recurso utilizado pelo autor da tirinha para mostrar que o pai de Mafalda:

a) revelou desinteresse na leitura do dicionário.

b) tentava ler um dicionário, que é uma obra muito extensa.

c) causou surpresa em sua filha, ao se dedicar à leitura de um livro tão grande.

d) queria consultar o dicionário para tirar uma dúvida, e não ler o livro, como sua filha pensava.

e) demonstrou que a leitura do dicionário o desagradou bastante, fato que decepcionou muito sua filha.

(Fuvest-SP) Texto para as questões 4 e 5.

Leia esta notícia científica:

Há 1,5 milhão de anos, ancestrais do homem moderno deixaram pegadas quando atravessaram um campo lamacento nas proximidades do Ileret, no norte do Quênia. Uma equipe internacional de pesquisadores descobriu essas marcas recentemente e mostrou que elas são muito parecidas com as do "Homo sapiens": o arco do pé é alongado, os dedos são curtos, arqueados e alinhados. Também, o tamanho, a profundidade das pegadas e o espaçamento entre elas refletem a altura, o peso e o modo de caminhar atual. Anteriormente, houve outras descobertas arqueológicas, como, por exemplo, as feitas na Tanzânia, em 1978, que revelaram pegadas de 3,7 milhões de anos, mas com uma anatomia semelhante à de macacos. Os pesquisadores acreditam que as marcas recém-descobertas pertenceram ao "Homo erectus".

Revista FAPESP, n. 157, mar. 2009. (Adaptado).

4. No texto, a sequência temporal é estabelecida principalmente pelas expressões:

a) "Há 1,5 milhão de anos"; "recentemente"; "anteriormente".

b) "ancestrais"; "moderno"; "proximidades".

c) "quando atravessaram"; "norte do Quênia"; "houve outras descobertas".

d) "marcas recém-descobertas"; "em 1978"; "descobertas arqueológicas".

e) "descobriu"; "mostrou"; "acreditam".

5. No trecho "semelhante à de macacos", fica subentendida uma palavra já empregada na mesma frase. Um recurso linguístico desse tipo também está presente no trecho assinalado em:

a) A água não é somente herança de nossos predecessores; ela é, sobretudo, um <u>empréstimo às futuras gerações</u>.

b) Recorrer à exploração da miséria humana, infelizmente, está longe de ser um novo ingrediente no cardápio da <u>tevê aberta à moda brasileira</u>.

c) Ainda há quem julgue que os recursos que a natureza <u>oferece à humanidade</u> são, de certo modo, inesgotáveis.

d) A prática do patrimonialismo acaba nos levando à cultura da <u>tolerância à corrupção</u>.

e) Já está provado que a concentração de poluentes em área para não fumantes é <u>muito superior à recomendada pela OMS</u>.

6. (Fuvest-SP) Leia este texto.

O ano nem sempre foi como nós o conhecemos agora. Por exemplo: no antigo calendário romano, abril era o segundo mês do ano. E na França, até meados do século XVI, abril era o primeiro mês. Como havia o hábito de dar presentes no começo de cada ano, o primeiro dia de abril era, para os franceses da época, o que o Natal é para nós hoje, um dia de alegrias, salvo para quem ganhava meias ou uma água-de-colônia barata. Com a introdução do calendário gregoriano, no século XVI, primeiro de janeiro passou a ser o primeiro dia do ano e, portanto, o dia dos presentes. E primeiro de abril passou ser um falso Natal — o dia de não se ganhar mais nada. Por extensão, o dia de ser iludido. Por extensão, o Dia da Mentira.

Luis F. Verissimo.
As mentiras que os homens contam.
(Adaptado).

a) Tendo em vista o contexto, é correto afirmar que o trecho "meias ou uma água-de-colônia barata" deve ser entendido apenas em seu sentido literal? Justifique sua resposta.

_____

_____

_____

b) Crie uma frase que contenha um sinônimo da palavra "salvo" (L. 7), mantendo o sentido que ela tem no texto.

_____

_____

_____

_____

_____

_____

7. (Fuvest-SP)

Uma nota diplomática é semelhante a uma mulher da moda. Só depois de se despojar uma elegante de todas as fitas, rendas, joias, saias e corpetes, é que se encontra o exemplar não correto nem aumentado da edição da mulher, conforme saiu dos prelos da natureza. É preciso desataviar uma nota diplomática de todas as frases, circunlocuções, desvios, adjetivos e advérbios, para tocar a ideia capital e a intenção que lhe dá origem.

Machado de Assis

Nota diplomática: comunicação escrita e oficial entre os governos de dois países, sobre assuntos do interesse de ambos.

a) É correto afirmar que, segundo o texto, uma nota diplomática se parece com o "exemplar não correto nem aumentado da edição da mulher"? Justifique sua resposta.

_____

_____

_____

_____

_____

_____

_____

_____

b) Tendo em vista o trecho "para tocar a ideia capital e a intenção que lhe dá origem", indique um sinônimo da palavra "capital" que seja adequado ao contexto e identifique o referente do pronome "lhe".

_____

_____

_____

_____

8. **(PUC-SP)** Em uma grande concessionária de São Paulo leu-se a seguinte chamada: "Queima total de seminovos". A mesma estratégia foi utilizada em uma chamada de um grande hipermercado, em que se podia ler: "Grande queima de colchões". Acerca dos sentidos criados por essas chamadas, é apropriado afirmar que

a) em ambas há uma utilização da linguagem em seu sentido estritamente literal.

b) apenas em uma delas a linguagem foi utilizada em seu sentido estritamente literal.

c) em ambas o sentido é metafórico e é apreendido pela associação com o contexto.

d) em ambas o sentido é metafórico e é apreendido apenas pelas regras gramaticais.

e) em ambas o sentido é metafórico e não pode ser apreendido porque é incoerente.

9. **(Fuvest-SP – adaptada)** Leia o seguinte texto:

Um músico ambulante toca sua sanfoninha no viaduto do Chá, em São Paulo.

Chega o "rapa" e o interrompe:

– Você tem licença?

– Não, senhor.

– Então me acompanhe.

– Sim, senhor. E que música o senhor vai cantar?

Rapa: carro de prefeitura municipal que conduz fiscais e policiais para apreender mercadorias de vendedores ambulantes não licenciados. Por extensão, o fiscal ou o policial do rapa.

Para o efeito de humor dessa anedota, contribui, de maneira decisiva, um dos verbos do texto. De que verbo se trata? Justifique sua resposta.

10. **(Fuvest-SP – adaptada)** Leia estas duas estrofes da conhecida canção "Asa Branca", de Luís Gonzaga e Humberto Teixeira.

Quando olhei a terra ardendo
Qual fogueira de São João,
Eu perguntei a Deus do céu, ai
Por que tamanha judiação.

Quando o verde dos teus olhos
se espalhar na plantação,
eu te asseguro, não chores não, viu,
eu voltarei, viu, meu coração.

a) Indique uma palavra ou expressão que possa substituir "Qual" (primeira estrofe), sem alterar o sentido do texto.

b) Na segunda estrofe, substitua a palavra "viu" por outra que cumpra a mesma função comunicativa que ela tem no texto.

Reprodução proibida. Art. 184 do Código Penal e Lei 9.610 de 19 de fevereiro de 1998.

Efeitos de sentido

O uso competente da linguagem pelos interlocutores
permite a construção de diferentes efeitos de sentido.

〉〉〉

Duplo sentido

〉 Muitas vezes, os interlocutores utilizam palavras ou expressões que possibilitam mais de
uma interpretação, criando um efeito de duplo sentido.

〉 **Duplo sentido** é a propriedade que têm certas palavras e expressões da língua de serem
interpretadas de duas maneiras diferentes.

O anúncio a seguir explora essa propriedade do duplo sentido.

Disponível em: <http://marcioformiga.
files.wordpress.com/2007/10/yazigi1.jpg>.
Acesso em: 8 set. 2010.

Chegou YÁZIGI KIDS. Um curso para seu filho aprender inglês desde pequeno.
KIDS aproveita o momento de curiosidade e descoberta do seu filho para
ensinar uma nova língua. Assim, ele aprende naturalmente. Música, brincadeiras,
atividades em grupo e computadores com recursos multimídia facilitam a compreensão e desenvolvimento da habilidade comunicativa. Então, matricule seu
filho agora mesmo. Quando crescer, ele vai entender você.

〉 Recorre-se ao duplo sentido para provocar o riso, despertar a curiosidade, criar implícitos.

〉 Os usuários da língua devem ser capazes de reconhecer quando uma palavra ou expressão
pode adquirir mais de um sentido e de saber associar cada um desses sentidos possíveis
a um contexto particular.

Duplo sentido e conotação

❯ Os textos publicitários recorrem ao uso conotativo da linguagem para criar efeitos de sentido específicos e alcançar seu principal objetivo: persuadir os leitores a fazer algo (comprar um produto, contribuir para uma campanha, etc.).

Observe a campanha a seguir. A palavra *pena* é usada no sentido de dó, relacionando-se com as vítimas do crime, mas é usada também com o sentido de condenação, advertindo sobre as possíveis consequências da pedofilia.

Pedofilia dá pena.
Pena de 1 a 12 anos de prisão.

Pedofilia - Tem que ter um Basta.

CENTRAL DE OUTDOOR

Disponível em: <http://www.jornaloimparcial.com.br/wp-ontent/uploads/2009/10/outdoor.jpg>.
Acesso em: 8 set. 2010.

Ambiguidade

❯ A **ambiguidade** ocorre nos casos em que um texto tem mais de um sentido sem que isso tenha sido intencionalmente produzido.

❯ A **indeterminação de sentido** que certas palavras ou expressões apresentam dificulta a compreensão do enunciado, devendo, por isso, ser evitada.

❯ Muitas vezes, a ambiguidade é criada pelo posicionamento de determinada palavra ou expressão em um enunciado, ou seja, ela é **estrutural**.

Observe este enunciado:

Motoristas que correm frequentemente sofrem acidentes.

A ambiguidade, nesse caso, ocorre devido ao posicionamento do advérbio *frequentemente*. Para eliminá-la, é preciso deslocar o advérbio de acordo com a ideia que se deseja passar:

*Motoristas que **frequentemente** correm sofrem acidentes.*

*Motoristas que correm sofrem acidentes **frequentemente**.*

❯ Às vezes, a ambiguidade é causada pelo uso de uma palavra ou expressão que não permite identificação precisa de seu referente no texto. Quando isso ocorre, trata-se de uma **ambiguidade lexical**.

 Conteúdo digital Moderna PLUS
http://www.modernaplus.com.br
Filme: trecho de *Auto da Compadecida*, de Guel Arraes.

Ironia

❯ A **ironia** é o efeito resultante do uso de uma palavra ou expressão que, em um determinado contexto, ganha sentido oposto ou diverso daquele com que costuma ser utilizada. Uma afirmação irônica geralmente provoca um efeito de humor.

Observe o caráter irônico da charge a seguir.

❱ A ironia pode ser encontrada em diferentes gêneros textuais. Para o desenvolvimento da nossa competência como leitores, é essencial saber identificar sua ocorrência nos textos, pois somente assim seremos capazes de dar a esses textos a interpretação pretendida pelo seu autor.

Observe a fala irônica de uma das personagens da charge a seguir.

❱ A ironia é um recurso muito utilizado por autores de textos literários. Em alguns casos, ela chega a definir um estilo, como acontece com Machado de Assis. Em seus romances, o grande escritor brasileiro faz uso frequente desse recurso no retrato que faz da sociedade brasileira do Segundo Reinado.

Humor

❱ A capacidade de rir e de provocar riso é uma das características que distinguem os seres humanos das demais espécies animais.

❱ Muitas vezes, a linguagem é utilizada especificamente para provocar o riso, constituindo o que chamamos **discurso humorístico**. Nesse sentido, a linguagem pode ser usada de modo a destacar situações que parecem absurdas, cômicas, inesperadas ou surpreendentes, provocando o humor.

Observe a tira abaixo. O humor se liga à afirmação inusitada feita no último quadrinho.

ALINE   Adão Iturrusgarai

> ❯ O humor das piadas liga-se a duas situações: ao que é tematizado ou ao modo como a linguagem é utilizada para gerar o riso.

Na piada a seguir, o efeito de humor liga-se ao desenvolvimento do tema, que surpreende o interlocutor.

Arca de Noé

Três homens estavam discutindo qual era a profissão mais antiga do mundo.

O marceneiro disse:

– Quem vocês acham que fez a Arca de Noé?

O jardineiro rebateu:

– E quem vocês acham que regou o Jardim do Éden?

Finalmente, o eletricista falou:

– Quando Deus disse "Faça-se a luz!", quem vocês acham que passou a fiação?

Disponível em: <http://criancas.uol.com.br/
piadas/livro-de-piadas/arca-de-noe.jhtm>.
Acesso em: 1º set. 2010.

Riso e linguagem

> ❯ O discurso humorístico utiliza diversos recursos ligados à linguagem, como duplo sentido, interpretação literal de algo que precisa ser entendido em sentido figurado, representações estereotipadas de variedades linguísticas estigmatizadas, etc.

Na piada a seguir, o uso da frase "Mãe, só tem uma" em um contexto inesperado causa o efeito de humor.

Querida mamãe

A professora pediu para que os alunos escrevessem uma redação para o Dia das Mães. No final, deveriam colocar a frase: "Mãe, só tem uma!". Todos os alunos fizeram a redação. Uns elogiavam as mães, outros contavam alguma história, mas todos colocaram no final a frase "Mãe, só tem uma!". Faltou o Joãozinho. Aí a professora pediu para ele ler seu trabalho. Então o Joãozinho levantou-se e começou a ler:

– Tinha uma festa lá em casa e a minha mãe pediu para eu buscar duas cocas na geladeira. Eu fui até a cozinha, abri a geladeira e falei: "Mãe, só tem uma!".

Disponível em: <http://criancas.uol.com.br/
piadas/livro-de-piadas/contando.jhtm>.
Acesso em: 10 set. 2010.

Enem e vestibulares

1. **(Enem-Inep)**

— *Senhores, a ideia é criarmos um conselho que coloque em prática medidas efetivas contra o desmatamento!*

Disponível em: <http://www.uol.com.br>. Acesso em: 15 fev. 2009.

Observe a charge, que satiriza o comportamento dos participantes de uma entrevista coletiva por causa do que fazem, do que falam e do ambiente em que se encontram. Considerando--se os elementos da charge, conclui-se que ela:

a) defende, em teoria, o desmatamento.

b) valoriza a transparência pública.

c) destaca a atuação dos ambientalistas.

d) ironiza o comportamento da imprensa.

e) critica a ineficácia das políticas.

2. **(Enem-Inep)** No ano passado, o governo promoveu uma campanha a fim de reduzir os índices de violência. Noticiando o fato, um jornal publicou a seguinte manchete:

> CAMPANHA CONTRA A VIOLÊNCIA DO GOVERNO
> DO ESTADO ENTRA EM NOVA FASE

A manchete tem um duplo sentido, e isso dificulta o entendimento. Considerando o objetivo da notícia, esse problema poderia ter sido evitado com a seguinte redação:

a) Campanha contra o governo do Estado e a violência entram em nova fase.

b) A violência do governo do Estado entra em nova fase de Campanha.

c) Campanha contra o governo do Estado entra em nova fase de violência.

d) A violência da campanha do governo do Estado entra em nova fase.

e) Campanha do governo do Estado contra a violência entra em nova fase.

3. **(UFPR)** Todas as sentenças abaixo apresentam ambiguidades. Assinale a alternativa em que a ambiguidade *não* pode ser desfeita com a simples alteração na ordem das palavras.

a) As crianças comeram bolo e sorvete de chocolate.

b) Ele viu a moça com um binóculo.

c) Ela saiu da loja de roupa.

d) As crianças esconderam os brinquedos que encontraram no porão.

e) Acabaram de roubar o banco da entrada da universidade.

4. **(Enem-Inep)**

Cidade grande

Que beleza, Montes Claros.
Como cresceu Montes Claros.
Quanta indústria em Montes Claros.
Montes Claros cresceu tanto,
ficou urbe tão notória,
prima-rica do Rio de Janeiro,
que já tem cinco favelas
por enquanto, e mais promete.

Carlos Drummond de Andrade

Entre os recursos expressivos empregados no texto, destaca-se a

a) metalinguagem, que consiste em fazer a linguagem referir-se à própria linguagem.
b) intertextualidade, na qual o texto retoma e reelabora outros textos.
c) ironia, que consiste em se dizer o contrário do que se pensa, com intenção crítica.
d) denotação, caracterizada pelo uso das palavras em seu sentido próprio e objetivo.
e) prosopopeia, que consiste em personificar coisas inanimadas, atribuindo-lhes vida.

5. **(Fuvest-SP)** Considere as seguintes frases, extraídas de diferentes matérias jornalísticas, e responda ao que se pede.

I. Nos últimos meses, o debate sobre o aquecimento global vem, com perdão do trocadilho, esquentando.

II. Preso vigia acusado de matar empresário.

a) Identifique, na frase I, o trocadilho a que se refere o redator e explique por que ele pede perdão por tê-lo produzido.

_____

_____

_____

b) É correto afirmar que na frase II ocorre ambiguidade? Justifique sua resposta.

_____

6. **(Unesp)**

ITURRUSGARAI, Adão. O mundo maravilhoso de Adão Iturrusgarai. Disponível em: <http://www.adao.blog.uol.com.br/images/tira-pro-site.gif>. Acesso em: 10 maio 2008.

As tiras frequentemente nos surpreendem pela profundidade das reflexões que provocam em sua síntese visual e linguística. É o que ocorre na de Adão Iturrusgarai, que nos leva a refletir sobre as motivações dos desabafos da personagem. Embora pareça contraditória e inconsequente sob o ponto de vista psicológico a atitude da personagem, no último quadrinho, de se declarar insatisfeita com a nova aparência obtida, podemos encontrar, numa releitura mais atenta da tira, uma causa objetiva para essa insatisfação. Aponte essa causa, levando em consideração o jogo de palavras que ocorre entre "aparência pessoal" e "aparência impessoal".

_____

_____

_____

_____

_____

_____

_____

_____

_____

_____

_____

_____

_____

_____

_____

7. (Unicamp-SP) O seguinte enunciado está presente em uma campanha publicitária de provedor de internet:

Finalmente um líder mundial de internet que sabe a diferença entre acabar em *pizza* e acabar em *pizza*.

Terra. A internet do Brasil e do mundo.

a) A propaganda joga com um duplo sentido da expressão "acabar em *pizza*". Qual é o duplo sentido?

_____

_____

_____

_____

_____

_____

_____

_____

_____

_____

b) A propaganda trabalha com esse duplo sentido para construir a imagem de um provedor que se insere em âmbitos internacional e nacional. De que modo a expressão "acabar em *pizza*" ajuda na construção dessa imagem?

_____

_____

_____

_____

_____

_____

_____

_____

_____

_____

_____

_____

_____

_____

_____

8. (ITA-SP) A manchete a seguir apresenta ambiguidade sintática, que é desfeita pelo conteúdo do texto que lhe segue.

Reino Unido pode taxar *fast-food* contra obesidade

O Reino Unido estuda cobrar taxa de empresas de *fast-food* para financiar instalações esportivas e o combate à obesidade. Segundo um relatório, a obesidade no país cresceu quase 400% em 25 anos, e, se continuar aumentando, pode superar o cigarro como maior causa de mortes prematuras. Governo e empresas locais têm sido criticados por não combaterem o problema.

Folha de S.Paulo. São Paulo, 7 jun. 2004.

a) Quais as interpretações sugeridas pela manchete?

_____

_____

_____

_____

_____

b) Qual dessas interpretações prevalece na notícia?

_____

_____

_____

_____

_____

_____

9. **(ESPM-SP)** Em sua coluna semanal no jornal *Folha de S.Paulo*, o prof. Pasquale Cipro Neto tece, entre outros, comentários a respeito de manchetes com duplo sentido ou sentido literal estranho. Assinale a única alternativa em que NÃO ocorre nenhum dos problemas citados.

a) "Cantor apanha até a morte de PMs no MA."

b) "Guindaste iça carro roubado em desmanche em São Paulo."

c) "Motoristas que abusam do álcool frequentemente são punidos pelos órgãos de fiscalização do trânsito."

d) "Após afirmar que posaria nua, *Playboy* volta a cobiçar Mônica Veloso."

e) "Governo e Congresso decidem reduzir o poder das agências."

Leia a charge para responder às questões de 10 a 12.

SINAL DOS TEMPOS

– Sinto muito, mas o senhor deveria estar na área reservada para carnívoros.

ANGELI. *Folha de S.Paulo*, São Paulo, p. 2, 8 set. 2008.

10. **(UFG-GO)** Na charge, o termo *carnívoro* sugere uma classificação que

a) presume uma dieta alimentar baseada tanto em proteína animal quanto em proteína vegetal.

b) compara os humanos que se alimentam de carne aos animais que são carnívoros.

c) separa os animais da ordem dos herbívoros dos da ordem dos carnívoros.

d) denuncia a fragilidade física daqueles que se alimentam de carne.

e) mostra que as diferenças alimentares não impedem a convivência social em um restaurante.

11. **(UFG-GO)** A charge faz uma crítica aos defensores da alimentação vegetariana, produzindo um efeito de humor e ironia por

a) prever novas formas de restrição a práticas de consumo ainda aceitáveis.

b) sugerir hábitos sociais que estão de acordo com as previsões do Apocalipse.

c) recuperar antigos costumes alimentares abandonados pela sociedade atual.

d) propor regras como garantia de boas maneiras à mesa.

e) discriminar o indivíduo que foge dos padrões de vida saudável.

12. **(UFG-GO)** É possível associar a crítica feita na charge à seguinte opinião sobre o tabagismo:

a) "Hoje, sabe-se como os receptores cerebrais funcionam. Quem não entende isso, o nervosismo, a ansiedade, não pode combater o tabagismo [...] 'Respira fundo, conta até dez que passa – a vontade vem, mas depois passa'. Depois de quanto tempo? Isso é um papo idiota." (J. I., cardiologista. *Folha de S.Paulo*, 7 set. 2008).

b) "Pelo que me falou, você fuma mais depois do almoço e depois do café. Então você precisa reduzir o café e evitar fumar após o almoço." (Atendente do 0800 do Ministério da Saúde, respondendo a indagações de um suposto fumante. Idem).

c) "Você não pode obrigar o fumante a parar de fumar. Como você não pode obrigar o prefeito a fazer o programa [de prevenção]." (L. W. L., diretora do Cratod. Idem).

d) "Considerar o fumante um sintoma de um problema social é desumanizar suas necessidades e direitos. Isso leva a uma cultura em que as pessoas implicam com as outras para obter mudanças." (T. C., prof. da Universidade de Panw (Indiana-EUA). Idem).

e) "A gente faz [campanha] educacional sempre. Eu mesmo, no Ministério da Saúde, proibi a propaganda, que era propaganda enganosa [...]. Introduzimos as fotos nos maços de cigarro como advertência. E o fumo caiu no Brasil. Agora, precisa continuar as medidas." (J. S., ex-ministro da Saúde. Idem).

13. **(Uerj)**

....

Crônica da abolição

Eu pertenço a uma família de profetas "après coup", "post factum", "depois do gato morto", ou como melhor nome tenha em holandês. Por isso digo, juro se necessário for, que toda a história desta lei de 13 de maio estava por mim prevista, tanto que na segunda-feira, antes mesmo dos debates, tratei de alforriar um molecote que tinha, pessoa de seus dezoito anos, mais ou menos. Alforriá-lo era nada; entendi que, perdido por mil, perdido por mil e quinhentos, e dei um jantar.

Neste jantar, a que meus amigos deram o nome de banquete, em falta de outro melhor, reuni umas cinco pessoas, conquanto as notícias dissessem trinta e três (anos de Cristo), no intuito de lhe dar um aspecto simbólico.

Reprodução proibida. Art.184 do Código Penal e Lei 9.610 de 19 de fevereiro de 1998.

No golpe do meio ("coupe do milieu", mas eu prefiro falar a minha língua) levantei-me eu com a taça de champanha e declarei que, acompanhando as ideias pregadas por Cristo há dezoito séculos, restituía a liberdade ao meu escravo Pancrácio; que entendia que a nação inteira devia acompanhar as mesmas ideias e imitar o meu exemplo; finalmente, que a liberdade era um dom de Deus que os homens não podiam roubar sem pecado.

Pancrácio, que estava à espreita, entrou na sala, como um furacão, e veio abraçar-me os pés. Um dos meus amigos (creio que é ainda meu sobrinho) pegou de outra taça e pediu à ilustre assembleia que correspondesse ao ato que acabava de publicar brindando ao primeiro dos cariocas. Ouvi cabisbaixo: fiz outro discurso agradecendo, e entreguei a carta ao molecote. Todos os lenços comovidos apanharam as lágrimas de admiração. Caí na cadeira e não vi mais nada. De noite, recebi muitos cartões. Creio que estão pintando o meu retrato, e suponho que a óleo.

No dia seguinte, chamei o Pancrácio e disse-lhe com rara franqueza:

— Tu és livre, podes ir para onde quiseres. Aqui tens casa amiga, já conhecida, e tens mais um ordenado, um ordenado que...

— Oh! meu senhô! Fico.

— Um ordenado pequeno, mas que há de crescer. Tudo cresce neste mundo: tu cresceste imensamente. Quando nasceste eras um pirralho deste tamanho; hoje estás mais alto que eu. Deixa ver; olha, és mais alto quatro dedos...

— Artura não qué dizê nada, não, senhô...

— Pequeno ordenado, repito, uns seis mil-réis: mas é de grão em grão que a galinha enche o seu papo. Tu vales muito mais que uma galinha.

— Eu vaio um galo, sim, senhô.

— Justamente. Pois seis mil-réis. No fim de um ano, se andares bem, conta com oito. Oito ou sete.

Pancrácio aceitou tudo: aceitou até um peteleco que lhe dei no dia seguinte, por me não escovar bem as botas; efeitos da liberdade. Mas eu expliquei-lhe que o peteleco, sendo um impulso natural, não podia anular o direito civil adquirido por um título que lhe dei. Ele continuava livre, eu de mau humor; eram dois estados naturais, quase divinos.

Tudo compreendeu o meu bom Pancrácio: daí para cá, tenho-lhe despedido alguns pontapés, um ou outro puxão de orelhas, e chamo-lhe besta quando lhe não chamo filho do diabo; cousas todas que ele recebe humildemente e (Deus me perdoe!) creio que até alegre. [...]

Machado de Assis
Disponível em: <http://portal.mec.gov.br>.

"Après coup": depois do golpe
"Post factum": depois do fato
"Coupe do milieu": o autor utiliza uma expressão inexistente em francês para mostrar a ignorância do personagem

Poucos dias após a Abolição da Escravatura, o escritor Machado de Assis publicou nos jornais essa crônica, na verdade um pequeno conto irônico. A ironia é uma forma de relativizar uma posição, mostrando-a sob outra perspectiva. Identifique o alvo da ironia de Machado de Assis e demonstre por que a contratação de Pancrácio como assalariado faz parte dessa ironia.

Recursos estilísticos: figuras de linguagem

A linguagem pode ser manipulada em função de objetivos específicos. Para isso, são utilizados recursos que criam certos efeitos de sentido: as figuras de linguagem.

Figuras sonoras

❱ Exploram sons para produzir efeitos de sentido. Constituem figuras sonoras: **onomatopeia**, **aliteração**, **assonância** e **paronomásia**, entre outras.

Onomatopeia

❱ Palavra especial criada para representar um som específico ("vozes" de animais, ruídos associados a determinadas emoções e comportamentos humanos, barulhos da natureza, etc.). Exemplos: *Grrrrr!*, *Ploft!*, *Miau!*

Aliteração

❱ Repetição de fonemas consonantais com a intenção de criar efeito sensorial. Exemplo: *Fechei bem a torneira para fazer parar aquele pingo que não parava de pingar.*

Assonância

❱ Repetição de sons vocálicos em sílabas acentuadas. Exemplo: *Venha, Vera, venha ver as velas ao vento!*

Paronomásia

❱ Semelhança sonora e gráfica entre palavras de significados distintos (parônimos) usada intencionalmente para ressaltar diferenças de sentido. Exemplo: *Quem conta um conto sempre aumenta um ponto.* (dito popular)

Figuras de palavra

❱ Designam recursos de estilo em que uma palavra, quando utilizada em contexto pouco esperado, ganha novo sentido. São figuras de palavra: **metonímia**, **antonomásia**, **sinédoque**, **comparação**, **catacrese** e **sinestesia**, entre outras.

Metonímia

❱ Consiste na utilização de uma palavra ou expressão em lugar de outra, para designar algo que mantém relação de "proximidade" com o referente da palavra ou expressão substituída.

- **a parte pelo todo**: *João pediu a mão de Maria em casamento.*
- **o continente pelo conteúdo**: *Com a fome que estava, comeu três pratos seguidos.*
- **o autor pela obra**: *Em viagens, adorava ler Saramago.*
- **a marca pelo produto**: *Isso só sai com bombril!*

❱ Há dois outros tipos de metonímia: a **antonomásia** e a **sinédoque**.

- **Antonomásia**: identificação de uma pessoa não por seu nome, mas por uma característica ou atributo que a distingue das demais. Exemplos: *O Rei do Futebol = Pelé*; *A Voz = Frank Sinatra*; *O Fenômeno = Ronaldo Nazário.*

- **Sinédoque**: substituição de uma palavra por outra que, no contexto, sofre uma redução ou ampliação de seu sentido básico. Exemplo: *Paula e Joaquim dividem o mesmo **teto**.* Ou seja, moram na mesma **casa**. Nesse caso, a palavra substituída (casa) teve seu sentido reduzido.

Comparação (símile)

❱ Ocorre quando elementos de universos diferentes são aproximados por meio de um termo específico (como, feito, tal qual, qual, assim como, tal, etc.). Exemplo: *Correu **feito** louco para chegar a tempo de ver o filme.*

Metáfora

❱ Consiste no emprego de um termo em um contexto de significação que não lhe é próprio. As metáforas são criadas a partir de uma relação de semelhança que pressupõe um processo anterior de comparação. Exemplo: *Seus olhos são duas esmeraldas* (= verdes **como** esmeraldas).

Catacrese

❱ Ocorre quando, na falta de um termo específico para designar um conceito, utiliza-se outro por empréstimo a partir de alguma semelhança conceitual. Exemplos: ***perna** da cadeira*; ***asa** da xícara*; ***cabeça** do alfinete.*

Sinestesia

❱ Trata-se da associação, em uma mesma expressão, de sensações percebidas por diferentes órgãos de sentido. Pode ser vista como uma forma específica de metáfora, na qual são relacionados diferentes elementos sensoriais.

Observe a capa de disco abaixo. O enunciado *O Sabor Quente do Forró* explora a figura da sinestesia ao propor um "sabor quente" às músicas de forró da banda **Café com Pimenta**, fazendo uma associação entre a sensação do paladar (sabor) e a do tato (quente).

Disponível em: <http://www.thelyricarchive.com>. Acesso em: 10 set. 2010.

Figuras de sintaxe (ou de construção)

❯ Nem sempre os textos apresentam frases estruturadas do modo esperado. Neles é frequente haver inversões, omissões e repetições que levam a uma maior expressividade. As alterações das estruturas sintáticas feitas intencionalmente são chamadas de **figuras de sintaxe** ou **de construção**. As principais são: **elipse, zeugma, anacoluto, anáfora, hipérbato, sínquise, polissíndeto, pleonasmo**.

Elipse

❯ Trata-se da omissão de um termo que pode ser identificado a partir do contexto criado pelo texto.

- **Zeugma**: forma particular de elipse que consiste na omissão de um termo utilizado anteriormente no enunciado. Exemplo: *Minha mãe nasceu em Minas; meu pai, em São Paulo.*

Anacoluto

❯ A interrupção ou quebra de uma oração que se havia iniciado por uma palavra ou locução, seguida de uma estrutura que não se integra à parte interrompida, é chamada de **anacoluto**. Exemplo: *Aquele rapaz, gostei muito dele.*

Anáfora

❯ Repetição de palavras no início de versos ou, nos textos em prosa, no início de orações. Exemplo: *Eu não sei chorar; eu não sei brigar; eu só sei sofrer.*

Hipérbato

❯ Na língua portuguesa, a ordem típica das orações é *sujeito → verbo → complemento → adjunto adverbial.* Exemplo: *As meninas* (s) *comeram* (v) *chocolates* (c) *à noite* (a). O **hipérbato** consiste em inverter essa ordem: *Chocolates, as meninas comeram à noite.*

- **Sínquise**: consiste em uma inversão tão radical na ordem que chega a provocar ambiguidade ou a dificultar a compreensão do que está sendo dito. Exemplo: *"Da noite a viração, movendo as folhas / Já nos cimos do bosque rumoreja"* (Gonçalves Dias, "Leito de folhas verdes"). Na ordem direta, o período ficaria assim: *A viração da noite já rumoreja nos cimos do bosque, movendo as folhas.*

Polissíndeto

❯ Coordenação de vários termos da oração por meio de conjunções, especialmente as aditivas (*e*, *nem*). Exemplo: *Nem eu, nem você, nem ninguém poderá evitar isso.*

Pleonasmo

❯ Repetição de palavras ou expressões com o objetivo de enfatizar uma determinada ideia. Exemplo: *Sorriu um sorriso franco e aberto.*

- Há pleonasmos que, por serem considerados **vícios de linguagem**, devem ser **evitados**. Ocorrem sempre que a ideia repetida informa uma obviedade e não desempenha função expressiva alguma no enunciado. Exemplos: *subir para cima, entrar para dentro, sair para fora.*

Figuras de pensamento

❯ Ocorrem quando se manipula intencionalmente o sentido das palavras e expressões, provocando alterações no plano semântico (do significado). Uma das mais conhecidas é a **ironia**, já vista no *Tema 5 – Efeitos de sentido*. Outras figuras de pensamento são: **hipérbole, eufemismo, prosopopeia, antítese, paradoxo, gradação** e **apóstrofe**.

Hipérbole

❯ Ocorre quando nos referimos a algo de modo exagerado. Exemplos: *Estou **morrendo** de fome; Chorei **rios** de lágrimas; Já lhe disse isso mais de **mil vezes**!*

Eufemismo

❯ Consiste na substituição de palavras ou expressões desagradáveis ou excessivamente fortes por outras que atenuam a ideia original. Exemplos: *O pai de Rosinha **partiu deste mundo** (= morreu); Não se deve **faltar com a verdade** (= mentir).*

Prosopopeia

❯ Trata-se da atribuição de características humanas a animais e objetos inanimados. Exemplos: *O sol **beijava** a copa das árvores; O vento **sussurrava** na janela; O gato **falou** com o rato.*

Antítese

❯ Consiste na associação de ideias contrárias por meio de palavras ou enunciados de sentido oposto. Exemplos: *Estou **rindo** para não **chorar**; Não sei se **amo** ou se **odeio**; Falar é **fácil**, fazer é mais **difícil**.*

Paradoxo

❯ É uma associação de termos contraditórios, inconciliáveis. Diferentemente da antítese, em que duas ideias se opõem, no paradoxo os termos contraditórios se referem a uma mesma ideia.

Observe o jogo de ideias inconciliáveis que compõe os paradoxos presentes nestes versos de Luís de Camões.

Amor é um fogo que arde sem se ver;
É ferida que dói e não se sente;
É um contentamento descontente;
É dor que desatina sem doer;

CAMÕES, Luís de. In: SALGADO JÚNIOR, Antônio (Org.). *Luís de Camões*: obra completa. Rio de Janeiro: Nova Aguilar, 2008. p. 270. (Fragmento).

Gradação

❯ Trata-se da apresentação de uma sequência de palavras ou expressões criando uma progressão, ascendente ou descendente. Exemplos: *Recicle o lixo da sua **casa**, da sua **rua**, do seu **bairro**; Uma **hora**, um **minuto**, um **segundo** é uma eternidade longe de você.*

Apóstrofe

❯ Consiste na interpelação de uma pessoa (real ou imaginária) ou de algo, presente ou ausente, como uma forma de enfatizar uma ideia ou expressão. É muito utilizada em poemas, canções e orações.

Veja um exemplo no refrão do Hino da Proclamação da República.

Liberdade, Liberdade,
Abre as asas sobre nós,
Das lutas, na tempestade,
Dá que ouçamos tua voz...

Medeiros de Albuquerque

Enem e vestibulares

1. (Enem-Inep – adaptada)

Canção do vento e da minha vida

O vento varria as folhas,
O vento varria os frutos,
O vento varria as flores...
E a minha vida ficava
Cada vez mais cheia
De frutos, de flores, de folhas.
[...]
O vento varria os sonhos
E varria as amizades...
O vento varria as mulheres...
E a minha vida ficava
Cada vez mais cheia
De afetos e de mulheres.

O vento varria os meses
E varria os teus sorrisos...
O vento varria tudo!
E a minha vida ficava
Cada vez mais cheia
De tudo.

BANDEIRA, M. Poesia completa e prosa.
Rio de Janeiro: José Aguilar, 1967.

Na estruturação do texto, destaca-se

a) a construção de oposições semânticas.

b) a apresentação de ideias de forma objetiva.

c) o emprego recorrente de figuras de linguagem, como o eufemismo.

d) a repetição de sons e de construções sintáticas semelhantes.

e) a inversão da ordem sintática das palavras.

2. (Enem-Inep)

Metáfora

Gilberto Gil

Uma lata existe para conter algo,
Mas quando o poeta diz: "Lata"
Pode estar querendo dizer o incontível
Uma meta existe para ser um alvo,
Mas quando o poeta diz: "Meta"
Pode estar querendo dizer o inatingível
Por isso não se meta a exigir do poeta
Que determine o conteúdo em sua lata
Na lata do poeta tudonada cabe,
Pois ao poeta cabe fazer
Com que na lata venha caber

O incabível
Deixe a meta do poeta não discuta,
Deixe a sua meta fora da disputa
Meta dentro e fora, lata absoluta
Deixe-a simplesmente metáfora.

Disponível em: <http://www.letras.terra.com.br>.
Acesso em: 5 fev. 2009.

A metáfora é a figura de linguagem identificada pela comparação subjetiva, pela semelhança ou analogia entre elementos. O texto de Gilberto Gil brinca com a linguagem remetendo-nos a essa conhecida figura. O trecho em que se identifica a metáfora é:

a) "Uma lata existe para conter algo".

b) "Mas quando o poeta diz: 'Lata'".

c) "Uma meta existe para ser um alvo".

d) "Por isso não se meta a exigir do poeta".

e) "Que determine o conteúdo em sua lata".

3. (Enem-Inep)

Para o Mano Caetano

O que fazer do ouro de tolo
Quando um doce bardo brada a toda brida,
Em velas pandas, suas esquisitas rimas?
Geografia de verdades, Guanabaras postiças
Saudades banguelas, tropicais preguiças?
A boca cheia de dentes
De um implacável sorriso
Morre a cada instante
Que devora a voz do morto, e com isso,
Ressuscita vampira, sem o menor aviso
[...]
E eu *soy* lobo-bolo? lobo-bolo
Tipo pra rimar com ouro de tolo?
Oh, Narciso Peixe Ornamental!
Tease me, tease me outra vez*
Ou em banto baiano
Ou em português de Portugal
De Natal
[...]

LOBÃO. Disponível em: <http://vagalume.uol.com.br>.
Acesso em: 14 ago. 2009. (Adaptado).

Tease me: caçoe de mim, importune-me.

Na letra da canção apresentada, o compositor Lobão explora vários recursos da língua portuguesa, a fim de conseguir efeitos estéticos ou de sentido. Nessa letra, o autor explora o extrato sonoro do idioma e o uso de termos coloquiais na seguinte passagem:

a) "Quando um doce bardo brada a toda brida".

b) "Em velas pandas, suas esquisitas rimas?".

c) "Que devora a voz do morto".

d) "lobo-bolo//Tipo pra rimar com ouro de tolo?".

e) *"Tease me, tease me* outra vez".

4. **(Enem-Inep)**

Oximoro, ou paradoxismo, é uma figura de retórica em que se combinam palavras de sentido oposto que parecem excluir-se mutuamente, mas que, no contexto, reforçam a expressão.

Dicionário eletrônico Houaiss da língua portuguesa.

Considerando a definição apresentada, o fragmento poético da obra *Cantares*, de Hilda Hilst, publicada em 2004, em que pode ser encontrada a referida figura de retórica é:

a) "Dos dois contemplo
   rigor e fixidez.
   Passado e sentimento
   me contemplam" (p. 91).

b) "De sol e lua
   De fogo e vento
   Te enlaço" (p. 101).

c) "Areia, vou sorvendo
   A água do teu rio" (p. 93).

d) "Ritualiza a matança
   de quem só te deu vida.
   E me deixa viver
   nessa que morre" (p. 62).

e) "O bisturi e o verso.
   Dois instrumentos
   entre as minhas mãos" (p. 95).

5. **(Enem-Inep)** Nesta tirinha, a personagem faz referência a uma das mais conhecidas figuras de linguagem para

FRANK & ERNEST   Bob Thaves

a) condenar a prática de exercícios físicos.

b) valorizar aspectos da vida moderna.

c) desestimular o uso das bicicletas.

d) caracterizar o diálogo entre gerações.

e) criticar a falta de perspectiva do pai.

6. (Fuvest-SP)

[José Dias] Teve um pequeno legado no testamento, uma apólice e quatro palavras de louvor. Copiou as palavras, encaixilhou-as e pendurou-as no quarto, por cima da cama. "Esta é a melhor apólice", dizia ele muita vez. Com o tempo, adquiriu certa autoridade na família, certa audiência, ao menos; não abusava, e sabia opinar obedecendo. Ao cabo, era amigo, não direi ótimo, mas nem tudo é ótimo neste mundo. E não lhe suponhas alma subalterna; as cortesias que fizesse vinham antes do cálculo que da índole. A roupa durava-lhe muito; ao contrário das pessoas que enxovalham depressa o vestido novo, ele trazia o velho escovado e liso, cerzido, abotoado, de uma elegância pobre e modesta. Era lido, posto que de atropelo, o bastante para divertir ao serão e à sobremesa, ou explicar algum fenômeno, falar dos efeitos do calor e do frio, dos polos e de Robespierre. Contava muita vez uma viagem que fizera à Europa, e confessava que a não sermos nós, já teria voltado para lá; tinha amigos em Lisboa, mas a nossa família, dizia ele, abaixo de Deus, era tudo.

Machado de Assis.
Dom Casmurro.

Considerado o contexto, qual das expressões sublinhadas foi empregada em sentido metafórico?

a) "Teve um pequeno <u>legado</u>".

b) "Esta é a melhor <u>apólice</u>".

c) "certa <u>audiência</u>, ao menos".

d) "<u>ao cabo</u>, era amigo".

e) "<u>o bastante</u> para divertir".

7. (UFPA)
No trecho "Basta chegar a Pequim para desnudar a farsa de que a China é o **chão de fábrica do planeta**, mas não tem acesso aos bens que produz", a expressão metafórica em destaque indica que os chineses

a) produzem muito.

b) não são consumistas.

c) produzem com pouca qualidade.

d) não precisam daquilo que produzem.

e) não produzem aquilo de que precisam.

8. (Unicamp-SP)
Nesta propaganda, há uma interessante articulação entre palavras e imagens.

Mesmo que o globo fosse quadrado, O GLOBO seria avançado.

Disponível em: <http://www.diariodapropaganda.blogspot.com>.

a) Explique como as imagens ajudam a estabelecer as relações metafóricas no enunciado "Mesmo que o globo fosse quadrado, O GLOBO seria avançado".

_____

b) Indique uma característica atribuída pela propaganda ao produto anunciado. Justifique.

_____

(Uerj – adaptada) Texto para as questões 9 e 10.

A máquina

Faltando somente um minuto para a hora marcada, às onze e cinquenta e nove exatamente, Antônio entrou na máquina de sua própria morte, feita com suas próprias mãos, e todos os olhos, todos os ouvidos, todas as câmeras e todos os microfones do mundo apontaram para ele, um patrocínio Alisante Karina, ele vai morrer de amor por você. Se pudesse divulgar o que estava sentindo, sem trazer inquietação ao coração de Karina, talvez Antônio tivesse confessado ali mesmo, pro mundo todo ouvir, que estava com um medo desgraçado, sabe o verbo medo? Mas não parecia. Quem olhava para ele, ou seja, o mundo inteiro, não diria nunca que se tratava de um homem que sentia um frio no espinhaço. E foi então que deu a hora certinha que Antônio tinha marcado para partir, meio-dia em ponto, cinco, quatro, três, dois, um, Ave-Maria, e seu coração disse pra sua cabeça, vá, e sua cabeça disse pra sua coragem, vou, e sua coragem respondeu, vou nada, mas Antônio não ouviu. E quando as setecentas lâminas da máquina da morte botaram para funcionar, todas elas ao mesmo tempo, na maior ligeireza, o mundo todo que estava esperando para ver tripa de Antônio, sangue de Antônio, osso de Antônio virar pó, não viu foi coisa nenhuma.

FALCÃO, Adriana. Rio de Janeiro: Objetiva, 1999.

9.
No fragmento "e sua coragem respondeu, vou nada", há simultaneamente um processo de personificação e um de antítese. Explique como se constrói cada uma dessas figuras de linguagem no fragmento dado.

_____

_____

_____

10. No romance de Adriana Falcão, o narrador, dialogando com o leitor, faz a seguinte pergunta: "sabe o verbo medo?".

Na pergunta, o discurso do narrador provoca um estranhamento. Explique por que ocorre o estranhamento e indique o sentido que ele produz no contexto.

_____

_____

_____

11. (PUC-RJ – adaptada)

Recordação

Agora, o cheiro áspero das flores

leva-me os olhos por dentro de suas pétalas.

Eram assim teus cabelos;

tuas pestanas eram assim, finas e curvas.

As pedras limosas, por onde a tarde ia aderindo,

tinham a mesma exalação de água secreta,

de talos molhados, de pólen,

de sepulcro e de ressurreição.

E as borboletas sem voz

dançavam assim veludosamente.

Restitui-te na minha memória, por dentro das flores!

Deixa virem teus olhos, como besouros de ônix,

tua boca de malmequer orvalhado,

e aquelas tuas mãos dos inconsoláveis mistérios,

com suas estrelas e cruzes,

e muitas coisas tão estranhamente escritas

nas suas nervuras nítidas de folha,

— e incompreensíveis, incompreensíveis.

MEIRELES, Cecília. *Obra poética.*
Rio de Janeiro: José Aguilar, 1972. p. 154.

Observa-se no poema a utilização de inúmeras figuras de linguagem como recurso expressivo. Destaque do texto um exemplo de prosopopeia e outro de sinestesia.

_____

_____

_____

_____

(Fuvest-SP) Texto para as questões 12 e 13.

Desde pequeno, tive tendência para personificar as coisas. Tia Tula, que achava que mormaço fazia mal, sempre gritava: "Vem pra dentro, menino, olha o mormaço!" Mas eu ouvia o mormaço com M maiúsculo. Mormaço, para mim, era um velho que pegava crianças! Ia pra dentro logo. E ainda hoje, quando leio que alguém se viu perseguido pelo clamor público, vejo com estes olhos o Sr. Clamor Público, magro, arquejante, de preto, brandindo um guarda-chuva, com um gogó protuberante que se abaixa e levanta no excitamento da perseguição. E já estava devidamente grandezinho, pois devia contar uns trinta anos, quando me fui, com um grupo de colegas, a ver o lançamento da pedra fundamental da ponte Uruguaiana-Libres, ocasião de grandes solenidades, com os presidentes Justo e Getúlio, e gente muita, tanto assim que fomos alojados os do meu grupo num casarão que creio fosse a Prefeitura, com os demais jornalistas do Brasil e Argentina. Era como um alojamento de quartel, com breve espaço entre as camas e todas as portas e janelas abertas, tudo com os alegres incômodos e duvidosos encantos de uma coletividade democrática. Pois lá pelas tantas da noite, como eu pressentisse, em meu entredormir, um vulto junto à minha cama, sentei-me estremunhado e olhei atônito para um tipo de chiru, ali parado, de bigodes caídos, pala pendente e chapéu descido sobre os olhos. Diante da minha muda interrogação, ele resolveu explicar-se, com a devida calma:

— Pois é! Não vê que eu sou o sereno...

Mário Quintana, *As cem melhores crônicas brasileiras.*

Estremunhado: mal acordado.

Chiru: que ou aquele que tem pele morena, traços acaboclados (regionalismo: Sul do Brasil).

12. No início do texto, o autor declara sua "tendência para personificar as coisas". Tal tendência se manifesta na personificação dos seguintes elementos:

a) Tia Tula, Justo e Getúlio.

b) mormaço, clamor público, sereno.

c) magro, arquejante, preto.

d) colegas, jornalistas, presidentes.

e) vulto, chiru, crianças.

13. Considerando que "silepse é a concordância que se faz não com a forma gramatical das palavras, mas com seu sentido, com a ideia que elas representam", indique o fragmento em que essa figura de linguagem se manifesta.

a) "olha o mormaço".

b) "pois devia contar uns trinta anos".

c) "fomos alojados os do meu grupo".

d) "com os demais jornalistas do Brasil".

e) "pala pendente e chapéu descido sobre os olhos".

Reprodução proibida. Art. 184 do Código Penal e Lei 9.610 de 19 de fevereiro de 1998.

A estrutura das palavras

As palavras são as unidades linguísticas portadoras das significações básicas
a partir das quais construímos o sentido dos textos.

As palavras e sua estrutura

> **Palavra** é uma unidade linguística de som e significado que entra na composição dos enunciados da língua.

> É possível reconhecer as unidades menores que entram na formação de uma palavra, isto é, a sua **estrutura interna**. Essa estrutura pode ser alterada, modificando o sentido da palavra.

Observe os exemplos.

feliz → *infeliz* (in- + feliz)

motivo → *des*motivar (des- + motiv- + -ar)

Os elementos mórficos

> As palavras de uma língua podem ser, na maioria das vezes, divididas em elementos menores dotados de significação, chamados de **morfemas**. Os **radicais** e os **afixos** são exemplos de morfemas.

> **Radical** é a parte da palavra que contém seu significado básico. Um mesmo radical pode se repetir em diferentes palavras.

Observe este conjunto.

*digit*ar *digit*amos *digit*arei *digit*ado *digit*ação

digit- é um radical de origem latina que significa "dedo, dígito".

> **Afixos** são os morfemas que, somados aos radicais, formam novas palavras. Aqueles acrescentados antes do radical são chamados de **prefixos**; os adicionados após o radical, de **sufixos**.

Observe os conjuntos de palavras.

*des*armar → *des*enterrar → *des*grudar → *des*integrar

brava*mente* → forte*mente* → legal*mente* → mortal*mente*

O elemento **des-** é um **prefixo** e modifica o sentido do radical a que é acrescentado, atribuindo-lhe um sentido de **negação** ou **falta**. O elemento **-mente** é um **sufixo** que forma **advérbios**, acrescentando ao radical a ideia do **modo** como uma determinada ação ocorre.

> Existem palavras constituídas de um único morfema. **Exemplos:** *lápis, dia, eu, não, azul, bom, mau*.

> Os morfemas são classificados em **lexicais** e **gramaticais**.

> Os **morfemas lexicais** fazem referência a seres ou conceitos da realidade objetiva ou subjetiva (*João, frio, mar, luz, água*), ou seja, possuem referentes extralinguísticos.

> Os **morfemas gramaticais** têm uma significação interna ao sistema linguístico, porque atuam para estabelecer relações entre palavras ou para marcar categorias como gênero, número, modo, pessoa, etc.

Os diferentes tipos de morfema

> O morfema que pode ocorrer isoladamente, sem outros acrescentados a ele, é considerado uma **forma livre**. Ele serve de base para a formação de outras palavras. O radical *veloz*, por exemplo, é uma forma livre; ele serve de base para a formação de *velocidade, velozmente, velocímetro*, etc.

> O morfema que nunca ocorre isoladamente é considerado uma **forma presa**. Como sempre desempenha a mesma função morfológica, um morfema desse tipo aparece na constituição de várias outras palavras do português. O morfema de plural *-s* é exemplo de uma forma presa.

Elementos mórficos formadores das palavras

> Quando formadas a partir de um mesmo radical, as palavras são chamadas de **cognatas**.

Veja os exemplos.

*med*o → *med*onho → a*med*rontar → *med*roso

*trabalh*ar → *trabalh*o → *trabalh*ador → *trabalh*oso

> Entre os morfemas que formam as palavras, cumprem função diferente: as **desinências**, as **vogais temáticas**, os **afixos** e as **vogais e consoantes de ligação**.

Desinências

> As **desinências** são os morfemas que indicam as flexões das palavras variáveis. São responsáveis pela marcação das variações de gênero (masculino e feminino), número (singular e plural), modo, tempo e pessoa das palavras da língua.

> As **desinências nominais** indicam as flexões de gênero e de número. Ocorrem em substantivos, adjetivos e pronomes. **Exemplos:** *garota, garotas, garoto, aquela, aquele, aqueles*.

> As **desinências verbais** indicam as flexões de modo-tempo e número-pessoa nos verbos. **Exemplos:** *ganhar, ganhamos, ganhávamos, ganhassem, ganharíamos*.

Vogais temáticas

> A **vogal temática** é um morfema vocálico que se acrescenta a determinados radicais antes das desinências. O conjunto formado por **radical + vogal temática** recebe o nome de **tema**.

> Os temas podem ser **nominais** e **verbais**.

> As palavras que têm a última sílaba tônica não apresentam vogal temática. **Exemplos:** *babá, você, avô, horror, fiel, nariz*, etc.

- Somadas aos radicais nominais (paroxítonos ou proparoxítonos), as vogais átonas finais (-a, -o, -e) atuam como **vogais temáticas nominais** e formam as classes de palavras de tema em -a (*turist-a*), -o (*sapat-o*), -e (*negligent-e*).
- Como podem ocorrer tanto em palavras de gênero masculino quanto de gênero feminino (*o turista, o poeta, a tribo, a sorte*), as vogais temáticas nominais não indicam o gênero gramatical.
- A desinência nominal indicadora de gênero feminino (-a) é acrescentada aos temas nominais constituídos de radical + + vogal temática -o. **Exemplos:** *o garoto* (radical: *garot-*; vogal temática: -o); *a garota* (radical: *garot-*; desinência nominal de gênero feminino: -a).
- Somadas aos radicais verbais, as vogais -a, -e, -i atuam como **vogais temáticas verbais** e definem as três conjugações.

Observe o quadro a seguir.

Primeira conjugação		
Vogal temática -*a*	and-*a*-r and-*a*-va	and-*a*-rão and-*á*-ssemos
Segunda conjugação		
Vogal temática -*e*	ret-*e*-r ret-*e*-rá	ret-*e*-remos ret-*ê*-ramos
Terceira conjugação		
Vogal temática -*i*	sa-i-r sa-i-rmos	sa-i-rem sa-i-remos

Afixos

- Os **afixos** são morfemas que atuam na formação de novas palavras. São divididos em **prefixos** e **sufixos**, e seu estudo faz parte da chamada **morfologia derivacional**.

Prefixos

- Os **prefixos** são afixos que se acrescentam antes do radical, modificando seu sentido básico.
  Exemplos: *imparcial*, *desfazer*, *contrapor*, *semirreta*.

Sufixos

- Os **sufixos** são afixos que se acrescentam depois do radical, modificando seu sentido básico ou a classe gramatical a que o radical pertence originalmente.
  Veja os exemplos.
  - **Mudança do sentido básico:** *ramo → ramagem*; *droga → drogaria*; *árvore → arvoredo*; *pântano → pantanal*.

Conteúdo digital Moderna PLUS
http://www.modernaplus.com.br
Filmes: trecho de *O Bem Amado*, de Guel Arraes, e de *Saneamento básico, o filme*, de Jorge Furtado.

- **Mudança de classe gramatical:**
  esperar (verbo) → *esperança* (substantivo);
  intuir (verbo) → *intuição* (substantivo);
  veloz (adjetivo) → *velozmente* (advérbio).

Observe a charge a seguir.

O substantivo *grandeza* é formado pelo acréscimo do sufixo -*eza* ao radical *grand-*. Na charge, o termo *grandeza* é utilizado pela mãe para comentar sobre o desejo do filho, dando a entender que o que ele quer é algo improvável.

Vogais e consoantes de ligação

- Em alguns casos, a ligação entre radicais e sufixos é feita por meio de elementos mórficos que não têm significação gramatical própria, cumprindo apenas a função de vincular duas partes constitutivas de uma mesma palavra. São as **vogais** e as **consoantes de ligação**.
- As **vogais de ligação** simplificam a sequência silábica na ligação do radical e do sufixo, eliminando os encontros consonantais.

  Exemplo: na palavra *honestidade*, formada a partir do radical *honest-*, a vogal de ligação -*i*-, que ocorre entre o radical e o sufixo -*dade*, simplifica a sequência silábica na ligação do radical e do sufixo, pela criação da sílaba -*ti*, o que elimina o encontro consonantal -*td*.

- As **consoantes de ligação** costumam ocorrer entre um radical oxítono terminado em vogal e um sufixo iniciado por vogal. A inserção de consoantes de ligação evita a formação de hiatos.

Observe estes exemplos.
- *frio → friorento* (consoante de ligação: -*r*)
- *pau → paulada* (consoante de ligação: -*l*)
- *pé → pezinho* (consoante de ligação: -*z*)

Enem e vestibulares

1. (Enem-Inep) Leia com atenção o texto:

[Em Portugal], você poderá ter alguns probleminhas se entrar numa loja de roupas desconhecendo certas sutilezas da língua. Por exemplo, não adianta pedir para ver os *ternos* – peça para ver os *fatos*. *Paletó* é *casaco*. *Meias* são *peúgas*. *Suéter* é *camisola* – mas não se assuste, porque *calcinhas* femininas são *cuecas*. (Não é uma delícia?)

CASTRO, Ruy. *Viaje Bem*, ano VIII, n. 3, p. 78.

O texto destaca a diferença entre o português do Brasil e o de Portugal quanto

a) ao vocabulário.

b) à derivação.

c) à pronúncia.

d) ao gênero.

e) à sintaxe.

2. (Fuvest-SP)

A questão racial parece um desafio do presente, mas trata-se de algo que existe desde há muito tempo. Modifica-se ao acaso das situações, das formas de sociabilidade e dos jogos das forças sociais, mas reitera-se continuamente, modificada, mas persistente. Esse é o enigma com o qual se defrontam uns e outros, intolerantes e tolerantes, discriminados e preconceituosos, segregados e arrogantes, subordinados e dominantes, em todo o mundo. Mais do que tudo isso, a questão racial revela, de forma particularmente evidente, nuançada e estridente, como funciona a fábrica da sociedade, compreendendo identidade e alteridade, diversidade e desigualdade, cooperação e hierarquização, dominação e alienação.

Octavio Ianni. Dialética das relações sociais. *Estudos avançados*, n. 50, 2004.

As palavras do texto cujos prefixos traduzem, respectivamente, ideia de anterioridade e contiguidade são

a) "persistente" e "alteridade".

b) "discriminados" e "hierarquização".

c) "preconceituosos" e "cooperação".

d) "subordinados" e "diversidade".

e) "identidade" e "segregados".

3. (Uerj)

Desencontrários

Mandei a palavra rimar,
ela não me obedeceu.
Falou em mar, em céu, em rosa,
em grego, em silêncio, em prosa.
Parecia fora de si,
a sílaba silenciosa.

Mandei a frase sonhar,
e ela se foi num labirinto.
Fazer poesia, eu sinto, apenas isso.
Dar ordens a um exército,
para conquistar um império extinto.

LEMINSKI, Paulo. In:
GÓES, F.; MARINS, A. (Orgs.).
Melhores poemas de Paulo Leminski.
São Paulo: Global, 2001.

Considere a formação da palavra "Desencontrários", título do poema de Paulo Leminski. Separe seus elementos mórficos. Em seguida, nomeie o primeiro morfema que a compõe e indique seu significado.

_____

_____

_____

4. (Uerj)

Os homens aqui mudam de nome quando têm um filho homem. Maxi-hú é o pai de Maxi-. Teró por muito tempo foi Jaguarhú. Eu seria Iuicuihí se minha filha se chamasse Iuicui? Ou Mairahú se meu filho pudesse chamar-se Maíra? Será que pode?

Levando em conta apenas os substantivos próprios citados no texto, é possível entender que, na língua dos mairuns, o novo nome do pai de um filho homem contém:

a) o nome da criança seguido do morfema *-hí*.

b) o nome do filho seguido do morfema *-hú*.

c) o nome da mãe seguido do morfema *-hí*.

d) o nome do pai seguido do morfema *-hú*.

5. (FGV-SP – adaptada) Leia o texto para responder à questão.

País vira campo fértil para uso de laranjas

A Operação Persona, que desmantelou na semana passada um poderoso esquema de fraudes nas importações de produtos, expôs uma realidade cada vez mais presente na economia brasileira: o uso da figura de laranjas para acobertar transações financeiras e empresariais ilícitas. O laranjal da fraude se expande em tamanho e sofisticação, além de exibir uma impressionante capacidade de se adaptar aos mais variados negócios.

Há laranja dos mais variados tipos. Desde o laranja político, identificado nas CPIs do Congresso, até o laranja virtual que surge na Internet para vender produtos de empresas de fachada, que não são entregues ao consumidor.

Cidadãos honestos, na maioria das vezes com pouca instrução e baixo poder aquisitivo, transformam-se em laranjas inconscientes ao assinar, sem saber, procurações utilizadas pelos fraudadores para abrir empresas de fachada.

Documentos perdidos ou roubados são também instrumentos fáceis nas mãos de grupos criminosos para a criação de laranjas. [...]

Nos últimos três anos, a Receita descobriu 1 067 empresas laranjas que operavam com importações fraudulentas. Muitas delas sem nenhuma capacidade financeira e algumas abertas exclusivamente para uma única operação de importação. [...]

Especialista em casos de falsificação e contrabando, o advogado Newton Vieira Júnior, do Gare & Ortiz do Amaral Advogados, acredita que tem aumentado o espaço para atuação dos laranjas no Brasil. "Toda a burocracia que existe no Brasil para abrir uma empresa não vem impedindo a abertura de laranjas", diz. "A certeza da impunidade é o que faz com que os falsificadores atuem deliberadamente."

O Estado de S. Paulo, 21 out. 2007. (Adaptado).

Confronte a frase "O laranjal da fraude se expande em tamanho e sofisticação..." com os versos de Casimiro de Abreu:

[...] Que amor, que sonhos, que flores,

Naquelas tardes fagueiras

À sombra das bananeiras,

Debaixo dos laranjais!

Aponte o sentido do sufixo -al em "laranjal" e de sua forma plural -ais em "laranjais".

6. **(FGV-SP)** Assinale a única alternativa que menciona um vocábulo pertencente à família etimológica de **desacredito**.

a) Já se apagavam as luzes do crepúsculo.

b) O governo coopera no incremento da lavoura da cana.

c) O embaixador havia apresentado sua credencial.

d) Nada havendo a acrescentar, encerrou-se a discussão.

e) O cheiro acre do vinho desagradou ao comprador.

7. **(Fuvest-SP)**

E não há melhor resposta

que o espetáculo da vida:

vê-la desfiar seu fio,

que também se chama vida,

ver a fábrica que ela mesma,

teimosamente, se fabrica,

vê-la brotar como há pouco

em nova vida explodida;

mesmo quando é assim pequena

a explosão, como a ocorrida;

mesmo quando é uma explosão

como a de há pouco, franzina;

mesmo quando é a explosão

de uma vida severina.

João Cabral de Melo Neto,
Morte e vida severina.

a) A fim de obter um efeito expressivo, o poeta utiliza, em *a fábrica* e *se fabrica*, um substantivo e um verbo que têm o mesmo radical. Cite da estrofe outro exemplo desse mesmo recurso expressivo.

b) A expressividade dos seis últimos versos decorre, em parte, do jogo de oposições entre palavras. Cite desse trecho um exemplo em que a oposição entre as palavras seja de natureza semântica.

Formação de palavras

A compreensão dos significados dos afixos e dos processos
de formação de palavras nos permite ampliar o nosso léxico.

Composição

❱ O processo de **composição** ocorre quando temos uma palavra formada pela combinação de dois radicais. Exemplo: *gira + sol: girassol*.

❱ Quando o processo de composição ocorre, a palavra resultante tem um sentido diferente do sentido de cada um dos radicais que a compõem. Exemplo: a palavra *girassol*, formada de *gira + sol*, que dá nome a uma planta.

❱ Os elementos da palavra composta não podem ser trocados por sinônimos. Exemplo: não se pode dizer "rodassol" em referência à planta "girassol".

❱ Em português, há dois tipos de composição, a depender da forma da palavra resultante: **composição por justaposição** ou **composição por aglutinação**.

❱ A **composição por justaposição** se define pela combinação de dois (ou mais) radicais que não sofrem alteração na sua forma fonológica (não há mudança nos fonemas originais e cada radical mantém o seu acento tônico). Exemplos: *bem-casado, bem-vindo, escalda-pés, centroavante, guarda--roupa, pontapé, ponta-cabeça, quinta-feira*.

❱ **Radicais gregos** e **latinos** participam da formação de muitas palavras da língua portuguesa. Conhecer o seu significado ajuda a compreender melhor o sentido das palavras de cuja formação eles participam. Exemplo: *crono-* (radical grego) = tempo, *-metro* (radical grego) = que mede → *cronômetro*: instrumento que mede o tempo.

❱ A **composição por aglutinação** é definida pela combinação de dois (ou mais) radicais que sofrem alteração na sua forma fonológica (há mudança nos fonemas originais e no acento tônico dos radicais envolvidos no processo). Exemplos: *corrimão* (correr + mão), *vinagre* (vinho + acre), *hidrelétrica* (hidro + elétrica), *boquiaberta* (boca + aberta).

Redução ou abreviação

❱ A **redução**, ou **abreviação**, é o processo pelo qual se forma uma nova palavra por eliminação de parte de uma palavra já existente. Exemplos: *micro* (microcomputador), *pneu* (pneumático), *cine* (cinema).

❱ A formação de palavras por abreviação é muito frequente na linguagem coloquial.

Criação de siglas (siglonimização)

❱ A **siglonimização** é o processo de redução que dá origem a novas palavras na língua pela transformação de determinadas sequências vocabulares (geralmente títulos ou designações várias) em uma sigla. Exemplos: *INSS* (Instituto Nacional de Seguridade Social), *RG* (Registro Geral), *IPVA* (Imposto sobre a Propriedade de Veículos Automotores).

❱ As siglas costumam submeter-se aos mecanismos normais de flexão e derivação. Exemplos: ONG → *ONGs*, TV → *TVs*, CD → *CDs*.

Onomatopeia

❱ A figura sonora denominada **onomatopeia** é utilizada em histórias em quadrinhos, por exemplo, para representar sons (espirros, batidas, campainhas, etc.). Exemplo: *atchim*.

Disponível em: <http://www.ivancabral.com/
2009/07/charge-do-dia-atchim.html>.
Acesso em: 9 dez. 2010.

❱ Como algumas onomatopeias são incorporadas ao léxico da língua e identificadas como palavras (*tique-taque, blablablá*, etc.), esse recurso é reconhecido como um dos processos de formação de palavras.

Empréstimos lexicais

❱ Os **empréstimos lexicais** são palavras de outras línguas que vão entrando na língua portuguesa ao longo do tempo. Exemplos: *abajur* (do francês), *shopping* (do inglês), *pizza* (do italiano).

❱ Os empréstimos lexicais têm origem no contato entre as culturas e na influência que uma cultura exerce sobre a outra em vários aspectos do comportamento e da vida social.

❱ Muitas vezes, toma-se emprestado uma ideia ou conceito, ao qual se associa uma nova palavra. Essa palavra costuma ser mantida na língua original, por vezes com adaptação à ortografia do português. Exemplo: *shampoo → xampu*.

❱ Houve uma fase em que eram comuns os empréstimos do francês (*ateliê, buquê, filé*, etc.). Atualmente, são comuns os empréstimos do inglês (*internet, jeans, skate, rock, hambúrguer, escâner*, etc.).

Neologismo

❭ **Neologismo** é uma palavra nova (*néos* significa "novo, ou moderno", e *lógos*, "palavra, tratado") criada para atender a necessidades de expressão em contextos específicos.

Observe os quadrinhos a seguir. Calvin sabe que *vegetariano* é quem se alimenta de vegetais. Então, observando a formação dessa palavra, ele trocou o radical *veget-* pelo radical de *sobremesa*, criando o termo *sobremesiano* (quem se alimenta de sobremesa).

CALVIN — Bill Watterson

WATTERSON, Bill. Calvin & Haroldo. Disponível em: <http://4.bp.blogspot.com/_UHF_8VRVi1U/ShcrywEfw2I/AAAAAAAAACU/THI1VPWDJHA/s320/Neologismo_tirinha.GIF>. Acesso em: 9 dez. 2010.

Formação lexical: palavras primitivas e derivadas

❭ **Palavras primitivas** são aquelas que não foram formadas a partir de alguma outra já existente na língua. Os **radicais** das palavras primitivas permitem a formação de novas palavras. Exemplos: *água* → *agua**ceiro***, *parede* → *em**pared**a*, *festa* → *fest**ivo***.

❭ **Palavras derivadas** são aquelas que se formam a partir de outras palavras da língua por meio do acréscimo de morfemas derivacionais (prefixos e/ou sufixos). Exemplos: *água + -ceiro* → *aguaceiro*; *em- + pared + -ar* → *emparedar*; *fest + -ivo* → *festivo*.

Derivação

❭ **Derivação** é o processo de formação de palavras a partir do acréscimo de prefixos ou sufixos derivacionais a um radical. Pode ser **prefixal**, **sufixal**, **parassintética**, **regressiva** e **imprópria**.

Derivação prefixal

❭ A **derivação prefixal** é realizada pelo acréscimo de um prefixo à palavra primitiva. Essa operação sempre produz alguma alteração no sentido do radical.

Exemplo: *aparecer* → ***des**aparecer* (o prefixo *des-* nega o conteúdo semântico do verbo *aparecer*, que é a palavra primitiva, nesse caso).

❭ Os prefixos empregados na derivação das palavras da língua são de origem **grega** ou **latina**.

❭ Muitas vezes, o acréscimo do prefixo a determinados radicais provoca modificações em sua forma. Exemplo: o prefixo latino *in-*, quando é associado a palavras iniciadas por *l, m* e *r*, manifesta-se como *i-* (*imortal, irreconhecível*).

Derivação sufixal

❭ A **derivação sufixal** é realizada pelo acréscimo de um sufixo à palavra primitiva. Essa operação sempre produz alguma alteração no sentido do radical.

Exemplo: *colher* → *colher**ada*** (nesse caso, a nova palavra passa a significar não mais o objeto, mas a porção que cabe no objeto).

❭ Os sufixos podem ser **nominais, verbais** ou **adverbiais**, de acordo com o resultado do processo de derivação.

❭ Os **sufixos nominais** são os que derivam substantivos (por exemplo *-eza*, em *pobreza*) e adjetivos (por exemplo, *-estre*, em *campestre*). Os **sufixos verbais** são os que derivam verbos (por exemplo *-icar*, em *adocicar*). O **sufixo adverbial** é o que deriva advérbios (por exemplo, *-mente*, em *radicalmente*).

❭ Os **sufixos nominais** juntam-se a radicais nominais (substantivos e adjetivos) ou verbais para derivar substantivos ou adjetivos ou para derivar as formas aumentativas e diminutivas de substantivos e adjetivos.

Observe, na tabela a seguir, como o emprego de sufixos nominais possibilita a formação de novas palavras ou leva à mudança de grau (aumentativo ou diminutivo) de termos já existentes.

Classe original	Palavra original	Sufixo	Termo resultante	Nova classe/flexão
substantivo	mulher banho	-ada -eiro	mulherada banheiro	substantivo
adjetivo	duro meigo	-eza -ice	dureza meiguice	substantivo
verbo	reduzir esquecer	-ção -mento	redução esquecimento	substantivo
substantivo	vício Angola	-ado -ano	viciado angolano	adjetivo
verbo	cansar pescar	-ivo -aria	cansativo pescaria	adjetivo substantivo
substantivo	pato filho	-inho -ote	patinho filhote	substantivo (no diminutivo)
adjetivo	branco pequeno	-inho -ino	branquinho pequenino	adjetivo (no diminutivo)

- Os **sufixos verbais** juntam-se a radicais nominais para formar verbos. Exemplos: *cabecear*, *velejar*, *chuviscar*.

- Quando acrescidos a radicais verbais, os **sufixos verbais** formam novos verbos. Exemplos: *bebericar*, *cantarolar*.

- Existe apenas um **sufixo adverbial** em português: *-mente*. Ele deriva advérbios a partir de adjetivos.

  Exemplos: *ferozmente*, *tranquilamente*, *realmente*.

Derivação regressiva

- A **derivação regressiva** é a redução na forma fonológica da palavra derivada em relação à forma da palavra primitiva. Exemplos: *desgaste* (de desgastar), *abalo* (de abalar), *luta* (de lutar).

- O processo de derivação regressiva produz os **substantivos deverbais**. Eles são formados a partir de verbos por meio da eliminação da desinência verbal (vogal temática + + morfema modo-temporal de infinitivo) e o acréscimo das vogais temáticas nominais *-a*, *-o* ou *-e* ao radical verbal. Exemplos: *ajudar* → *ajuda*, *castigar* → *castigo*, *debater* → *debate*.

Derivação parassintética

- A **derivação parassintética** ocorre quando são agregados um prefixo e um sufixo, simultaneamente, a um determinado radical. Exemplo: *endoidecer*, *enriquecer*.

- É a simultaneidade da afixação de um prefixo e de um sufixo que constitui a parassíntese, pois não ocorrem na língua, isoladamente, as formas em que entre apenas o sufixo ou o prefixo em questão. No caso de *endoidecer*, por exemplo, não existe *endoida* nem *doidecer*.

Derivação imprópria

- A **derivação imprópria** é o processo de formação em que se muda a classe gramatical de uma palavra sem alterar a sua forma original.

- Transformar uma palavra de outra classe gramatical em substantivo é um caso de derivação imprópria. Isso geralmente é feito antepondo-se um artigo ou pronome adjetivo ao termo a ser substantivado. Exemplo: não aceito *um não* como resposta (nesse enunciado, o advérbio *não* foi transformado em substantivo).

- Outros casos de mudança de classe que exemplificam o processo de derivação imprópria:

  - **substantivo próprio** em **substantivo comum**.
    Exemplo: *severino* (sertanejo, como o Severino, personagem de João Cabral de Melo Neto).

  - **substantivo comum** em **substantivo próprio**.
    Exemplo: *Pereira* (sobrenome).

  - **substantivo** em **adjetivo**. Exemplo: *fantasma* (Essa empresa tem muitos funcionários *fantasmas*).

  - **substantivo**, **adjetivo** e **verbo** em **interjeição**.
    Exemplos: *Calma! Bravo! Salve!*

  - **verbo** e **advérbio** em **conjunção**.
    Exemplos: *quer... quer, bem... bem*.

  - **particípio presente** e **passado** em **conjunção**.
    Exemplos: *mediante, salvo*.

  - **particípio passado** em **substantivo** e **adjetivo**.
    Exemplos: *resoluto, conteúdo, partido*.

Enem e vestibulares

Reprodução proibida. Art.184 do Código Penal e Lei 9.610 de 19 de fevereiro de 1998.

1. (Enem-Inep)

Só falta o Senado aprovar o projeto de lei [sobre o uso de termos estrangeiros no Brasil] para que palavras como *shopping center*, *delivery* e *drive-through* sejam proibidas em nomes de estabelecimentos e marcas. Engajado nessa valorosa luta contra o inimigo ianque, que quer fazer área de livre comércio com nosso inculto e belo idioma, venho sugerir algumas outras medidas que serão de extrema importância para a preservação da soberania nacional, a saber:

....

• Nenhum cidadão carioca ou gaúcho poderá dizer "Tu vai" em espaços públicos do território nacional;

• Nenhum cidadão paulista poderá dizer "Eu lhe amo" e retirar ou acrescentar o plural em sentenças como "Me vê um chopps e dois pastel";

....

• Nenhum dono de borracharia poderá escrever cartaz com a palavra "borraxaria" e nenhum dono de banca de jornal anunciará "Vende-se cigarros";

....

• Nenhum livro de gramática obrigará os alunos a utilizar colocações pronominais como "casar-me-ei" ou "ver-se-ão".

PIZA, Daniel. Uma proposta imodesta.
O Estado de S. Paulo, São Paulo, 8 abr. 2001.

No texto acima, o autor:

a) mostra-se favorável ao teor da proposta por entender que a língua portuguesa deve ser protegida contra deturpações de uso.

b) ironiza o projeto de lei ao sugerir medidas que inibam determinados usos regionais e socioculturais da língua.

c) denuncia o desconhecimento de regras elementares de concordância verbal e nominal pelo falante brasileiro.

d) revela-se preconceituoso em relação a certos registros linguísticos ao propor medidas que os controlem.

e) defende o ensino rigoroso da gramática para que todos aprendam a empregar corretamente os pronomes.

2. (Enem-Inep)

Carnavália

Repique tocou

O surdo escutou

E o meu corasamborim

Cuíca gemeu, será que era meu, quando ela passou por mim?

[...]

ANTUNES, A.; BROWN, C.; MONTE, M. *Tribalistas*, 2002. (Fragmento).

No terceiro verso, o vocábulo "*corasamborim*", que é a junção *coração* + *samba* + *tamborim*, refere-se, ao mesmo tempo, a elementos que compõem uma escola de samba e à situação emocional em que se encontra o autor da mensagem, com o coração no ritmo da percussão.

Essa palavra corresponde a um(a)

a) estrangeirismo, uso de elementos linguísticos originados em outras línguas e representativos de outras culturas.

b) neologismo, criação de novos itens linguísticos pelos mecanismos que o sistema da língua disponibiliza.

c) gíria, que compõe uma linguagem originada em determinado grupo social e que pode vir a se disseminar em uma comunidade mais ampla.

d) regionalismo, por ser palavra característica de determinada área geográfica.

e) termo técnico, dado que designa elemento de área específica de atividade.

3. (Enem-Inep)

Good-bye

Não é mais boa-noite, nem bom-dia

Só se fala *good morning, good night*

Já se desprezou o lampião de querosene

Lá no morro só se usa a luz da Light

Oh *yes*!

A marchinha *Good-bye*, composta por Assis Valente há cerca de 50 anos, refere-se ao ambiente das favelas dos morros cariocas. A estrofe citada mostra:

a) como a questão do racionamento da energia elétrica, bem como a da penetração dos anglicismos no vocabulário brasileiro, iniciaram-se em meados do século passado.

b) como a modernidade, associada simbolicamente à eletrificação e ao uso de anglicismos, atingia toda a população brasileira, mas também como, a despeito disso, persistia a desigualdade social.

c) como as populações excluídas se apropriavam aos poucos de elementos de modernidade, saindo de uma situação de exclusão social, o que é sugerido pelo título da música.

d) os resultados benéficos da política de boa vizinhança norte-americana, que permitia aos poucos que o Brasil se inserisse numa cultura e economia globalizadas.

e) o desprezo do compositor pela cultura e pelas condições de vida atrasadas características do "morro", isto é, dos bairros pobres da cidade do Rio de Janeiro.

(Fuvest-SP) Texto para as questões 4 e 5.

S. Paulo, 13-XI-42

Murilo

São 23 horas e estou honestissimamente em casa, imagine! Mas é doença que me prende, irmão pequeno. Tomei com uma gripe na semana passada, depois, desensarado, com uma chuva, domingo último, e o resultado foi uma sinusitezinha infernal que me inutilizou mais esta semana toda. E eu com tanto trabalho! Faz quinze dias que não faço nada, com o desânimo de após-gripe, uma moleza invencível, e as dores e tratamento atrozes. Nesta noitinha de hoje me senti mais animado e andei trabalhandinho por aí. [...]

Quanto a suas reservas a palavras do poema que lhe mandei, gostei da sua habilidade em pegar todos os casos "propositais". Sim senhor, seu poeta, você até está ficando escritor e estilista. Você tem toda a razão de não gostar do "nariz furão", de "comichona", etc. Mas lhe juro que o gosto consciente aí é da gente não gostar sensitivamente. As palavras são postas de propósito pra não gostar, devido à elevação declamatória do coral que precisa ser um bocado bárbara, brutal, insatisfatória e lancinante. Carece botar um pouco de insatisfação no prazer estético, não deixar a coisa muito benfeitinha. [...] De todas as palavras que você recusou só uma continua me desagradando "lar fechadinho", em que o carinhoso do diminutivo é um desfalecimento no grandioso do coral.

Mário de Andrade, *Cartas a Murilo Miranda*.

....

4. "... estou <u>honestissimamente</u> em casa, imagine! Mas é doença que me prende, irmão pequeno."

No trecho acima, o termo grifado indica que o autor da carta pretende

a) revelar a acentuada sinceridade com que se dirige ao leitor.

b) descrever o lugar onde é obrigado a ficar em razão da doença.

c) demarcar o tempo em que permanece impossibilitado de sair.

d) usar a doença como pretexto para sua voluntária inatividade.

e) enfatizar sua forçada resignação com a permanência em casa.

5. No texto, as palavras "sinusitezinha" e "trabalhandinho" exprimem, respectivamente,

a) delicadeza e raiva.

b) modéstia e desgosto.

c) carinho e desdém.

d) irritação e atenuação.

e) euforia e ternura.

(Unicamp-SP) Os versos seguintes fazem parte do poema "Um chamado João", de Carlos Drummond de Andrade, em homenagem póstuma a João Guimarães Rosa. Trabalhe as questões 6 e 7 a partir da leitura do poema.

....

Um chamado João

João era fabulista?

fabuloso?

fábula?

Sertão místico disparando

no exílio da linguagem comum?

Projetava na gravatinha

a quinta face das coisas

inenarrável narrada?

Um estranho chamado João

para disfarçar, para farçar

o que não ousamos compreender?

[...]

Mágico sem apetrechos,

civilmente mágico, apelador

de precípites prodígios acudindo

a chamado geral?

[...]

Ficamos sem saber o que era João

e se João existiu

de se pegar.

ANDRADE, Carlos Drummond de. *Correio da Manhã*, 22 nov. 1967, publicado em ROSA, J. G. *Sagarana*. Rio de Janeiro: Nova Fronteira, 2001.

....

6. **a)** No título, *chamado* sintetiza dois sentidos com que a palavra aparece no poema. Explique esses dois sentidos, indicando como estão presentes nas passagens em que *chamado* se encontra.

_____

_____

_____

_____

_____

_____

_____

_____

_____

_____

_____

_____

_____

b) Na primeira estrofe do poema, *fábula* é *derivada* em *fabulista* e *fabuloso*. Mostre de que modo a formação morfológica e a função sintática das três palavras contribuem para a formação da imagem de Guimarães Rosa.

_____

_____

_____

_____

_____

_____

_____

7. Na segunda estrofe, há dois processos muito interessantes de associação de palavras. Em *inenarrável/narrada* encontramos claramente um processo de derivação. Em *disfarçar/farçar*, temos a sugestão de um processo semelhante, embora *farçar* não conste dos dicionários modernos.

a) Relacione o significado de *inenarrável* com o processo de sua formação; e o de *farçar*, na relação sugerida no poema, com *disfarçar*.

_____

_____

_____

_____

_____

_____

_____

_____

b) Explique como esses processos contribuem na construção dos sentidos dessa estrofe.

_____

_____

_____

_____

_____

_____

_____

_____

8. (UFRJ – adaptada)

Os diferentes

Descobriu-se na Oceania, mais precisamente na ilha de Ossevaolep, um povo primitivo, que anda de cabeça para baixo e tem vida organizada. É aparentemente um povo feliz, de cabeça muito sólida e mãos reforçadas. Vendo tudo ao contrário, não perde tempo, entretanto, em refutar a visão normal do mundo. E o que eles dizem com os pés dá a impressão de serem coisas aladas, cheias de sabedoria.

Uma comissão de cientistas europeus e americanos estuda a linguagem desses homens e mulheres, não tendo chegado ainda a conclusões publicáveis. Alguns professores tentaram imitar esses nativos e foram recolhidos ao hospital da ilha. Os cabecences-para-baixo, como foram denominados à falta de melhor classificação, têm vida longa e desconhecem a gripe e a depressão.

ANDRADE, Carlos Drummond de.
Prosa seleta. Rio de Janeiro: Nova Aguilar, 2003. p. 150.

No texto, identifica-se o povo da ilha de Ossevaolep por um neologismo: *cabecences-para-baixo*.

a) Identifique os processos de formação de palavras utilizados para a criação desse neologismo.

_____

_____

b) Considerando o conhecimento que os observadores têm do povo de Ossevaolep, responda: por que se afirma que o neologismo foi criado "à falta de melhor classificação"?

_____

_____

_____

_____

9. (Unicamp-SP) Leia os seguintes artigos do Capítulo VIII do novo Código Civil (Lei nº 10.406, de 10 de janeiro de 2002):

Art. 1.548. É nulo o casamento contraído:

I – pelo enfermo mental sem o necessário discernimento para os atos da vida civil;

II – por infringência de impedimento.

[...]

Art. 1.550. É anulável o casamento:

I – de quem não completou a idade mínima para casar;

[...]

VI – por incompetência da autoridade celebrante.

a) Os enunciados que introduzem os artigos 1.548 e 1.550 têm sentido diferente. Explique essa diferença, comparando, do ponto de vista morfológico, as palavras *nulo* e *anulável*.

_____

_____

_____

_____

_____

_____

_____

b) Segundo o *Dicionário Houaiss da língua portuguesa* (2001), *infringência* vem de infringir (violar, transgredir, desrespeitar) + *ência*. Compare o processo de formação dessa palavra com o de *incompetência*, indicando eventuais diferenças e semelhanças.

_____

_____

_____

_____

_____

_____

_____

_____

_____

_____

10. (UFRGS – adaptada) Considere as seguintes afirmações sobre a formação de palavras nos itens abaixo.

I – O sufixo de *imbatível* tem o sentido de "passível de".

II – O prefixo de *enveredou* tem o mesmo sentido do prefixo de *emigrar*.

III – O adjetivo *apurada* provém de um verbo que é derivado de um adjetivo pelo acréscimo simultâneo de prefixo e sufixo.

Quais estão corretas?
a) Apenas I.
b) Apenas II.
c) Apenas III.
d) Apenas I e III.
e) I, II e III.

11. (Ufal)

....

1. No interior mineiro, nos longes da minha lembrança, a caça à tanajura era prazer adicional ao prazer de andar descalço debaixo da chuva.

Carlos Drummond de Andrade
....

2. Nos sozinhos dessa conversa, alisando e torcendo a barba, eu prometia sanar o caso da professora.

José Cândido de Carvalho
....

3. E como a manhã vai começando, o orvalho torna mais verde o verde da folhagem, que cintila na claridade dourada.

Josué Montello
....

Há, nas três frases, uma palavra deslocada da classe gramatical a que pertence. Destaque essas palavras e situe-as:

a) na classe a que pertencem originariamente;

_____

_____

_____

_____

b) na classe em que se inserem nessas frases.

_____

_____

_____

_____

12. (UFRJ)

....

Aquele homem meio estrábico, ostentando um mau humor maior do que realmente poderia dedicar a quem lhe cruzasse o caminho e que agora entrava no cinema, numa segunda-feira à tarde, para assistir a um filme nem tão esperado, a não ser entre pingados amantes de cinematografias de cantões os mais exóticos, aquele homem, sim, sentou-se na sala de espera e chorou, simplesmente isso: chorou. Vieram lhe trazer um copo d´água logo afastado, alguém sentou-se ao lado e lhe perguntou se não passava bem, mas ele nada disse, rosnou, passou as narinas pela manga, levantou-se num ímpeto e assistiu ao melhor filme em muitos meses, só isso. Ao sair do cinema, chovia.

Ficou sob a marquise, à espera da estiagem. Tão absorto no filme que se esqueceu de si. E não soube mais voltar.

NOLL, João Gilberto. *O ex-cineclubista.*
....

O vocábulo *ex-cineclubista* resulta da aplicação de quatro processos de formação de palavras. Identifique-os, valendo-se de elementos constitutivos desse vocábulo.

_____

_____

_____

_____

_____

_____

Reprodução proibida. Art. 184 do Código Penal e Lei 9.610 de 19 de fevereiro de 1998.

Substantivo

Os substantivos nomeiam tudo que vemos, sentimos ou imaginamos, servindo, portanto, de base para nossa comunicação e entendimento do mundo.

Definição e classificação

❯ **Substantivos** são as palavras que designam os seres, reais ou imaginários, e noções em geral.

Observe a tirinha abaixo. A palavra *vida* utilizada nos quadrinhos é um substantivo, já que nomeia algo.

CALVIN   Bill Watterson

Disponível em: <http://l.bp.blogspot.com/_7Telfmi9u3U/TFbVcrE_mdI/AAAAAAAAAfo/giEE6cYauwo/s1600/calvin-e-a-vida.jpg>.

❯ Do ponto de vista formal, os substantivos admitem flexão de **gênero** (masculino e feminino), **número** (singular e plural) e **grau** (aumentativo e diminutivo).

❯ Os substantivos podem ser precedidos por *artigos*, *pronomes adjetivos* ou *adjetivos*, com eles formando um sintagma nominal. Exemplos: *a menina*; *o medo*; ***minha** vida*; ***estes** dias*; ***muitos** homens*; *carro **verde***; *casa **vazia***.

❯ **Sintagmas** são unidades mínimas entre as quais se estabelece uma relação de determinação. Em uma relação sintagmática, um dos elementos modifica ou determina o outro, especificando-o de alguma maneira.

❯ Os sintagmas são **nominais**, quando têm por núcleo um **substantivo**, e **verbais**, quando têm por núcleo um **verbo**.

Observe, no título do filme, um exemplo de sintagma nominal: *Um beijo roubado*.

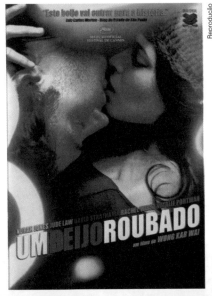

Disponível em:
<http://filmes.etc.br/wp-content/uploads/cartaz-filme-um-beijo-roubado.jpg>.

Agora veja um exemplo de sintagma verbal: *Dança comigo?*.

Disponível em: <http://www.interfilmes.com/
filme_14926_danca.comigo..html>.

❱ Os substantivos caracterizam-se por atuarem, nas orações, como núcleos dos sintagmas nominais:

- sujeitos: *A mentira tem pernas curtas.*
- objetos diretos: *Contarei uma mentira.*
- objetos indiretos: *Ela se rendeu à mentira do amigo.*
- predicativos do sujeito: *A história parecia mentira.*
- predicativos do objeto: *Acho essa amizade uma mentira.*
- complementos nominais: *Tenho ojeriza à mentira!*
- adjuntos adnominais: *Tinha um carro de mentira.*
- adjuntos adverbiais: *Ela convivia com a mentira.*
- agentes da passiva: *Ela foi enganada pela mentira do vendedor.*
- apostos: *Aquele casamento, uma mentira, tinha de acabar.*
- vocativos: *Mentira, nunca terás lugar em minha vida!*

Classificação dos substantivos

❱ Classificam-se os substantivos de acordo com aquilo a que fazem referência no mundo exterior (objetivo) e no mundo interior (subjetivo).

❱ Os substantivos podem ser **simples** e **compostos**, **primitivos** e **derivados**, **próprios** e **comuns**, **concretos** e **abstratos**.

Simples e compostos

❱ Os substantivos **simples** apresentam um único radical na formação da palavra. Exemplos: *homem*; *castelo*; *medo*.

❱ Os substantivos que apresentam mais de um radical são chamados de **compostos**. Exemplos: *guarda-roupa*; *cachorro-quente*; *couve-flor*.

Primitivos e derivados

❱ São considerados **primitivos** os substantivos que não se originam de qualquer outra palavra da língua. Exemplos: *porta*, *leite*, *laranja*.

❱ São considerados **derivados** os substantivos que são formados a partir de um radical já existente. Exemplos: *porteira*; *portinhola*; *leiteiro*; *leiteria*; *laranjeira*; *laranjada*.

Próprios e comuns

❱ Os substantivos que nomeiam seres particulares, únicos, dentre aqueles de uma mesma espécie, são chamados de **próprios**. São substantivos próprios nomes de pessoas e de lugares e de algo que se quer particularizar.

❱ Os substantivos utilizados para nomear os seres de uma mesma espécie ou conceitos abstratos, como os sentimentos humanos, são chamados de substantivos **comuns**.

Veja o texto abaixo. As palavras em *itálico* são substantivos próprios e as <u>sublinhadas</u> são substantivos comuns.

O sino de ouro

Contaram-me que, no <u>fundo</u> do <u>sertão</u> de *Goiás*, numa <u>localidade</u> de cujo <u>nome</u> não estou certo, mas acho que é *Porangatu*, que fica perto do <u>rio</u> de *Ouro* e da <u>serra</u> de *Santa Luzia* [...] tem – <u>coisa</u> bela e espantosa – um grande <u>sino</u> de ouro. [...]

<u>Lembrança</u> de antigo <u>esplendor</u>, <u>gesto</u> de <u>gratidão</u>, <u>dádiva</u> ao *Senhor* de um <u>grão-senhor</u> – nem *Chartes*, nem *Colônia*, nem *S. Pedro* ou *Ruão*, nenhuma <u>catedral</u> imensa com seus enormes <u>carrilhões</u> tem nada capaz de um <u>som</u> tão lindo e puro como esse <u>sino</u> de <u>ouro</u>, de <u>ouro</u> catado e fundido na própria <u>terra</u> goiana nos <u>tempos</u> de antigamente.

BRAGA, Rubem. In:
ARRIGUCCI JR., Davi. *Melhores contos.*
São Paulo: Global, 2001.

❱ Os substantivos **coletivos** constituem uma categoria específica dos substantivos comuns porque se apresentam no singular, mas sempre fazem referência a uma ideia plural, a um conjunto de seres de uma mesma espécie ou a corporações sociais e religiosas agrupadas para determinado fim. Exemplos: *biblioteca*, *alcateia*, *congresso*.

Concretos e abstratos

❱ Substantivos **concretos** são aqueles que designam os seres que têm uma existência autônoma, real ou imaginária. Exemplos: *sapato*, *cavalo*, *Fernando*, *fantasma*, *saci*.

❱ Substantivos **abstratos** são aqueles que nomeiam conceitos como ações, estados, qualidades, sentimentos, sensações, que não têm uma existência independente. Sua manifestação está sempre associada a um ser do qual depende a sua existência. Exemplos: *saudade*, *beleza*, *doença*.

As flexões do substantivo

❱ Por meio da **flexão**, obtém-se uma mudança na forma de uma palavra variável, para a expressão de noções gramaticais como gênero, número, grau, pessoa, modo, tempo e voz.

❱ As flexões são marcadas, na língua, por **sufixos** ou **desinências**.

❱ Os substantivos são palavras variáveis, que sofrem flexão de **gênero** (masculino ou feminino) e **número** (singular ou plural). Podem também apresentar variação de **grau** (normal, diminutivo, aumentativo).

Gênero

❱ Todos os substantivos em português são do gênero gramatical **masculino** ou **feminino**. O gênero é uma categoria essencialmente linguística, que não tem uma correlação absoluta com o sexo dos seres em questão.

Classificação dos substantivos quanto ao gênero

❱ Os substantivos que requerem os artigos masculinos *o*, *um* e os pronomes adjetivos masculinos *meu*, *teu*, *seu*, *este*, etc. pertencem ao gênero gramatical **masculino**.

Exemplos: *o lugar*; *o jogador*; *o computador*; **um** *elefante*; **meu** *pandeiro*; **seu** *sonho*; **este** *estádio*.

❱ Os substantivos que requerem os artigos femininos *a*, *uma* e os pronomes adjetivos femininos *minha*, *tua*, *sua*, *esta*, etc. pertencem ao gênero gramatical **feminino**.

Exemplos: *a poltrona*; *a verdade*; **uma** *matilha*; **minha** *vida*; *esta girafa*.

❱ Os substantivos de um único gênero que designam animais são conhecidos como **epicenos**.

Exemplos: *a águia*; *a barata*; *a borboleta*; *a cobra*; *a onça*; *o condor*; *o grilo*; *o polvo*.

❱ Quando é necessário estabelecer uma diferença de sexo no caso de substantivos epicenos, os adjetivos *macho* e *fêmea* são acrescentados após o substantivo.

Exemplos: *cobra macho – cobra fêmea*; *polvo macho – polvo fêmea*.

❱ Em muitos casos, a distinção de gênero é marcada pela anteposição de determinantes (artigos, pronomes) no gênero masculino ou feminino. Esses substantivos são conhecidos como **comuns de dois**.

Exemplos: *o acrobata – a acrobata*; *o intérprete – a intérprete*; *o repórter – a repórter*.

❱ Existem substantivos que designam tanto pessoas do sexo masculino como pessoas do sexo feminino. Esses substantivos recebem o nome de **sobrecomuns** e têm um único gênero gramatical.

Exemplos: *a vítima*; *a criatura*; *o cônjuge*.

❱ Há, na língua portuguesa, uma série de substantivos que mudam de significado quando mudam de gênero.

Exemplos: *o caixa* (funcionário), *a caixa* (objeto); *o grama* (medida de massa), *a grama* (relva).

A formação do feminino

❱ Chega-se às formas femininas, na língua, de duas maneiras: por processos centrados nos próprios radicais ou pela flexão (mudança na terminação da palavra).

❱ Quando a distinção de gênero é feita pelo **uso de radicais diferentes**, temos os **heterônimos**.

Exemplos: *bode – cabra*; *boi, touro – vaca*; *carneiro – ovelha*; *cavalheiro – dama*; *genro – nora*; *homem – mulher*.

❱ Quando a distinção de gênero é feita **por meio da flexão**, ou seja, pelo acréscimo de um morfema específico ao radical, diz-se que o masculino é o termo não marcado, e que o feminino é o termo marcado.

❱ O morfema específico para marcar, na língua, determinados nomes femininos é o sufixo *-a*.

❱ Nos substantivos em que a forma masculina apresenta uma vogal temática, *-o* ou *-e* associada ao radical, a vogal temática é suprimida antes do acréscimo do morfema de feminino *-a*: *garoto – garota*; *cachorro – cachorra*; *gigante – giganta*.

❱ Nos substantivos sem vogal temática na forma masculina, com o radical terminado em consoante, acrescenta-se o morfema *-a*: *japonês – japonesa*; *senhor – senhora*; *trabalhador – trabalhadora*.

❱ Nos substantivos terminados em *-ão* forma-se o feminino em *-oa*, *-ã* ou *-ona*: *leitão-leitoa*; *leão-leoa*; *anão-anã*; *chorão-chorona*.

❱ Casos excepcionais de formação do feminino: além do acréscimo do morfema *-a*, sofrem transformações mais drásticas na forma do radical; recebem algum sufixo específico; sofrem apenas transformação no radical, sem acréscimo do morfema.

Exemplos: *abade – abadessa*; *avô – avó*; *ator – atriz*; *barão – baronesa*; *cão – cadela*; *cantador – cantadeira*; *cerzidor – cerzideira*; *conde – condessa*; *cônsul – consulesa*; *czar – czarina*; *diácono – diaconisa*; *duque – duquesa*; *embaixador – embaixatriz (esposa de um embaixador)*; *frade – freira*; *galo – galinha*; *grou – grua*; *herói – heroína*; *imperador – imperatriz*; *jogral – jogralesa*; *ladrão – ladra*; *lebrão – lebre*; *maestro – maestrina*; *marajá – marani*; *perdigão – perdiz*; *píton – pitonisa*; *poeta – poetisa*; *príncipe – princesa*; *prior – prioresa, priora*; *profeta – profetisa*; *rajá – rani*; *rapaz – rapariga*; *rei – rainha*; *réu – ré*; *sacerdote – sacerdotisa*; *silfo – sílfide*; *sultão – sultana*.

Número

❱ Os substantivos podem ocorrer nas estruturas da língua em uma forma **singular** ou **plural**.

❱ **Singular**: designam um único ser (ou, no caso dos coletivos, um conjunto de seres tomado como um todo). Exemplos: *menino*; *coroa*; *sanduíche*; *amor*; *cavalinho*; *guarda-chuva*; *rebanho*; *colmeia*; *multidão*.

❱ **Plural**: designam mais de um ser (ou, no caso dos coletivos, mais de um conjunto de seres).

Exemplos: *meninos*; *coroas*; *sanduíches*; *amores*; *cavalinhos*; *guarda-chuvas*; *rebanhos*; *colmeias*; *multidões*.

❱ Alguns substantivos são empregados apenas em sua forma plural.

Exemplos: *afazeres*; *anais*; *belas-artes*; *cãs*; *condolências*; *fezes*; *núpcias*; *víveres*; *arredores*; *exéquias*; *férias*; *olheiras*; *pêsames*; *primícias*.

Formação do plural

❱ Para formar o plural, os substantivos terminados em vogal ou ditongo devem receber o acréscimo do morfema *-s* à forma singular.

Exemplos: *barco – barcos*; *mala – malas*; *rei – reis*.

❱ Nos substantivos terminados com a letra *m*, troca-se o *m* por *n*, acrescentando-se o morfema *-s*.

Exemplos: *jejum – jejuns*; *trem – trens*; *aipim – aipins*; *bombom – bombons*.

❱ Nos substantivos terminados em *-ão*, há três formas de formação de plural.

Veja nos quadros abaixo formas de plural dos substantivos terminados em -*ão*.

Fazem o plural em -*ões*		Fazem o plural em -*ães*		Acrescenta-se o morfema –s (palavras paroxítonas)	
canção	canções	pão	pães	irmão	irmãos
dragão	dragões	cão	cães	sacristão	sacristãos
anão	anões	cirurgião	cirurgiães	bênção	bênçãos
grandalhão	grandalhões	guardião	guardiães	órfão	órfãos

〉 Alguns substantivos em -*ão* admitem mais de um plural: *alazão*: *alazães* ou *alazões*; *ermitão*: *ermitãos*, *ermitães* ou *ermitões*; *hortelão*: *hortelãos* ou *hortelões*; *aldeão*: *aldeãos*, *aldeães* ou *aldeões*.

〉 Nos substantivos compostos não ligados por hífen, somente o segundo radical vai para o plural. Exemplos: *girassóis*; *centroavantes*.

〉 Nos substantivos compostos ligados por hífen, há três possibilidades de plural.

Veja no quadro abaixo essas possibilidades de formação do plural.

Palavras ligadas por preposição	O primeiro radical vai para o plural. Exemplo: *flores-de-lis*.
Dois substantivos e o primeiro indica finalidade ou tipo.	O primeiro vai para o plural. Exemplo: *cheques-salário*.
O primeiro radical é um verbo.	O segundo vai para o plural. Exemplo: *guarda-roupas*.
O primeiro radical é uma palavra invariável.	O segundo vai para o plural. Exemplo: *vice-delegados*.
Palavras variáveis: substantivo + substantivo, substantivo + adjetivo, adjetivo + substantivo	Ambos os radicais vão para o plural. Exemplo: *amores-perfeitos*.

〉 Alguns substantivos de tema em -*o*, ao receberem o sufixo de plural -*s*, sofrem um processo de metafonia (mudança do timbre fechado do singular para o timbre aberto no plural) na vogal tônica do radical. Exemplo: *car*[ô]*ço* – *car*[ó]*ços*; *c*[ô]*rpo* – *c*[ó]*rpos*; *c*[ô]*rvo* – *c*[ó]*rvos*.

Grau

〉 Os substantivos se apresentam também com sua significação normal (no grau **normal**), diminuída ou atenuada (no **diminutivo**), aumentada ou intensificada (no **aumentativo**).

〉 Os processos para marcar a variação de grau nos substantivos podem ser **sintético** e **analítico**.

〉 O **processo sintético** ocorre por meio do uso de sufixos diminutivos ou aumentativos especiais: -*inho*(*a*), -*zinho*(*a*), -*ito*(*a*), -*ico*(*a*), -*ão*(-*ona*), -*aço*(*a*), -*orra*.

Exemplos: *garotinho*; *garotinha*; *jovenzinho*; *jovenzinha*; *garotão*; *garotona*; *golaço*; *Carlito*; *namorico*; *carrão*; *cabeçorra*; *beijão*.

〉 O **processo analítico** ocorre por meio do acréscimo de um adjetivo que indique aumento ou diminuição, ou alguma ideia associada a tais noções: *pessoa grande*; *pessoa pequena*; *pessoa enorme*; *pessoa minúscula*.

〉 As formas sintéticas do diminutivo e do aumentativo podem adquirir um **sentido conotativo**. Podem ocorrer com conotação afetiva (*netinho*, *mãezinha*, *paizão*) ou depreciativa e pejorativa (*filminho*, *boteco*, *barrigão*, *cabeçorra*).

 Conteúdo digital Moderna PLUS
http://www.modernaplus.com.br
Sequência interativa: *Usos do substantivo.*
Filme: trecho de *Abril despedaçado*, de Walter Salles.

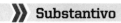
Enem e vestibulares

1. (FGV-SP – adaptada) Leia este trecho da letra de "Lero--Lero", composição musical de Edu Lobo e Cacaso, e responda às questões.

....

Sou brasileiro de estatura mediana

Gosto muito de fulana, mas sicrana é quem me quer

....

No segundo verso, encontram-se as formas *fulana* e *sicrana*. Quanto a elas, pode-se afirmar que são:

a) pronomes de tratamento usados pejorativamente tanto na conversa informal como na poesia.

b) substantivos usados para designar pessoas cujo nome não se quer ou não se pode revelar.

c) pronomes pessoais oblíquos de uso arcaico.

d) substantivos próprios, que devem ser grafados com maiúsculas iniciais.

e) termos de gíria não aceitos na linguagem coloquial.

2. (Unisul-SC) Sobre a formação do plural dos substantivos, assinale a alternativa incorreta.

a) os sem-terra – cinco beija-flores – mil barris

b) as estrelas-do-mar – dois padres-nossos – telegramas de condolências

c) os abaixo-assinados – alguns animaizinhos – dois fósseis

d) poucas aldeãs – os óculos – bananas-prata

e) os guarda-noturnos – três pãozinhos – nas segunda--feiras

3. (UFBA)

Fechava a fila das primeiras lavadeiras, o Albino, um sujeito afeminado, fraco, cor de espargo cozido e com um **cabelinho** castanho, deslavado e pobre, que lhe caía, numa só linha, até ao **pescocinho** mole e fino. Era lavadeiro e vivia sempre entre as mulheres, com quem já estava tão familiarizado que elas o tratavam como a uma pessoa do mesmo sexo; em presença dele falavam de coisas que não exporiam em presença de outro homem; faziam-no até confidente dos seus amores e das suas infidelidades, com uma franqueza que o não revoltava, nem comovia. Quando um casal brigava ou duas amigas se disputavam, era sempre Albino quem tratava de reconciliá-los, exortando as mulheres à concórdia. Dantes encarregava-se de cobrar o rol das colegas, por amabilidade; mas uma vez, indo a uma república de estudantes, deram-lhe lá, ninguém sabia por quê, uma dúzia de bolos, e o pobre-diabo jurou então, entre lágrimas e soluços, que nunca mais se incumbiria de receber os róis.

E daí em diante, com efeito, não arredava os **pezinhos** do cortiço, a não ser nos dias de carnaval, em que ia, vestido de dançarina, passear à tarde pelas ruas e à noite dançar nos bailes dos teatros. [...]

Naquela manhã levantara-se ainda um pouco mais lânguido que do costume, porque passara mal a noite. A velha Isabel, que lhe ficava ao lado esquerdo, ouvindo-o suspirar com insistência, perguntou-lhe o que tinha.

Ah! muita moleza de corpo e uma pontada do vazio que o não deixava!

A velha receitou diversos remédios, e ficaram os dois, no meio de toda aquela vida, a falar tristemente sobre moléstias.

E, enquanto, no resto da fileira, a Machona, a Augusta, a Leocádia, a Bruxa, a Marciana e sua filha conversavam de tina a tina, berrando e quase sem se ouvirem, a voz um tanto cansada já pelo serviço, defronte delas, separado pelos jiraus, formava-se um novo renque de lavadeiras, que acudiam de fora, carregadas de trouxas, e iam ruidosamente tomando lugar ao lado umas das outras, entre uma agitação sem tréguas, onde se não distinguia o que era galhofa e o que era briga. Uma a uma ocupavam-se todas as tinas. E de todos os **casulos** do cortiço saíam homens para as suas obrigações. [...]

AZEVEDO, A. *O cortiço*. São Paulo: Ática, 1999. p. 40-41. Edição Especial.

....

Considerando o fragmento transcrito e a obra de onde foi retirado,

a) identifique os efeitos de sentido que a repetição do sufixo *inho* – cabel**inho**, pescoc**inho**, pez**inhos** – produz no entendimento da caracterização de Albino;

_____

_____

_____

_____

_____

b) justifique, do ponto de vista da escolha do vocabulário, a utilização do substantivo *casulos* no texto.

_____

_____

_____

_____

4. (Ibmec-SP) É exemplo de frase em que o sujeito é representado por um substantivo sobrecomum:

a) "E deixo aqui uns versinhos do Neruda para as minhas leitoras de 30 e 40 anos (e para todas)."

b) "Eu matava o cara!"

c) "Mas a frase me veio à cabeça agora, porque eu gosto demais dela."

d) "Quando o Chico Buarque escreveu o verso acima, ainda não tinha o 'que você nem leu'."

e) "No meio de uma separação, um dos cônjuges (me desculpe a palavra) me solta esta..."

5. (Vunesp – adaptada)

Instrução: A questão de número 5 toma por base uma crônica de Fernando Pessoa (1888-1935).

Crônica da vida que passa

Às vezes, quando penso nos homens célebres, sinto por eles toda a tristeza da celebridade.

A celebridade é um plebeísmo. Por isso deve ferir uma alma delicada. É um plebeísmo porque estar em evidência, ser olhado por todos inflige a uma criatura delicada uma sensação de parentesco exterior com as criaturas que armam escândalo nas ruas, que gesticulam e falam alto nas praças. O homem que se torna célebre fica sem vida íntima: tornam-se de vidro as paredes de sua vida doméstica; é sempre como se fosse excessivo o seu traje; e aquelas suas mínimas ações – ridiculamente humanas às vezes – que ele quereria invisíveis, côa-as a lente da celebridade para espetaculosas pequenezes, com cuja evidência a sua alma se estraga ou se enfastia. É preciso ser muito grosseiro para se poder ser célebre à vontade.

Depois, além dum plebeísmo, a celebridade é uma contradição. Parecendo que dá valor e força às criaturas, apenas as desvaloriza e as enfraquece. Um homem de gênio desconhecido pode gozar a volúpia suave do contraste entre a sua obscuridade e o seu gênio; e pode, pensando que seria célebre se quisesse, medir o seu valor com a sua melhor medida, que é ele próprio. Mas, uma vez conhecido, não está mais na sua mão reverter à obscuridade. A celebridade é irreparável. Dela como do tempo, ninguém torna atrás ou se desdiz.

E é por isto que a celebridade é uma fraqueza também. Todo o homem que merece ser célebre sabe que não vale a pena sê-lo. Deixar-se ser célebre é uma fraqueza, uma concessão ao baixo-instinto, feminino ou selvagem, de querer dar nas vistas e nos ouvidos.

Penso às vezes nisto coloridamente. E aquela frase de que "homem de gênio desconhecido" é o mais belo de todos os destinos, torna-se-me inegável; parece-me que esse é não só o mais belo, mas o maior dos destinos.

PESSOA, Fernando.
Páginas íntimas e de autointerpretação.
Lisboa: Edições Ática, [s.d.]. p. 66-67.

Na crônica apresentada, Fernando Pessoa atribui três características negativas à *celebridade*, descrevendo-as no segundo, terceiro e quarto parágrafos. Releia esses parágrafos e aponte os três substantivos empregados pelo poeta que sintetizam essas características negativas da *celebridade*.

_____

_____

_____

_____

6. (FGV-SP)

Quintanilha tinha uma prima-segunda, Camila, moça de vinte e dois anos, modesta, educada e bonita. Não era rica; o pai, João Bastos, era guarda-livros de uma casa de café. Haviam brigado por ocasião da herança; mas, Quintanilha foi ao enterro da mulher de João Bastos, e este ato de piedade novamente os ligou. João Bastos esqueceu facilmente alguns nomes crus que dissera ao primo, chamou-lhe outros nomes doces, e pediu-lhe que fosse jantar com ele. Quintanilha foi e tornou a ir. Ouviu do primo o elogio da finada mulher; numa ocasião em que Camila os deixou sós, João Bastos louvou as raras prendas da filha, que afirmava haver recebido integralmente a herança moral da mãe.

IMORICONI, Italo.
Os cem melhores contos brasileiros do século.
Rio de Janeiro: Objetiva, 2000. p. 63-67.

Qual o plural de prima-segunda? Por quê?

_____

_____

_____

_____

Adjetivo

A possibilidade de caracterizar ou qualificar nomes permite que façamos um uso mais preciso da linguagem.

Definição e classificação

❯ São palavras variáveis que especificam o substantivo, caracterizando-o. Essa especificação pode referir-se a uma qualidade (*homem trabalhador*), a um estado (*sopa quente*), a um aspecto ou aparência (*blusa listrada*), a um modo de ser particular (*mulher paciente*).

❯ Os adjetivos de relação têm a função, junto ao substantivo, de estabelecer relações de tempo, de espaço, de finalidade, de procedência, etc. Exemplo: *declaração anual* (tempo), *estádio municipal* (espaço), *vinho francês* (procedência), *remédio antialérgico* (finalidade).

❯ Nas orações, o adjetivo pode exercer as **funções sintáticas** de adjunto adnominal (*Um <u>bom</u> escritor usa palavras <u>sinceras</u>.*); predicativo do sujeito (*O time era <u>extraordinário</u>.*); predicativo do objeto (*Ela sempre achou a filha <u>avoada</u>.*).

Locução adjetiva

❯ **Locuções adjetivas** são conjuntos de palavras (geralmente preposições + substantivos ou preposições + advérbios) com valor e função de adjetivo.

No título do livro a seguir a expressão *de amor* é um exemplo de locução adjetiva.

Capa do livro *Histórias de amor.*

❯ Existem adjetivos correspondentes a muitas dessas locuções adjetivas. Na expressão *um homem **de coragem***, por exemplo, a locução adjetiva *de coragem* pode ser substituída pelo adjetivo *corajoso*.

Classificação dos adjetivos

❯ Da mesma forma que os substantivos, os adjetivos podem ser classificados com relação à sua estrutura e formação. Podem ser: **primitivos** ou **derivados**, **simples** ou **compostos**.

Primitivos e derivados

❯ **Adjetivos primitivos**: são termos constituídos por um radical que não sofre o acréscimo de afixos derivacionais. São exemplos: *roxo, azul, lilás, forte, certo*, etc.

❯ **Adjetivos derivados**: são formados a partir de outros radicais por meio do acréscimo de afixos derivacionais.

Exemplos: *arroxeado, azulado, fortificado, infeliz*, etc.

• Os **adjetivos pátrios** se referem a continentes, países, regiões, estados, cidades, etc. Podem ser primitivos, como *carioca, capixaba, potiguar*, ou derivados, como: *brasileiro, sergipano, italiano, parisiense*, etc.

Simples e compostos

❯ Adjetivos que apresentam um único radical são chamados de simples. Os adjetivos primitivos e derivados apresentados acima são exemplos de adjetivos simples.

❯ Adjetivos formados por mais de um radical são chamados de compostos: *azul-celeste, nipo-brasileiro, pseudointelectual, intravenoso, neolatino*, etc.

As flexões do adjetivo

❯ O adjetivo apresenta flexões de **gênero**, **número** e **grau**.

A relação morfossintática entre adjetivos e substantivos

❯ A morfossintaxe da língua portuguesa estabelece que os adjetivos devem concordar em gênero e número com os substantivos que eles modificam.

❯ Os adjetivos devem assumir o mesmo gênero e o mesmo número que o substantivo. Dessa forma, se o substantivo é masculino, o adjetivo deve ser também masculino; se o substantivo é feminino, o adjetivo deve ser feminino: *menino estudoso*; *menina estudosa*.

❯ Substantivos no plural pedem adjetivos no plural; substantivos no singular, adjetivos no singular: *monstro horrendo, monstros horrendos*; *bruxa horrenda, bruxas horrendas*.

A flexão de gênero dos adjetivos

❯ Os adjetivos assumem o gênero dos substantivos que modificam.

❯ Quanto ao gênero, os adjetivos podem ser **biformes** ou **uniformes**.

❯ Os **adjetivos uniformes** são aqueles que têm uma mesma forma, tanto no masculino como no feminino, ou seja, não admitem flexão morfológica.

❯ O gênero dos adjetivos uniformes será determinado pelo gênero intrínseco do substantivo que modificam. Exemplos: *o mundo real – a história real; um homem amável – uma mulher amável; um evento peculiar – uma sessão peculiar.*

❯ Os adjetivos que podem ser apresentados sob duas formas, uma para o masculino e outra para o feminino, ou seja, podem flexionar-se morfologicamente, são chamados de **biformes**.

❯ As formas do masculino não são marcadas, como nos substantivos; as formas do feminino são marcadas por meio do acréscimo, ao radical, do sufixo *-a* (que indica, na língua, a flexão de gênero): *o restaurante japonês – a comida japonesa; o garoto mimado – a garota mimada.*

Flexão dos adjetivos compostos

❯ Nos adjetivos compostos, formados, em sua maioria, por dois adjetivos, somente o **segundo** recebe a flexão do feminino, se ele for biforme: *restaurante ítalo-brasileiro, cantina ítalo-brasileira; acordo político-partidário, coligação político-partidária.*

❯ As exceções são: *azul-marinho* e *azul-celeste*, que são uniformes (*o chapéu azul-marinho/azul-celeste, a luva azul-marinho/azul-celeste*), e *surdo-mudo*, que tem os dois elementos flexionados no feminino (*rapaz surdo-mudo, moça surda-muda*).

A flexão de número dos adjetivos

❯ Os adjetivos devem concordar em número com os substantivos que modificam. Exemplos: *festa feliz – festas felizes; secretária perspicaz – secretárias perspicazes; exercício insolúvel – exercícios insolúveis.*

Flexão dos adjetivos compostos

❯ Nos adjetivos compostos por dois adjetivos, somente o **segundo** sofre a flexão de número: *restaurante ítalo-brasileiro – restaurantes ítalo-brasileiros; coligação político-partidária – coligações político-partidárias.*

❯ As exceções são *azul-marinho* e *azul-celeste*, que são invariáveis (*jaqueta azul-marinho, jaquetas azul-marinho*), e *surdo-mudo*, cujos dois radicais vão para o plural (*o garoto surdo-mudo, os garotos surdos-mudos*).

❯ São invariáveis quanto ao número os adjetivos compostos referentes a **nomes de cores** que têm um substantivo como **segundo radical**: *camisa verde-folha, camisas verde-folha; vestido vermelho-sangue, vestidos vermelho-sangue.*

A flexão de grau dos adjetivos

❯ **Grau comparativo:** quando são comparadas as características que atribuem aos substantivos.

❯ **Grau superlativo:** quando são intensificadas as características que atribuem aos substantivos.

❯ Os adjetivos de relação (*centro psiquiátrico, infecção renal, taxa diária*, etc.) não admitem flexão de grau, porque sua intensidade não pode variar. Não faz sentido dizer algo como: "A infecção dos pacientes idosos é mais renal que a dos adolescentes" ou "Paguei uma taxa diaríssima".

❯ A variação de grau manifesta-se morfologicamente pela flexão (as chamadas formas **sintéticas**) ou, sintaticamente, pelo uso de outras palavras, em estruturas comparativas ou superlativas (as chamadas formas **analíticas**).

Grau comparativo

❯ Usa-se para comparar a maneira como determinada qualidade ou estado manifesta-se em mais de um ser, ou a maneira como duas ou mais qualidades ou estados manifestam-se em um mesmo ser.

❯ O grau comparativo pode ser de **igualdade**, de **superioridade** e de **inferioridade**, e forma-se, na maioria dos casos, por expressões analíticas que incluem advérbios e conjunções.

❯ **Grau comparativo de igualdade:** *O novo celular é tão sofisticado quanto o antigo. Minha secretária é tão inteligente quanto prestativa.*

❯ **Grau comparativo de superioridade:** *O novo celular é mais bonito (do) que funcional. Minha secretária é mais eficiente do que gentil.*

❯ **Grau comparativo de inferioridade:** *O novo celular é menos eficiente do que o antigo. Minha secretária é menos organizada do que atenciosa.*

❯ Alguns adjetivos têm uma forma sintética para a expressão do grau comparativo de superioridade. São eles: *bom, mau, grande* e *pequeno*, que apresentam as formas *melhor, pior, maior* e *menor*.

❯ Existe um contexto, no entanto, em que as formas analíticas devem ser usadas para expressar o grau comparativo desses quatro adjetivos. Isso ocorre nos casos em que o que se compara são duas qualidades de um mesmo ser: *Seu carro é mais grande do que potente. Meu pai é mais bom do que inteligente.*

Grau superlativo

❯ No grau superlativo, uma determinada qualidade ou estado é intensificada em termos **relativos** ou **absolutos**.

Superlativo relativo

❯ Indica que determinado ser, com relação a todos os demais seres de um conjunto que apresentam uma certa qualidade, destaca-se por apresentá-la em grau maior ou menor.

❯ É sempre expresso de forma analítica, por meio do uso de advérbios, e pode ser de **superioridade** ou de **inferioridade**. Observe. *Meu cavalo é o menos competitivo da corrida* (superlativo relativo de inferioridade). *Meu carro é o mais completo da categoria* (superlativo relativo de superioridade).

Superlativo absoluto

❯ Indica que determinado ser apresenta certa qualidade em um alto grau.

❯ Expressa a ideia de excesso.

❯ Pode assumir forma sintética ou analítica.

❯ O superlativo absoluto é **sintético** se for formado pelo acréscimo de determinados sufixos ao radical do adjetivo. O mais comum desses sufixos é *-íssimo(a)*, mas formam-se também superlativos por meio dos sufixos *-ílimo(a)* e *-érrimo(a)*. Observe. *Tenho um primo riquíssimo. O caminho é facílimo. Aqueles óculos são chiquérrimos.*

❯ Há casos em que, ao receber um dos três sufixos formadores desse tipo de superlativo, o radical do adjetivo sofre uma mudança, reassumindo uma forma próxima à do radical latino. Essas são formas eruditas, como é o caso de *paupérrimo* (de pobre).

❯ Também se pode expressar uma ideia superlativa com o acréscimo, a certos radicais, de prefixos como *arqui-, extra-, hiper-, super-, ultra-: arquirrival, extracompacto, hiperácido, superabundante, ultrassônico.*

❯ No grau **superlativo absoluto analítico**, a variação de grau é feita com o uso de advérbios. Observe. *Meu primo é muito rico. O caminho é realmente fácil.*

Formas aumentativas e diminutivas

❯ Um novo adjetivo é formado com o acréscimo de sufixos aumentativos e diminutivos ao radical de um adjetivo. Como se trata de um processo derivacional, que resulta na formação de uma nova palavra, não se diz que houve uma flexão de grau do adjetivo. O que se constata é a possibilidade de variar o grau de um mesmo adjetivo, atenuando-o ou intensificando-o, por meio da criação de formas derivadas. Observe. *Gostoso → gostosão → gostosinho; vermelho → vermelhão → vermelhinho; irritado → irritadaço → irritadinho.*

Enem e vestibulares

1. **(UFPA)** Considerando-se os grupos de palavras em destaque, a mudança de posição do adjetivo em relação ao substantivo mudaria por completo o sentido em:

   a) "E o que significa o caso desse *simples* vendedor de praia?"

   b) "Ele representa o *melhor exemplo* de como o empresário deve tratar o consumidor."

   c) "O fornecedor tem como alvo final de seu negócio o consumidor, devendo respeitar seus *reais desejos* e necessidades [...]."

   d) "O lucro é decorrência do *bom relacionamento* com o consumidor."

   e) "É bom lembrar: um consumidor satisfeito é um *cliente fiel*."

(FGV-SP – adaptada) Leia o texto a seguir para responder às questões 2 e 3.

Sub Solo 1

"Mundo, mundo, vasto mundo, se eu me chamasse Raimundo, seria uma rima, não uma solução." Os versos de Drummond me desabaram na cabeça assim que saí do elevador no andar errado, num prédio da Berrini, e dei com um piso inteiro de restaurantes; uma praça de alimentação submersa em toneladas de concreto, no centro empresarial de São Paulo.

Então assim é o mundo — pensei —, aqui que estão as pessoas normais. As pessoas que têm emprego, FGTS, férias remuneradas, chefes que admiram e/ou detestam, colegas com quem competem e se comprazem, horário de almoço e *happy hour*, todo mundo, enfim, que sai de casa toda manhã para trabalhar num escritório, em vez de caminhar, só, em direção a uma edícula, no fundo do quintal.

Eu leio sobre o mundo com frequência, nos jornais. De vez em quando, leio livros sobre o mundo. Pensando bem, estudei o mundo por cinco anos, na Faculdade de Ciências Sociais, mas raramente vou até ele, e precisei do choque daquela praça de alimentação para dar-me conta de quão distante nós estávamos — eu e o mundo. Para um escritor, poucas constatações podem ser mais trágicas.

Posso me acabar de ler Shakespeare, Dostoievski, Kafka e Goethe, mas os verdadeiros Macbeths, Ivans Karamazovs, Gregors Sansas e Faustos estão entre as máquinas de café e os *scanners*, tiram fotinhos na portaria e alimentam as catracas com seus crachás. Nos 20 andares acima daquelas bandejas, todo dia, sonhos medram ou murcham, homens competem, traem, fofocas são discretamente difundidas, alguém entregará o que tem de mais precioso em nome de uma causa; a glória e o fiasco espocam, das oito da manhã às sete da tarde. Como posso querer ser um escritor se só trato com o ser humano por *e-mail*? Se só o vejo amistoso e calmo, no cinema ou num restaurante, no fim de semana?

Voltei ao elevador decidido a raspar essa barbicha calculadamente desleixada, meu crachá de escritor,

que pretende dizer, ingenuamente, "não faço parte do mundo" — e arrumar um emprego na Berrini. Pode ser de quinto auxiliar de almoxarifado ou subanalista de cafezinho, não importa. Só preciso ter acesso ao coração do mundo. Uma vez ali dentro, ouvirei as moças falando mal do chefe na fila do Subway, descobrirei o que planejam os jovens de terno na mesa do Súbito, verei a felicidade do garoto do interior que acabou de ser contratado e o ódio de seu vizinho de baia, que não foi. Depois, e só depois, poderei voltar para minha edícula e tentar escrever algo que preste. Algo que, um dia, espero, chegue aos pés do último verso do poema de Drummond: "Mundo, mundo, vasto mundo, mais vasto é meu coração."

PRATA, Antonio. *O Estado de S. Paulo*, 31 maio 2009. (Adaptado).

2. Quanto à morfologia, explique o emprego das palavras em destaque:

   a) *mal* em "ouvirei as moças falando **mal** do chefe na fila do Subway" e em *O **mal** é as moças não respeitarem a ausência do chefe na fila do Subway*.

   _____

   _____

   _____

   b) *só* em "em vez de caminhar, **só**, em direção a uma edícula, no fundo do quintal." e em *Só preciso ter acesso ao coração do mundo*.

   _____

   _____

   _____

3. Atente para o trecho:

   "Depois, e só depois, poderei voltar para minha edícula e tentar escrever algo que preste. Algo que, um dia, espero, chegue aos pés do último verso do poema de Drummond: 'Mundo, mundo, vasto mundo, mais vasto é meu coração.'"

   a) Identifique a ideia expressa pelas preposições *para* em "voltar para minha edícula" e *de* em "poema de Drummond".

   _____

   _____

   _____

   _____

b) Aponte no verso de Drummond a palavra que designa a ideia de um coração grandioso e identifique a classe gramatical a que ela pertence.

_____

_____

_____

4. (Unimontes-MG) Nos exemplos abaixo, o deslocamento do(s) adjetivo(s), para antes ou depois do substantivo a que se refere(m), <u>alteraria</u> a significação básica daquele(s) apenas na alternativa:

a) "É uma louvável alternativa que o homem encontrou..."

b) "E o que se fez com esse pobre homem?"

c) "Aos religiosos dogmáticos e intolerantes [...], aqui vai um apelo..."

d) "Ele não suporta ver o filho preso [...], inerte, morto..."

(Unifesp) Para responder às questões 5 e 6, leia o poema de Mário Quintana.

De gramática e de linguagem

E havia uma gramática que dizia assim:

"Substantivo (concreto) é tudo quanto indica

Pessoa, animal ou cousa: João, sabiá, caneta".

Eu gosto é das cousas. As cousas, sim!...

As pessoas atrapalham. Estão em toda parte. Multiplicam-se
[em excesso.

As cousas são quietas. Bastam-se. Não se metem com ninguém.

Uma pedra. Um armário. Um ovo. (Ovo, nem sempre,

Ovo pode estar choco: é inquietante...)

As cousas vivem metidas com as suas cousas.

E não exigem nada.

Apenas que não as tirem do lugar onde estão.

E João pode neste mesmo instante vir bater à nossa porta.

Para quê? não importa: João vem!

E há de estar triste ou alegre, reticente ou falastrão.

Amigo ou adverso... João só será definitivo

Quando esticar a canela. Morre, João...

Mas o bom, mesmo, são os adjetivos,

Os puros adjetivos isentos de qualquer objeto.

Verde. Macio. Áspero. Rente. Escuro. Luminoso.

Sonoro. Lento. Eu sonho

Com uma linguagem composta unicamente de adjetivos

Como decerto é a linguagem das plantas e dos animais.

Ainda mais:

Eu sonho com um poema

Cujas palavras sumarentas escorram

Como a polpa de um fruto maduro em tua boca,

Um poema que te mate de amor

Antes mesmo que tu saibas o misterioso sentido:

Basta provares o seu gosto...

5. Para o poeta, a linguagem deve

a) ser inquietante e misteriosa como um ovo que, quando choco, guarda sentidos desconhecidos.

b) ser composta pelos substantivos concretos e pelos adjetivos para assemelhar-se à linguagem das plantas e dos animais.

c) conseguir matar as pessoas que, como diz o poeta, _atrapalham_. Por isso ele afirma: "Morre, João..."

d) excluir o amor, uma vez que esse sentimento a destitui do verdadeiro e misterioso sentido abrigado nas palavras.

e) bastar-se a si mesma, pois há de conter a essência do sentido na sua constituição.

6. "Com uma linguagem composta unicamente de adjetivos/ Como decerto é a linguagem das plantas e dos animais."

Referindo-se à linguagem das plantas e dos animais, o poeta

a) ironiza a ideia de que ela seja composta apenas por adjetivos.

b) nega que ela seja composta apenas por adjetivos.

c) mostra que, em muitas situações, ela deve ser composta de adjetivos.

d) põe em dúvida o fato de que ela seja composta apenas por adjetivos.

e) indica a possibilidade de que ela seja composta apenas por adjetivos.

7. (PUC-RJ) No poema _Descobrimento_, certos substantivos encontram-se qualificados por adjetivos inusitados. Retire do texto uma dessas combinações incomuns, explicando por que tem um efeito especial.

Descobrimento

Abancado à escrivaninha em São Paulo

Na minha casa da rua Lopes Chaves

De sopetão senti um friúme por dentro.

Fiquei trêmulo, muito comovido

Com o livro palerma olhando pra mim.

Não vê que me lembrei lá no norte, meu Deus!
[muito longe de mim,

Na escuridão ativa da noite que caiu,

Um homem pálido, magro de cabelo escorrendo
[nos olhos

Depois de fazer a pele com a borracha do dia,

Faz pouco se deitou, está dormindo.

Esse homem é brasileiro que nem eu...

ANDRADE, Mario. _Poesias completas_.
Belo Horizonte: Villa Rica, 1993. p. 203.

_____

_____

_____

8. **(FGV-SP)** Assinale a alternativa em que a palavra sublinhada **não** tem valor de adjetivo.

a) A malha _azul_ estava molhada.

b) O sol desbotou o _verde_ da bandeira.

c) Tinha os cabelos _branco-amarelados_.

d) As nuvens tornavam-se _cinzentas_.

e) O mendigo carregava um fardo _amarelado_.

9. **(UFRJ)** Leia os textos I e II.

Texto I
A produção cultural do corpo

Pensar o corpo como algo produzido na e pela cultura é, simultaneamente, um desafio e uma necessidade. Um desafio porque rompe, de certa forma, com o olhar naturalista sobre o qual muitas vezes o corpo é observado, explicado, classificado e tratado. Uma necessidade porque ao desnaturalizá-lo revela, sobretudo, que o corpo é histórico. Isto é, mais do que um dado natural cuja materialidade nos presentifica no mundo, o corpo é uma construção sobre a qual são conferidas diferentes marcas em diferentes tempos, espaços, conjunturas econômicas, grupos sociais, étnicos, etc. Não é portanto algo dado a _priori_ nem mesmo é universal: o corpo é provisório, mutável e mutante, suscetível a inúmeras intervenções consoante o desenvolvimento científico e tecnológico de cada cultura bem como suas leis, seus códigos morais, as representações que cria sobre os corpos, os discursos que sobre ele produz e reproduz.

Um corpo não é apenas um corpo. É também o seu entorno. Mais do que um conjunto de músculos, ossos, vísceras, reflexos e sensações, o corpo é também a roupa e os acessórios que o adornam, as intervenções que nele se operam, a imagem que dele se produz, as máquinas que nele se acoplam, os sentidos que nele se incorporam, os silêncios que por ele falam, os vestígios que nele se exibem, a educação de seus gestos... enfim, é um sem limite de possibilidades sempre reinventadas e a serem descobertas. Não são, portanto, as semelhanças biológicas que o definem mas, fundamentalmente, os significados culturais e sociais que a ele se atribuem.

GOELLNER, Silvana Vilobe. A produção cultural do corpo. In: LOURO, Guacira Lopes (Org.). _Corpo, gênero e sexualidade;_ um debate contemporâneo na educação. Petrópolis: Vozes, 2003. p. 28-29.

Texto II
A não aceitação

Desde que começou a envelhecer realmente começou a querer ficar em casa.

Parece-me que achava feio passear quando não se era mais jovem: o ar tão limpo, o corpo sujo de gordura e rugas. Sobretudo a claridade do mar como desnuda. Não era para os outros que era feio ela passear, todos admitem que os outros sejam velhos. Mas para si mesma. Que ânsia, que cuidado com o corpo perdido, o espírito aflito nos olhos, ah, mas as pupilas essas límpidas.

Outra coisa: antigamente no seu rosto não se via o que ela pensava, era só aquela face destacada, em oferta. Agora, quando se vê sem querer ao espelho, quase grita horrorizada: mas eu não estava pensando nisso! Embora fosse impossível e inútil dizer em que rosto parecia pensar, e também impossível e inútil dizer no que ela mesma pensava.

Ao redor as coisas frescas, uma história para a frente, e o vento, o vento... Enquanto seu ventre crescia e as pernas engrossavam, e os cabelos se haviam acomodado num penteado natural e modesto que se formara sozinho.

LISPECTOR, Clarice.
A descoberta do mundo. Rio de Janeiro: Nova Fronteira, 1984. p. 291.

a) **Do** primeiro parágrafo do **texto I**, **retire** os quatro adjetivos que melhor caracterizam a noção de corpo nele apresentada.

_____

_____

b) **Estabeleça** a relação entre esses adjetivos e a temática central do **texto II**.

_____

_____

_____

10. **(UEPG-PR)** Assinale as alternativas em que a palavra sublinhada tem o mesmo significado nas duas frases apresentadas.

(01) Esta sessão do filme tem entrada _franca._ — É pessoa _franca:_ sempre diz o que pensa.

(02) Os _dados_ disponíveis cobrem três décadas. — A pesquisa chegou a _dados_ surpreendentes, após a aplicação dos questionários.

(04) As indicações mais _confiáveis_ mostram o contrário. — Leio apenas jornais _confiáveis._

(08) Uma língua franca não é uma _fonte_ de identidade e comunidade. — Por causa da estiagem, a _fonte_ deixou de verter água, e a população precisou caminhar muitos quilômetros para se abastecer, junto ao rio.

(16) Ocorreram diminuições na proporção de pessoas que falam _japonês._ — Só porque um _japonês_ e um indonésio falam inglês, isso não quer dizer que os dois estejam ocidentalizados.

Pronome

A identificação dos participantes do discurso e o estabelecimento de sua relação com os demais elementos do enunciado são fatores essenciais para uma boa articulação textual.

Definição e classificação

> **Pronome** é a palavra variável que identifica, na língua, os participantes da interlocução (1ª e 2ª pessoas discursivas) e os seres, eventos ou situações aos quais o discurso faz referência (3ª pessoa discursiva).

> Dada a sua função referencial, o pronome é um importante elemento para o estabelecimento da **coesão textual**.

> Os pronomes podem ser **substantivos** ou **adjetivos**.

> Existem seis tipos de **pronomes: pessoais, possessivos, demonstrativos, indefinidos, relativos** e **interrogativos**.

Pronomes substantivos e pronomes adjetivos

> Os pronomes podem ocupar o lugar dos substantivos ou podem acompanhá-los, ou seja, podem desempenhar funções equivalentes às exercidas pelos substantivos e pelos adjetivos.

Observe a capa de livro abaixo.

• No título do livro, o pronome *tua* está no lugar do substantivo *cadeira* e é classificado como um pronome substantivo. Já o pronome *minha* acompanha o substantivo *cadeira*, desempenhando, portanto, uma função adjetiva.

Pronomes pessoais

> Os **pronomes pessoais**, por servirem para fazer referência a seres, identificam explicitamente as pessoas do discurso, ou seja, aquelas que participam da interlocução. Sua classificação é feita de acordo com a posição que a pessoa do discurso por eles identificada ocupa na interlocução.

Veja na tabela a seguir as pessoas do discurso relacionadas aos pronomes e também as formas e as funções sintáticas dos pronomes.

Pessoas do discurso	Pronomes retos	Pronomes oblíquos	
		Átonos	Tônicos
1ª pessoa (aquela que "fala", o enunciador do discurso)	eu nós	me nos	mim, comigo nós, conosco
2ª pessoa (identifica sempre o interlocutor, a pessoa a quem o enunciador se dirige)	tu vós	te vos	ti, contigo vós, convosco
3ª pessoa (refere-se ao assunto – pode ser um ser humano ou não – dessa conversa, aquilo sobre o que falam os dois interlocutores)	ele, ela eles, elas	o, a, lhe, se os, as, lhes, se	ele, ela, si, consigo eles, elas, si, consigo
Funções sintáticas	• **Sujeito:** *Ela sabe o que dizer.* • **Predicativo do sujeito:** *A professora era ela.* • **Vocativos** (somente os pronomes tu e vós): *Tu, venha até aqui!*	• **Objeto direto:** *A polícia te espera vivo.* • **Objeto indireto:** *A secretária entregou-me os papéis.* • **Adjunto adnominal:** *O pai veio até Sílvia e segurou-lhe a mão trêmula.* • **Sujeito de verbo no infinitivo:** *Mandei-o entregar as armas.*	• **Objeto direto:** *É a mim que você enganou.* • **Objeto indireto:** *Entregue a carta a ela.* • **Complemento nominal:** *Acredito que sentem saudades de ti!* • **Adjunto adverbial:** *Vá ao cinema comigo.* • **Agente da passiva:** *Toda a intriga foi arquitetada por ele.*

❭ Em textos de caráter mais impessoal, geralmente com forte conteúdo analítico, expositivo e/ou argumentativo, o pronome *nós* também pode ser utilizado para promover a **generalização do discurso** e, assim, dar ao leitor a impressão de que a "voz" que fala no texto apresenta a visão do bom-senso, da razão, da objetividade. Nesse caso, passa a fazer referência a um conjunto mais amplo de pessoas (os cidadãos de um país ou a humanidade de modo geral: ***Nós*** *podemos mudar o destino do país.*).

❭ Em contextos coloquiais, é frequente substituirmos o pronome *nós* pela expressão *a gente*. Nesse caso, é preciso cuidado com a concordância verbal, porque, embora identificando mais de uma pessoa, *a gente* é uma forma singular e os verbos que se referem a ela devem ser flexionados na 3ª pessoa do singular.

❭ As formas *eu* e *tu* nunca devem ser usadas depois de preposições, a menos que essas formas pronominais desempenhem a função de sujeitos de verbos no infinitivo. **Observe.**

Nunca houve uma festa para ***mim***.
Deixe isso para ***eu*** *comer depois.*

Os pronomes oblíquos e a indicação de ação reflexiva ou recíproca

❭ A **ação reflexiva** é indicada pelos pronomes oblíquos *me, te, nos, vos, se, si, consigo*, isto é, quando utilizados com essa finalidade, esses pronomes indicam que o referente do sujeito é o mesmo do objeto direto, do objeto indireto ou do adjunto adverbial de companhia. **Observe os exemplos.**

Eu ***me*** *inscrevi no concurso.*
Tu ***te*** *preocupas com os outros?*
*A noiva arrumou-**se** para a cerimônia.*
Era tão altruísta que se esquecia de ***si***.
Nós ***nos*** *atrasamos sempre.*
Eles levaram os livros ***consigo***.

》 O pronome *consigo* é sempre **reflexivo**.

》 As **formas reflexivas do plural** podem ser utilizadas também para indicar **ação recíproca**, ou seja, para indicar que a ação afeta simultaneamente dois ou mais indivíduos. **Veja**.

*João e Maria, finalmente, beijaram-**se**.*
*O policial e o assaltante feriram-**se** na briga.*

Obs.: No segundo caso, *se* é **reflexivo** se considerarmos que cada um feriu a si próprio, mas é **recíproco** se considerarmos que um feriu o outro.

》 As formas *conosco* e *convosco* devem ser substituídas por *com nós* e *com vós* toda vez que vierem acompanhadas de alguma palavra que reforça seu sentido, como *próprios*, *mesmos*, *outros*, *todos* e *ambos*, ou por algum numeral. **Veja**.

*Deveriam partilhar o lucro **conosco**.*
*Deveriam partilhar o lucro **com nós todos**.*

Pronomes de tratamento

》 Os **pronomes de tratamento** são palavras e locuções utilizadas para designar o interlocutor e funcionam como pronomes pessoais. São sempre usados com a forma verbal de 3ª pessoa: *Vossa Alteza, Vossa Eminência, Vossa Excelência, Vossa Majestade, Vossa Santidade*, etc.

- São usados com os possessivos *sua, suas*, em vez de *vossa, vossas*, quando essas pessoas ocupam o lugar de 3ª pessoa do discurso: ***Sua Santidade*** *apreciou a visita ao Brasil.*
- Podem ser usados com outros pronomes, quando for o caso, também na 3ª pessoa gramatical: ***Vossa Alteza*** *gostaria de conhecer seus aposentos?*

》 Também são considerados pronomes de tratamento *o senhor, a senhora, você* e *vocês*, empregados frequentemente na linguagem cotidiana.

Pronomes possessivos

》 **Pronomes possessivos** são aqueles que fazem referência às pessoas do discurso indicando uma relação de posse. Eles mantêm com os pronomes pessoais uma estreita relação, pois designam aquilo que cabe ou pertence aos seres referidos pelos pronomes pessoais.

》 Os pronomes possessivos podem assumir as seguintes formas:

	Um possuidor		Vários possuidores	
	Um objeto	Vários objetos	Um objeto	Vários objetos
1ª pessoa masculino feminino	meu minha	meus minhas	nosso nossa	nossos nossas
2ª pessoa masculino feminino	teu tua	teus tuas	vosso vossa	vossos vossas
3ª pessoa masculino feminino	seu sua	seus suas	seu sua	seus suas

》 Os pronomes possessivos podem acompanhar os substantivos, caso em que têm um **valor adjetivo** e são, por isso, chamados pronomes adjetivos.

》 Os pronomes possessivos adjetivos funcionam sintaticamente como **adjuntos adnominais**: *Comprei **nossa** casa com o dinheiro do **meu** fundo de garantia.*

》 Esses pronomes podem também ter valor substantivo, ocorrendo como **núcleos de sintagmas nominais**. São chamados, nesse caso, de pronomes substantivos: *Ela guardou seus livros. Não guardou os **meus**.*

> Os **pronomes possessivos substantivos** funcionam sintaticamente como:

- Sujeito: *Os **seus** são melhores!*
- Predicativo do sujeito: *As mentiras são **tuas**.*
- Vocativo: *Ô **meu**, tira esse carro daí!*
- Objeto direto: *Guarda-chuva? Só tenho o **meu**.*
- Objeto indireto: *Não gosto do meu carro. Gosto do **seu**.*
- Complemento nominal: *Amo cachorros, mas tenho medo do **seu**.*
- Adjunto adverbial: *Gosto do seu tênis, mas vou correr com o **meu**.*
- Agente da passiva: *Minhas palavras são abafadas pelas **tuas**.*

Pronomes demonstrativos

> **Pronomes demonstrativos** são aqueles que fazem referência às pessoas do discurso, estabelecendo, entre elas e os seres por elas designados, uma relação de **proximidade** ou **distanciamento**, no tempo e no espaço.

Variáveis				Invariá-veis
Masculino		Feminino		
este	estes	esta	estas	isto
esse	esses	essa	essas	isso
aquele	aqueles	aquela	aquelas	aquilo

> Também são pronomes demonstrativos: *o, a, os, as* quando o seu sentido for equivalente a *isto, isso, aquilo, aquele, aquela, aqueles, aquelas*: *Estão errados **os** (aqueles) que não reagem.*

> São pronomes demonstrativos as palavras *mesmo(a)(s), próprio(a)(s), semelhante(s)* e *tal, tais* quando determinam substantivos: *Estive diante da **própria** morte!*

> Os demonstrativos podem ocorrer **combinados** com as preposições *de* e *em*. Nesse caso, as formas resultantes serão: *deste* (e flexões), *neste* (e flexões), *nesse* (e flexões), *disto, disso, nisto, nisso; daquele* (e flexões), *naquele* (e flexões), *daquilo, naquilo*.

Exemplos:

Isto é intragável.
(Proximidade espacial em relação à 1ª pessoa do discurso.)
Neste dia feliz, gostaria de parabenizar os noivos.
(Tempo presente com relação à 1ª pessoa.)
Tanto esforço para isso?
(Proximidade espacial com relação à 2ª pessoa do discurso.)
Esses dias, encontrei Ana.
(Tempo passado ou tempo futuro pouco distante com relação à época em que se dá a interlocução.)

Aquela estrela tem o brilho mais intenso.
(Distanciamento espacial com relação à 1ª e à 2ª pessoas do discurso.)
*Meu avô sofreu muito, mas **aqueles** eram outros tempos.*
(Indicação de passado vago ou muito remoto.)
*João e Mário são meus companheiros de banda, **este** é baixista e **aquele**, baterista.*
(Referência a elementos mais próximos – *este* – em contraposição a elementos mais distantes – *aquele* – no próprio texto.)
*Todos sabemos **dessa** onda de violência, e procuramos uma saída. Mas **isto** não é fácil.*
(Referência a afirmações feitas no texto. *Dessa* refere-se ao que já foi abordado anteriormente e *isto* ao que acaba de ser mencionado.)

Pronomes indefinidos

> Os **pronomes indefinidos** fazem referência à 3ª pessoa do discurso de uma maneira indefinida, vaga, imprecisa ou genérica. Alguns são **variáveis** e outros, **invariáveis**. Observe.

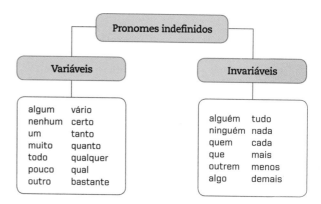

Pronomes interrogativos

> Os **pronomes interrogativos** são usados nas perguntas diretas ou indiretas. São eles: *que, quem, qual, quanto*. O pronome *quem* faz referência a seres humanos, o pronome *que* se refere a não humanos.

Veja.

Perguntas diretas	Perguntas indiretas
***Que** dia será a festa?*	*A secretária perguntou **que** dia será a festa.*
***Qual** é o melhor filme em cartaz?*	*O namorado perguntou à namorada **qual** é o melhor filme em cartaz.*
***Quem** foi escolhido para dirigir o filme?*	*O produtor perguntou **quem** foi escolhido para dirigir o filme.*

Pronomes relativos

❯ Os **pronomes relativos** são os pronomes que fazem referência a algum elemento anteriormente mencionado no texto, considerado seu antecedente.

❯ Os pronomes relativos sempre introduzem **orações subordinadas adjetivas**, tomando como antecedente algum elemento anterior e qualificando-o.

❯ Os pronomes relativos exercem a mesma função que seria exercida, em estruturas sintáticas específicas, pelos antecedentes que substituem.

Pronomes relativos variáveis	Pronomes relativos invariáveis
o qual, a qual os quais, as quais cujo, cuja, cujos, cujas quanto, quanta, quantos, quantas	que quem onde quando como

Funções sintáticas dos pronomes relativos	Exemplos
Adjunto adnominal	*Crianças **cujos** pais têm o hábito da leitura tornam-se bons leitores.*
Sujeito	*Encontrei um livro **que** dá boas dicas.*
Objeto direto	*Gosto das músicas **que** o Chico canta.*
Objeto indireto	*Quero conhecer a praia **à qual** você foi.*
Complemento nominal	*Os meninos de **quem** Carlinhos tem medo foram embora do bairro.*
Adjunto adverbial	*Estas são as amigas com **quem** eu viajei para a Europa.*
Agente da passiva	*Aquela é a mulher por **quem** meu coração foi roubado.*

Emprego dos pronomes relativos	
Que: pode ter como antecedentes seres humanos ou quaisquer outros seres ou objetos, no singular ou no plural.	*O amigo **que** eu convidei é da Alemanha.* *Encontrei a revista **que** eu queria.*
Quem: faz referência a seres humanos. Pode ocorrer sem que seu antecedente esteja explícito.	*Sempre penso em Maria, a **quem** jurei meu amor eterno.* ***Quem** espera sempre alcança!*
Cujo: assinala uma relação de posse entre o antecedente e o termo que especifica. Seu sentido equivale ao de *de quem, do qual, de que.*	*O Brasil é um dos países **cuja** língua é o português.*
Onde: é pronome relativo quando, indicando lugar, pode ser substituído por *em que.* Pode ocorrer sem que seu antecedente esteja explícito.	*Gostaria de viver em uma terra **onde** (em que) as leis fossem respeitadas.* *Trabalhando muito, João chegou **onde** (ao lugar em que) nenhum explorador havia chegado.*
Quando e **como:** introduzem *orações subordinadas adjetivas* que especificam tempo (*quando*) e modo (*como*).	*Chegará o dia **quando** (no qual) teremos um salário digno.* *Ensinarei o modo **como** (através do qual) podemos chegar ao resultado sem usar uma calculadora.*
Quanto, quantos e **quantas:** introduzem *orações subordinadas adjetivas* após os pronomes indefinidos *tudo, todos, todas.*	*Imagine se tudo **quanto** (aquilo que) existe fosse apenas um sonho!*

⦿ **Conteúdo digital Moderna PLUS**
http://www.modernaplus.com.br
Animação: *Coesão e coerência: a articulação textual.*

Reprodução proibida. Art. 184 do Código Penal e Lei 9.610 de 19 de fevereiro de 1998.

Enem e vestibulares

1. (Enem-Inep)

Vera, Sílvia e Emília saíram para passear pela chácara com Irene.

– A **senhora** tem um jardim deslumbrante, dona Irene! – comenta Sílvia, maravilhada diante dos canteiros de rosas e hortênsias.

– Para começar, deixe o "senhora" de lado e esqueça o "dona" também – diz Irene, sorrindo. – Já é um custo aguentar a Vera me chamando de "tia" o tempo todo. Meu nome é Irene.

Todas sorriem. Irene prossegue:

– Agradeço os elogios para o jardim, só que **você** vai ter de fazê-los para a Eulália, que é quem cuida das flores. Eu sou um fracasso na jardinagem.

BAGNO, M. *A língua de Eulália:* novela sociolinguística. São Paulo: Contexto, 2003. (Adaptado).

Na língua portuguesa, a escolha por "você" ou "senhor(a)" denota o grau de liberdade ou de respeito que deve haver entre os interlocutores. No diálogo apresentado acima, observa-se o emprego dessas formas. A personagem Sílvia emprega a forma "senhora" ao se referir à Irene. Na situação apresentada no texto, o emprego de "senhora" ao se referir à interlocutora ocorre porque Sílvia

a) pensa que Irene é a jardineira da casa.

b) acredita que Irene gosta de todos que a visitam.

c) observa que Irene e Eulália são pessoas que vivem em área rural.

d) deseja expressar por meio de sua fala o fato de sua família conhecer Irene.

e) considera que Irene é uma pessoa mais velha, com a qual não tem intimidade.

2. (Enem-Inep)
Nas conversas diárias, utiliza-se frequentemente a palavra "próprio" e ela se ajusta a várias situações. Leia os exemplos de diálogos:

I – A Vera se veste diferente!
   – É mesmo, é que ela tem um estilo próprio.

II – A Lena já viu esse filme uma dezena de vezes! Eu não consigo ver o que ele tem de tão maravilhoso assim.
   – É que ele é próprio para adolescente.

III– Dora, o que eu faço? Ando tão preocupada com o Fabinho! Meu filho está impossível!
   – Relaxa, Tânia! É próprio da idade. Com o tempo, ele se acomoda.

Nas ocorrências I, II e III, "próprio" é sinônimo de, respectivamente,

a) adequado, particular, típico.

b) peculiar, adequado, característico.

c) conveniente, adequado, particular.

d) adequado, exclusivo, conveniente.

e) peculiar, exclusivo, característico.

3. (UFF-RJ)

Senhora Dona Bahia,
nobre e opulenta cidade,
madrasta dos naturais,
e dos estrangeiros madre:

Dizei-me por vida vossa
em que fundais o ditame
de exaltar os que aqui vêm,
e abater os que aqui nascem?

Se o fazeis pelo interesse
de que os estranhos vos gabem,
isso os paisanos fariam
com conhecidas vantagens.

E suposto que os louvores
em boca própria não valem,
se tem força esta sentença,
mor força terá a verdade.

O certo é, pátria minha,
que fostes terra de alarves,
e inda os ressábios vos duram
desse tempo e dessa idade.

Haverá duzentos anos,
nem tantos podem contar-se,
que éreis uma aldeia pobre
e hoje sois rica cidade.

Então vos pisavam índios,
e vos habitavam cafres,
hoje chispais fidalguias,
arrojando personagens.

Gregório de Matos

Nota: entenda-se "Bahia" como cidade.

Alarves: que ou quem é rústico, abrutado, grosseiro; ignorante; que ou o que é tolo, parvo, estúpido.
Ressábios: sabor; gosto que se tem depois.
Cafres: indivíduo de raça negra.

Identifique a alternativa em que o pronome sublinhado retoma e sintetiza, na progressão textual, um enunciado anteriormente expresso.

Código Penal e Lei 9.610 de 19 de fevereiro de 1998.

a) Dizei-**me** por vida vossa
   em que fundais o ditame (versos 5, 6)

b) de exaltar **os** que aqui vêm,
   e abater os que aqui nascem? (versos 7, 8)

c) Se o fazeis pelo interesse
   de que os estranhos **vos** gabem, (versos 9, 10)

d) **isso** os paisanos fariam
   com conhecidas vantagens. (versos 11, 12)

e) O certo é, pátria **minha**,
   que fostes terra de alarves, (versos 17, 18)

4. (UFRJ)

O que há de errado com a felicidade?

A pergunta do título pode deixar muitos leitores desconcertados. E foi feita mesmo para desconcertar – estimular que se faça uma pausa para pensar. Uma pausa em quê? Em nossa busca pela felicidade – que, como muitos leitores provavelmente concordarão, temos em mente na maior parte do tempo, preenche a maior parte de nossas vidas, não pode nem vai abrandar a marcha, muito menos parar... pelo menos não por mais que um instante (fugaz, sempre fugaz).

Por que é provável que essa pergunta desconcerte? Porque indagar "o que há de errado com a felicidade?" é como perguntar o que há de quente no gelo ou de malcheiroso numa rosa. Sendo o gelo incompatível com o calor, e a rosa com o mau cheiro, tais perguntas presumem a viabilidade de uma coexistência inconcebível (onde há calor, não pode haver gelo). De fato, como poderia haver algo de *errado* com a *felicidade*? "Felicidade" não seria sinônimo de *ausência* de erro? Da própria *impossibilidade* de sua presença? Da impossibilidade de *todo e qualquer* erro?!

(...)

Nossas vidas, quer o saibamos ou não e quer o saudemos ou lamentemos, são obras de arte. Para viver como exige a arte da vida, devemos, tal como qualquer outro tipo de artista, estabelecer desafios que são (pelo menos no momento em que estabelecidos) difíceis de confrontar diretamente; devemos escolher alvos que estão (ao menos no momento da escolha) muito além de nosso alcance, e padrões de excelência que, de modo perturbador, parecem permanecer teimosamente muito acima de nossa capacidade (pelo menos a já atingida) de harmonizar com o que quer que estejamos ou possamos estar fazendo. Precisamos *tentar o impossível*. E, sem o apoio de um prognóstico favorável fidedigno (que dirá da certeza), só podemos esperar que, com longo e penoso esforço, sejamos capazes de algum dia alcançar esses padrões e atingir esses alvos, e assim mostrar que estamos à altura do desafio.

A incerteza é o habitat natural da vida humana – ainda que a esperança de escapar da incerteza seja o motor das atividades humanas. Escapar da incerteza é um ingrediente fundamental, mesmo que apenas tacitamente presumido, de todas e quaisquer imagens compósitas da felicidade. É por isso que a felicidade "genuína, adequada e total" sempre parece residir em algum lugar à frente: tal como o horizonte, que recua quando se tenta chegar mais perto dele.

BAUMAN, Zygmunt. O que há de errado com a felicidade?
In: *A arte da vida*. Rio de Janeiro: Zahar, 2009. (Adaptado).

Compósito: adj. 1. caracterizado pela heterogeneidade de elementos; feito de vários elementos ou partes diferentes; composto. (HOUAISS, Antônio; VILLAR, Mauro de Sales. *Dicionário Houaiss da Língua Portuguesa*. Rio de Janeiro: Objetiva, 2001.)

No primeiro e no terceiro parágrafos, observa-se, em relação aos demais, uma mudança de pessoa discursiva no tratamento do conteúdo.

a) **Explique** o efeito dessa mudança no plano da enunciação (atividade linguística numa situação comunicativa dependente da coatuação de locutor e interlocutor).

_____

_____

_____

b) **Indique**, no plano do enunciado (expressão linguística resultante da cena da enunciação), dois tipos de elementos gramaticais que marcam essa mudança.

_____

_____

_____

_____

_____

5. (UEPB)

– Não deixe sua cadela entrar na minha casa de novo. Ela está cheia de pulgas.

– Diana, não entre nessa casa de novo. Ela está cheia de pulgas.

Em relação à interlocução que se estabelece na piada acima, analise as proposições e coloque **V** para as verdadeiras e **F** para as falsas.

( ) O termo "ela" nas duas falas dos interlocutores faz alusão aos mesmos referentes, considerando-se a comicidade na construção de sentido do texto.

( ) O humor da piada se efetiva em razão da ambiguidade causada pelo pronome "ela", o que ocasiona o desfecho do diálogo.

( ) A referenciação contida no texto, por meio do termo "ela", estabelece um exemplo de coesão anafórica.

Marque a alternativa correta.

a) F F V

b) V F F

c) F V V

d) V F V

e) F V F

Art. 184 do Código Penal e Lei 9.610 de 19 de fevereiro de 1998.

6. (UFPB) Leia:

"O mesmo Senhor o disse: [...] Eu não vim a ser servido, senão a servir. E todos estes **que me** seguem e me assistem, todos estes que eu vim buscar, e **me** buscam, eu sou o que os sirvo a eles, e não eles a mim." (linhas 4-5)

Quanto ao emprego das formas pronominais *que* e *me*, destacadas no fragmento, identifique com **V** a(s) afirmativa(s) verdadeira(s) e com **F**, a(s) falsa(s):

( ) O pronome *que* pode ser substituído pela forma "os quais", sem alterar o sentido do fragmento.

( ) O pronome *me*, nas três ocorrências, refere-se ao termo *Eu*.

( ) O pronome *me*, na primeira ocorrência, refere-se à expressão todos estes.

( ) O pronome *que* estabelece coesão textual, retomando a expressão *todos estes*.

A sequência correta é:

a) VVFV

b) FVVF

c) VVFF

d) FFVV

e) VFVF

7. (Unirio – adaptada) Sob a perspectiva gramatical, o emprego dos pronomes demonstrativos **isto, isso, aquilo** e suas variantes deve obedecer, por exemplo, à especificação de tempo, de espaço. Considerando o propósito comunicativo do texto, justifique o emprego dos pronomes demonstrativos no § 4º.

Unanimidade

O homem hoje vive simultaneamente em todas as partes do mundo. Dói-lhe a terra inteira como se fosse uma extensão sensível de seu corpo. O rádio, a televisão, o telex são as células nervosas desse imenso organismo a transmitir-lhe impressões sob forma de notícias.

O jornal é o gráfico dessa vida nervosa complementar, estampando diariamente as oscilações de nossas tristezas universais, nossas pálidas esperanças ecumênicas, nosso medo; somando as parcelas do mundo em nossa mente, divide a nossa mal distraída atenção por todos os continentes.

O homem particular desaparece: somos todos homens públicos. As mesmas vibrações percorrem os povos de toda a Terra; nossa curiosidade e nossos interesses estão em todos os lugares; nosso ativado espírito de justiça não recua diante das fronteiras; já não vivemos em nossa "urbs" limitada; nossa segurança não depende apenas de nós, da polícia, da cidade.

Uma atitude tomada a milhares de quilômetros poderá transformar violentamente o nosso plano de vida para amanhã. Não tem sentido dizer: não tenho nada com isso. Pois isso ou aquilo, tudo tem a ver conosco. Temos a ver com todas as coisas e todas as pessoas. (...)

Tudo pode afetar a nossa vida, nossa consciência, nosso sentimento de culpa, nossa tranquilidade, nossa noite de descanso. Estamos envolvidos por tudo e por todos. Das experiências termonucleares às pesquisas sobre dor reumática. Das multidões esfomeadas da Índia à menina brasileira que furtou um pão. Das reviravoltas da política africana às usinas de alumínio no Canadá.

Da janela de seu quarto, aberto para todos os quadrantes, o homem indaga o mundo, olha as razões do mundo, fareja os motivos e as consequências dessa ou daquela atitude, dessa ou daquela omissão, refletindo a vasta massa informe dos acontecimentos, das situações estacionárias, revolucionárias, ou reacionárias, das promessas e das mentiras universais.

E olhando, indagando, farejando, refletindo, o seu interesse cruza com o interesse de milhões de outras criaturas que procuram um entendimento universal, uma evolução verdadeira, uma paz estável para as gerações novas, uma segurança solidária, um mundo afinal mais decente, menos enganado pelos poderosos, menos injustiçado.

Nosso destino é morrer. Mas também é nascer. O resto é aflição ou frivolidade do espírito.

CAMPOS, Paulo Mendes. In:
Crônicas – Antologias escolares Edijovem.
Rio de Janeiro: Tecnoprint, s.d. p. 108, 109.

_____

_____

_____

_____

_____

_____

_____

_____

8. (Unemat-MT – adaptada) "No Quênia e na Nigéria, por exemplo, assim que é aberta uma ação penal contra um parlamentar, *ele* perde o direito ao voto nas seções do congresso. Ainda conservará *seu* mandato, mas *essa* sanção *o* enfraquece."

Nessa frase os elementos coesivos destacados correspondem respectivamente a:

a) parlamentar – parlamentar – perda do direito ao voto – parlamentar.

b) Nigéria – parlamentar – seções do congresso – perda do direito ao voto.

c) parlamentar – ação penal – seções do congresso – parlamentar.

d) parlamentar – direito ao voto – seções do congresso – parlamentar.

e) parlamentar – parlamentar – parlamentar – parlamentar.

9. (Fuvest-SP)

Atribuir ao doente a culpa dos males que o afligem é procedimento tradicional na história da humanidade. A obesidade não foge à regra.

Na Idade Média, a sociedade considerava a hanseníase um castigo de Deus para punir os ímpios. No século 19, quando proliferaram os aglomerados urbanos e a tuberculose adquiriu características epidêmicas, dizia-se que a enfermidade acometia pessoas enfraquecidas pela vida devassa que levavam. Com a epidemia de Aids, a mesma história: apenas os promíscuos adquiririam o HIV.

Coube à ciência demonstrar que são bactérias os agentes causadores de tuberculose e da hanseníase, que a Aids é transmitida por um vírus e que esses micro-organismos são alheios às virtudes e fraquezas humanas: infectam crianças, mulheres ou homens, não para puni-los ou vê-los sofrer, mas porque pretendem crescer e multiplicar-se como todos os seres vivos. Tanto se lhes dá se o organismo que lhes oferece condições de sobrevivência pertence à vestal ou ao pecador contumaz. [...]

VARELLA, Drauzio.
Folha de S.Paulo, 12 nov. 2005.

a) Crie uma frase com a palavra *obesidade* que possa ser acrescentada ao final do 2º parágrafo sem quebra de coerência.

b) Fazendo as adaptações necessárias e respeitando a equivalência de sentido que a expressão "Tanto se lhes dá [...]" tem no texto, proponha uma frase, substituindo o pronome *lhes* pelo seu referente.

10. (Cefet-PR)

[...] O sertão é o homizio. Quem lhe rompe as trilhas, ao divisar à beira da estrada a cruz sobre a cova do assassinado, não indaga do crime. Tira o chapéu, e passa. [...]

Canudos tinha muito apropriadamente, em roda, uma cercadura de montanhas. Era um parêntese; era um hiato; era um vácuo. Não existia. Transposto aquele cordão de serras, ninguém mais pecava. [...] Descidas as vertentes, em que se entalava aquela furna enorme, podia representar-se lá dentro, obscuramente, um drama sanguinolento da Idade das Cavernas. O cenário era sugestivo. Os atores, de um e de outro lado, negros, caboclos, brancos e amarelos, traziam, intacta, nas faces, a caracterização indelével e multiforme das raças — e só podiam unificar-se sobre a base comum dos instintos inferiores e maus.

CUNHA, Euclides da. *Os sertões*. (Adaptado).

Homizio: homicídio.

"O sertão é o *homizio*. Quem *lhe* rompe as trilhas, ao divisar à beira da estrada a cruz sobre a cova do assassinado, não indaga do crime."

A função do pronome *lhe* no contexto é:

a) substituir a palavra *sertão*, com sentido de *ao sertão*, *a ele*, evitando a repetição daquela palavra.

b) constituir a relação de posse entre as palavras *trilhas* e *sertão*, equivalendo a *as trilhas do sertão*.

c) estabelecer a referência do pronome *quem*, indicando que este está vinculado, pelo sentido, à palavra *sertão*.

d) introduzir a noção de pessoa, que faz parte da regência do verbo *romper*: quem rompe, rompe alguma coisa para alguém.

e) informar o agente da ação verbal expressa em *romper*, considerando-se que o verbo está na voz ativa.

11. (Fuvest-SP)

O que dói nem é a frase (Quem paga seu salário sou eu), mas a postura arrogante. Você fala e o aluno nem presta atenção, como se você fosse uma empregada.

Folha de S.Paulo, 3 jun. 2001.
(Adaptado de entrevista dada por uma professora).

a) A quem se refere o pronome *você*, tal como foi usado pela professora? Esse uso é próprio de que variedade linguística?

b) No trecho "como se você fosse uma empregada", fica pressuposto algum tipo de discriminação social? Justifique sua resposta.

_____

12. **(Unicamp-SP)** Considere o seguinte poema de Hilda Hilst:

....

Passará

Tem passado

Passa com a sua fina faca.

Tem nome de ninguém.

Não faz ruído, não fala.

Mas passa com sua fina faca.

Fecha feridas; é unguento.

Mas pode abrir a tua mágoa

Com a sua fina faca.

Estanca ventura e voz

Silêncio e desventura

Imóvel

Garrote

Algoz

No corpo da tua água passará

Tem passado

Passa com a sua fina faca.

> HILST, Hilda.
> *Da morte. Odes mínimas.*
> São Paulo: Globo, 2003. p. 72.

....

a) Tendo em vista que esse poema faz parte de uma série intitulada "Tempo-morte", indique de que maneira a primeira estrofe exprime certo sentido absoluto associado ao título.

_____
_____
_____
_____
_____
_____

b) Nesse poema, há pronomes de segunda e terceira pessoas. Transcreva uma estrofe em que constem ambas as pessoas pronominais e diga a que se referem.

13. **(Uerj)** Observe as formas sublinhadas em:

....

Morava então (1893) em uma casa de pensão no Catete. Já por esse tempo este gênero de residência florescia no Rio de Janeiro. Aquela era pequena e tranquila.

> ASSIS, Machado de. Maria Cora. In: *Relíquias de
> casa velha*. Rio de Janeiro: Livraria Garnier, 1990.

....

ESSE, ESTE e AQUELA são formas empregadas como recursos de coesão textual.

Indique a classe gramatical a que pertencem essas palavras e justifique a escolha de cada uma no trecho de acordo com a respectiva função textual.

_____
_____
_____
_____
_____
_____
_____

14. **(FGV-SP – adaptada)** O fragmento a seguir, extraído do romance *O amanuense Belmiro*, de Cyro dos Anjos, é a base para a questão.

....

Eu ia, atento e presente, em busca de um bonde e de Jandira. Foi só ouvir uma sanfona, perdi o bonde, perdi o rumo, e perdi Jandira. Fiquei rente do cego da sanfona, não sei se ouvindo as suas valsas ou se ouvindo outras valsas que elas foram acordar na minha escassa memória musical.

Depois, o cego mudou de esquina, e continuei a pé o caminho, mas bem percebi que os passos me levavam, não para o cotidiano, mas para tempos mortos.

> ANJOS, Cyro dos.
> *O amanuense Belmiro*. 8. ed. Rio de Janeiro:
> José Olympio, 1975. p. 15.

....

Classifique morfologicamente o termo *elas* e aponte a que termo se refere. Justifique sua resposta.

_____

_____

_____

_____

_____

_____

15. (Fuvest-SP)

Um homem precisa viajar. Por sua conta, não por meio de histórias, imagens, livros ou TV. Precisa viajar por si, com seus olhos e pés, para entender o que é seu.

Para um dia plantar as suas próprias árvores e dar-lhes valor. Conhecer o frio para conhecer o calor. E o oposto. Sentir a distância e o desabrigo para estar bem sob o próprio teto. Um homem precisa viajar para lugares que não conhece para quebrar essa arrogância que nos faz ver o mundo como o imaginamos, e não simplesmente como é ou pode ser; que nos faz professores e doutores do que não vimos, quando deveríamos ser alunos, e simplesmente ir ver.

KLINK, Amyr. *Mar sem fim.*

Na frase "<u>que</u> nos faz professores e doutores do que não vimos", o pronome sublinhado retoma a expressão antecedente:

a) "para lugares".

b) "o mundo".

c) "um homem".

d) "essa arrogância".

e) "como o imaginamos".

Artigo, numeral e interjeição

Algumas palavras, como os artigos e numerais, contribuem para especificar
o sentido dos nomes.

Artigo

> **Artigo** é a palavra variável em gênero e número que se antepõe aos substantivos, determinando-os. A determinação operada pelo artigo pode ser **definida** ou **indefinida**.

> Em termos sintáticos, os artigos são considerados **determinantes** dos substantivos, funcionando sempre como seus adjuntos adnominais.

> Os artigos podem **substantivar** qualquer palavra ou expressão a que se antepõem, independentemente da classe gramatical a que pertençam tais palavras (esses casos são conhecidos como "derivação imprópria").

> **Exemplo:**

> *O olhar* dela era fascinante.

Formas do artigo

> Os artigos definidos e indefinidos podem ocorrer em **combinação com algumas preposições**. Essas combinações produzem as formas indicadas no quadro abaixo.

Preposições	Artigo definido			
	o	a	os	as
a	ao	à	aos	às
de	do	da	dos	das
em	no	na	nos	nas
por (per)	pelo	pela	pelos	pelas

Preposições	Artigo indefinido			
	um	uma	uns	umas
de	dum	duma	duns	dumas
em	num	numa	nuns	numas

> Quando se combinam a **preposição *a*** e o **artigo feminino *a(s)***, ocorre o que se chama **crase de vogais idênticas**. A crase é marcada na escrita pelo acento grave (`).

> Essas combinações não devem ser utilizadas quando a preposição que antecede o artigo está relacionada com o verbo de uma oração seguinte e não com o substantivo determinado pelo artigo.

> **Exemplo:**

> *Os pais tinham medo **de** os filhos **descobrirem** a verdade.* (E não *Os pais tinham medo dos filhos descobrirem a verdade*).

> Já em *O temor **dos passageiros** era evidente* há contração, pois a preposição *de*, que antecede o artigo, está relacionada com o substantivo *passageiros*.

Características semânticas dos artigos definidos e indefinidos

> O **artigo definido**, com suas flexões de gênero e número, apresenta as seguintes formas: *o, a, os, as*.

> Quando o artigo definido é **anteposto** ao substantivo, indica um ser determinado dentro de uma mesma espécie. Pode indicar, ainda, um ser já conhecido do leitor ou ouvinte, seja porque já foi mencionado anteriormente no texto, seja porque dele se pressupõe um conhecimento prévio por parte de quem lê ou ouve o texto. Nesses contextos, atribui ao ser um sentido preciso, determinado, destacado, particularizando-o.

Veja a epígrafe que aparece no início de um romance de Mia Couto.

Em todo **o** mundo é assim:

morrem **as** pessoas, fica **a** História.

Aqui, é **o** inverso: morre apenas

a História, **os** mortos não se vão.

COUTO, Mia. *O outro pé da sereia.*
São Paulo: Companhia das Letras, 2006.

> O **artigo indefinido**, com suas flexões de gênero e número, apresenta as seguintes formas: *um, uma, uns, umas*.

> Quando o artigo indefinido é **anteposto** ao substantivo, indica um ser que deve ser tomado apenas como representante de uma espécie e sobre o qual não se havia ainda feito referência. Atribui ao ser um sentido indeterminado, genérico.

Observe um exemplo no trecho de notícia a seguir.

Um cachorro invadiu a pista do aeroporto de Congonhas (na zona sul de São Paulo) e fechou o aeroporto para pousos e decolagens por mais de 20 minutos nesta quinta-feira. [...]

Disponível em: http://www1.folha.uol.com.br/
cotidiano/843214-cachorro-invade-pista-e-fecha-
aeroporto-de-congonhas-por-mais-de-20-minutos.shtml.
Acesso em: 9 dez. 2010.

> Quando, em certos enunciados, se opta por não utilizar o artigo (definido ou indefinido), obtém-se o **efeito semântico da vagueza**.

Veja.

Esperou a noite toda pelas amigas.
(referência particularizada, específica)

Esperou a noite toda por umas amigas.
(referência genérica)

Esperou a noite toda por amigas.
(referência vaga)

O emprego dos artigos

> Pode-se associar o **artigo definido** a um **substantivo** no singular para caracterizar o ser referido por esse substantivo como síntese de uma espécie, exprimindo alguma característica comum à totalidade da espécie nomeada.

Exemplo:

"Boa é a vida, mas melhor é o vinho." Fernando Pessoa

> O **valor de determinação** do artigo definido pode ser enfatizado, quando se pretende chamar a atenção para a excelência de um ser específico para o seu caráter único no universo dos seres da mesma espécie.

Exemplo:

Todos sempre mentiram, mas João era, de fato, o mentiroso.

> Quando usado com a função de realce do ser, o artigo recebe a denominação de **artigo de notoriedade**.

Exemplo:

Não foi um show qualquer: foi o show!

> Quando utilizado depois do pronome indefinido *todo*, o artigo definido expressa a **ideia de totalidade**.

Observe a diferença de sentido.

Toda casa precisa ser limpa.
(*qualquer* casa)

Toda a casa precisa ser limpa.
(a casa *inteira*)

Numeral

> **Numeral** é uma classe especial de palavras que indicam número ou quantidade exata de seres ou o lugar por eles ocupado em uma série.

> Os numerais podem desempenhar a função de **adjunto adnominal** de um núcleo quando acompanham um substantivo, apresentando, nesse caso, **valor de adjetivo**.

Exemplo:

Os cinco anos não valeram nada no fim das contas.
(adjunto adnominal do núcleo do sujeito)

> Os numerais também podem desempenhar a função de **núcleo de sintagmas nominais** em função de sujeito, objeto, predicativo ou adjunto adnominal, apresentando, nesse caso, valor de substantivo.

Observe os exemplos.

O primeiro era meu filho.
(núcleo do sujeito)

Esperei os dois com um sorriso no rosto.
(núcleo do objeto direto)

Este lanche é o terceiro hoje.
(núcleo do predicativo do sujeito)

Era uma epidemia: esperávamos a morte do centésimo.
(núcleo do adjunto adnominal do objeto direto "morte")

Tipos de numeral

> **Numerais cardinais** são as denominações básicas dos números. Designam o número de seres.

Observe que, no título do livro de Milton Hatoum, ocorre um numeral cardinal.

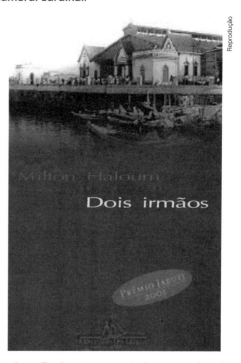

> **Numerais ordinais** são os que indicam a ordem dos seres em uma sequência: *primeiro, terceiro, quarto, quinto*, etc.

Exemplo:

Nara é a primeira neta de Márcia.

> **Numerais multiplicativos** são aqueles que indicam aumento proporcional, por meio de múltiplos da quantidade tomada por base: *dobro, triplo, quádruplo*, etc.

Exemplo:

Ele recebeu o dobro do que esperava por aquela tarefa.

> **Numerais fracionários** são aqueles que indicam diminuição proporcional, por meio de frações da quantidade tomada como base.

Exemplo:

Sabia que você não havia almoçado, por isso trouxe metade do meu lanche para você.

> **Numerais coletivos** designam conjuntos de seres. Fazem referência ao exato número de seres de um conjunto: *cento, par, novena, dezena, década, quinzena, vintena, grosa* (doze dúzias), *lustro* (quinquênio), *milhar, milheiro*.

Exemplo:

Há décadas não se viam.

Emprego dos numerais

❭ Para designar papas, soberanos, séculos e partes em que se divide uma obra, emprega-se o **ordinal** até o **décimo elemento** da série. A partir daí será usado o **cardinal** sempre que o numeral vier depois do substantivo por ele designado.

Exemplos:

D. Pedro II (*segundo*)

Pio IV (*quarto*)

Luís XIV (*quatorze*)

Capítulo I (*primeiro*)

Capítulo XVI (*dezesseis*)

❭ No entanto, se o numeral vier antes do substantivo, continuará a ser empregado o ordinal, também a partir do *décimo*.

Exemplos:

O vigésimo quarto capítulo do romance.

O trigésimo canto do poema épico.

Interjeição

❭ **Interjeições** são palavras invariáveis que exprimem sensações e estados emocionais.

❭ As interjeições **costumam ser classificadas** de acordo com o sentimento que traduzem.

Conheça algumas das mais frequentemente usadas.

- de alegria: *oba!, viva!, oh!, ah!*

- de alívio: *ufa!, uf!, arre!*

- de animação ou estímulo: *coragem!, vamos!, avante!, eia!, firme!*

- de aplauso: *bravo!, bis!, viva!*

- de desejo: *tomara!, oxalá!*

- de dor: *ai!, ui!*

- de espanto ou surpresa: *ah!, chi!, ih!, oh!, ué!, puxa!, uau!, opa!, caramba!, gente!, céus!, uai!, hem!* (forma variante: *hein!*), *hã!*

- de impaciência: *hum!*

- de invocação ou chamamento: *olá!, alô!, ô!, psiu!, psit!, ó!, atenção!, olha!*

- de silêncio: *silêncio!, psiu!*

- de suspensão: *alto!, basta!, chega!*

- de medo ou terror: *credo!, cruzes!, uh!, ai!, Jesus!, ui!*

❭ As **locuções interjetivas** são grupos de duas ou mais palavras que funcionam como interjeições.

Veja algumas delas.

Valha-me Deus!

Meu Deus do céu!

Ai, meu Deus!

Minha Nossa Senhora!

Jesus Cristo!

Macacos me mordam!

Ai de mim!

Ora, bolas!

Oh, céus!

Que horror!

Puxa vida!

Raios o partam!

Quem me dera!

Que coisa incrível!

Quem diria!

Cruz-credo!

Alto lá!

Bico fechado!

Conteúdo digital Moderna PLUS

http://www.modernaplus.com.br

Vídeo: *Propaganda.*

Enem e vestibulares

1. **(Unaerp-SP – adaptada)** Leia o fragmento do texto publicitário abaixo.

*Se sua mãe pedir **um** presente, dê logo **dois***

Compre um produto X e ganhe 50% [...] Sempre que adquirir um produto X, você vai pagar **metade** de uma assinatura anual da revista Y que você escolher.

(Adaptação de página publicitária de produtos eletrodomésticos.)

Assinale a opção que corresponde, respectivamente, à identificação da classe gramatical dos vocábulos destacados.

a) Numeral cardinal; numeral cardinal com valor de substantivo; numeral fracionário.

b) Pronome adjetivo indefinido; numeral substantivado; substantivo.

c) Numeral cardinal; numeral cardinal substantivado; substantivo.

d) Pronome adjetivo indefinido; numeral cardinal; numeral fracionário.

e) Numeral cardinal; substantivo; numeral fracionário.

2. **(Fuvest-SP)** Leia o trecho:

A vila inteira, embora ninguém nada dissesse claramente, estava de olhos abertos assuntando se tais bens entrariam ou não entrariam no inventário.

Lugar pequeno, ah, lugar pequeno, em que cada um vive vigiando o outro!

Pela segunda vez Vicente Lemes lavrou o seu despacho, exigindo...

ÉLIS, Bernardo. *O tronco*, 1956.

Explique que sentimentos ou estado de espírito o termo destacado está enfatizando na passagem: "Lugar pequeno, *ah*, lugar pequeno...".

3. **(FGV-SP)** Que diferença se estabelece entre as seguintes ocorrências da palavra *o*?

Como *o* pode alcançar *o* entendimento...

VIEIRA, Padre Antonio. Em Roma, na Igreja de S. Antônio dos portugueses. Ano de 1670.

4. **(Acafe-SC)** A alternativa em que **não** se faz necessário o uso do artigo definido (*o, os, a, as*) diante do termo destacado é:

a) Todos *dois* são bem aceitos pela turma.

b) Ora, se ambos *livros* são bons, vamos comprá-los.

c) Eu me referia a todos *cinco* que participaram da briga.

d) Ambos *discos* são bem recomendados.

e) Todo *músico* gostaria de tocar numa orquestra.

5. **(UFRGS-RS – adaptada)** Considere as seguintes afirmações acerca do uso de artigos.

I. Caso tivéssemos *uma condição* em vez de *condição*, em "o primeiro descreve 'ansiedade como condição dos privilegiados' que, livres de ameaças reais, se dão ao luxo de 'olhar para dentro' e criar medos irracionais", não haveria alteração no sentido global da frase.

II. O artigo indefinido *uns* poderia substituir o definido *os* na frase "Peritos dizem algo mais ou menos assim: os americanos estão nadando em riqueza.", sem que houvesse alteração no sentido.

III. As duas ocorrências do artigo definido *o* anteposto às palavras *psicoterapeuta* e *sociólogo*, no trecho "Os candidatos à ansiedade são, assim, bem mais numerosos e bem menos ociosos do que pensam o psicoterapeuta e o sociólogo.", poderiam ser substituídas por um indefinido sem mudar o sentido da frase.

Quais afirmações estão corretas?

a) Apenas I.

b) Apenas II.

c) Apenas I e III.

d) Apenas II e III.

e) I, II e III.

6. **(Mackenzie-SP – adaptada)** Leia o texto para responder à questão.

....

Doçura de, no estio recente,

Ver a manhã tocar-se de flores,

E o rio

       mole

           queixoso

Deslizar, lambendo areias e verduras;

Doçura muito maior

De te ver

Vencida pelos meus ais

Me dar nos teus brandos olhos desmaiados

Morte, morte de amor, muito melhor do que a vida,

           [puxa!

Manuel Bandeira

....

No texto de Manuel Bandeira há uma interjeição. Aponte-a e diga qual é seu significado.

_____

_____

_____

_____

_____

_____

_____

_____

_____

Verbo

A existência de palavras que indicam ações, processos e estados é fundamental para que possamos elaborar representações do mundo por meio da linguagem.

Definição

❭ O **verbo** é a palavra que pode variar em número, pessoa, modo, tempo e voz, indicando ações, processos, estados, mudanças de estado e manifestação de fenômenos da natureza.

Funções sintáticas

❭ O **verbo** ocupa, sintaticamente, o **núcleo** de um dos termos essenciais da oração, o **predicado**. Essa função é desempenhada pelo verbo nos diferentes tipos de predicado verbal.

- Núcleo de um **predicado verbal**: *As mulheres adoram música.*
- Núcleo de um **predicado verbo-nominal**: *Os jovens consideram aquela banda ultrapassada.*
- No caso do **predicado nominal**, o verbo é de ligação e desempenha a função de um elemento copulativo entre o predicativo e o sujeito a que ele se refere: *O mundo era feliz.*

A estrutura interna das formas verbais

❭ As formas verbais são constituídas de uma estrutura morfológica que se caracteriza pela combinação, a um radical, de uma vogal temática e de desinências modo-temporais e desinências número-pessoais. Exemplo: *estud-a-sse-m*.

- O **radical verbal** é o morfema portador de um conteúdo lexical específico. Ele traduz o conteúdo semântico da ação nomeada: *estud-assem*.
- A **vogal temática** é o morfema gramatical que identifica a classe ou conjugação a que pertencem os verbos: *estud-a-ssem*.
- A **desinência** (ou **sufixo**) **modo-temporal** indica o modo e o tempo em que o verbo está flexionado: *estuda-sse-m* (Subjuntivo, pretérito imperfeito).
- A **desinência** (ou **sufixo**) **número-pessoal** indica em que pessoa o verbo está flexionado: *estudasse-m* (3ª pessoa do plural).

❭ Ao radical verbal já combinado com a vogal temática, dá-se o nome de **tema verbal**.

❭ Quando a sílaba tônica faz parte do radical, a forma verbal é chamada de **rizotônica** (*estud-as*).

❭ Quando a sílaba tônica está fora do radical, a forma verbal é **arrizotônica** (*estud-a-mos, estud-a-rá*).

As conjugações verbais

❭ **Conjugar** um verbo é apresentar todas as formas em que um **radical** pode se manifestar ao flexionar-se, isto é, ao receber a **vogal temática** da conjugação ou classe a que pertence, e os **sufixos de modo-tempo** e **sufixos de número-pessoa**.

❭ Existem três conjugações verbais em português.

- **1ª conjugação** – indicada pela vogal temática -**a**-: *beijar, cantar, dançar.*
- **2ª conjugação** – indicada pela vogal temática -**e**-: *crescer, dever, fazer.*
- **3ª conjugação** – indicada pela vogal temática -**i**-: *banir, cair, dirigir.*

Flexões verbais

❭ Os verbos variam em **número, pessoa, modo, tempo, voz** e **aspecto**.

Número

- **Singular** – referência a apenas um ser: *ele estuda.*
- **Plural** – referência a mais de um ser: *eles estudam.*

Pessoa

- **1ª pessoa** – a pessoa que fala: *eu estudo, nós estudamos.*
- **2ª pessoa** – a pessoa com quem se fala: *tu estudas, vós estudais.*
- **3ª pessoa** – a pessoa de quem se fala, o referente do discurso: *ele estuda, eles estudam.*

Modo

❭ Os modos verbais indicam a **atitude do falante** com relação ao conteúdo de seus enunciados. São três: o **Indicativo**, o **Subjuntivo** e o **Imperativo**.

Indicativo

- O conteúdo do enunciado é tomado como certo pelo falante: *Eu trabalho muito todos os dias, logo terei uma aposentadoria digna.*
- Nas formas do **futuro**, a efetiva realização da ação verbal é ainda uma probabilidade: *Meu terno estará pronto à tarde. Logo chegaria o inverno.*

Subjuntivo

- O conteúdo do enunciado é tomado pelo falante como duvidoso, hipotético, incerto: *Rogo para que ele chegue a tempo. Eu ficaria feliz se visse meu avô mais uma vez. Quando ela entender nossos motivos, não ficará aborrecida.*

Imperativo

- O conteúdo do enunciado expressa uma atitude de mando, conselho, súplica: *Devolva esse dinheiro agora. Não pegue algo que não lhe pertence.*

Tempo

》 Os fatos expressos pelo verbo podem referir-se ao **pre-sente** (momento em que se fala), ao **passado** ou **pretérito** (momento anterior ao momento em que se fala) ou ainda ao **futuro** (momento posterior ao momento em que se fala).

Emprego e sentido dos tempos do Indicativo

Presente

- O momento do evento corresponde ao momento da enunciação/fala: *Maria **come**; Fernanda **trabalha**.*

- Outro uso frequente desse tempo verbal é para expressar ação habitual: ***Gosto** de banana; **ouço** MPB; **faço** ginástica.*

- É usado também para a afirmação de verdades: *O oxigênio **é** imprescindível à vida humana.*

- Um uso mais particular desse tempo verbal é o que se denomina presente histórico: *A família real **chega** ao Brasil em 1808.*

Pretérito

- O momento do evento é anterior ao momento da enunciação/fala. Pode ser **imperfeito**, **perfeito** e **mais-que--perfeito**.

- O **pretérito imperfeito** refere-se a um fato incluso, que se prolonga por algum tempo, no passado: *Na minha infância, **brincávamos** o dia todo, sem preocupações.*

- O **pretérito perfeito** refere-se a um fato concluído no passado: *Ontem, **visitei** minha tia Luísa.*

- O **pretérito mais-que-perfeito** refere-se a um fato ocorrido no passado, anterior a outro fato também passado: *Quando recebi o convite de João, Mário já me **convidara** (**tinha** me **convidado**) para o baile.*

Futuro

- O momento do evento é posterior ao momento da enunciação/fala. Há duas formas de futuro no modo indicativo: **futuro do presente** e **futuro do pretérito**.

- O **futuro do presente** refere-se a um fato futuro com relação ao momento presente: ***Trabalharei** no próximo fim de semana.*

- O **futuro do pretérito** refere-se a um fato futuro, que pode ocorrer ou não, relacionado a um fato passado, ou indica uma situação hipotética: *Pensei que **saberia** o que dizer, mas fiquei confuso. Se eu fosse rico, não **precisaria** trabalhar.* Pode também ser usado quando se quer ser gentil e educado: *Eu **poderia** convidá-la para dançar?* Pode, ainda, indicar incerteza: *Alguém **saberia** a resposta?*

Conteúdo digital Moderna PLUS
http://www.modernaplus.com.br
Animação: *Tempos verbais do modo Indicativo.*

Emprego e sentido dos tempos do modo Subjuntivo

》 O **Subjuntivo** é utilizado para enunciar ações verbais incertas, geralmente relacionadas à vontade ou ao sentimento.

》 Os **tempos do Subjuntivo** são sempre usados em estruturas subordinadas, nas quais mantêm relação com o tempo e modo da ação expressa na oração principal.

Presente

- Pode ser utilizado em associação ao tempo presente: *É triste que nem todas as pessoas **tenham** um lar.*

- Pode ser utilizado em associação ao tempo futuro: *Estarei no escritório, caso **necessitem** de mim.*

Pretérito imperfeito

- Pode ser associado a ações relacionadas a um momento presente, passado ou futuro.

- Uso associado ao tempo presente com o verbo da oração principal no **futuro do pretérito do Indicativo**: *Se **soubesse** a verdade, voltaria para casa.*

- Uso associado ao tempo passado com o verbo da oração principal no **pretérito imperfeito do Indicativo**: *Não existia lugar no mundo que ele não **conhecesse**.*

- Uso associado ao tempo futuro com o verbo (ou locução verbal) da oração principal com sentido futuro: *Se ela **esquecesse** seus caprichos, talvez o trabalho pudesse dar certo.*

Futuro

- É utilizado para indicar uma eventualidade (possibilidade de realização de um fato) em momento futuro: *Se eu **trouxer** o livro, posso ler um trecho para você?*

Emprego e sentido do modo Imperativo

》 O Imperativo expressa ordens, conselhos, súplicas. Pode assumir uma forma **afirmativa** ou **negativa** e tem sempre um **sentido presente**: ***Abra** seu livro. **Não entre** aí.*

As vozes do verbo

》 A **voz verbal** indica a relação que se estabelece entre o verbo e o seu sujeito sintático. Existem três vozes verbais: **ativa**, **passiva** e **reflexiva**.

》 O verbo está na **voz ativa** quando o processo verbal é visto como ação, atividade ou estado que, no enunciado, origina--se no sujeito sintático: *O bebê **aprendeu** sua primeira palavra. Os trabalhadores **reivindicam** seus direitos.*

》 O verbo está na **voz passiva** quando o sujeito é o paciente do processo expresso pelo verbo, ou seja, o sujeito sintático sofre a ação verbal. Apenas os verbos transitivos diretos podem expressar voz passiva.

》 Há dois tipos de voz passiva: **analítica** e **pronominal**.

- A **voz passiva analítica** é expressa através de uma locução verbal formada pelo verbo **ser** + particípio passado do verbo principal: *A mentira sempre **é descoberta**.*

- A **voz passiva pronominal**, ou **voz passiva sintética**, é formada pelo acréscimo do pronome pessoal *se*, na função de partícula apassivadora, a uma forma verbal de 3ª pessoa: ***Descobre-se** sempre a mentira.*

》 Ocorre a **voz reflexiva** quando o sujeito é, ao mesmo tempo, agente e paciente do processo expresso pelo verbo. A ação verbal origina-se, portanto, no sujeito do verbo e sobre ele se reflete: *O açougueiro **cortou-se** com a faca.*

Aspecto verbal

》 O **aspecto verbal** designa a duração de um processo ou a maneira pela qual o falante considera o processo expresso pelo verbo (se em seu início, em seu curso, ou como algo que produz efeitos permanentes).

❱ A noção de aspecto é expressa pelas formas verbais em si. O aspecto pode ser **durativo**, **incoativo**, **permansivo** e **conclusivo**.

- O **aspecto durativo** indica que a ação do verbo ocupa uma razoável extensão de tempo: *Ficou dançando* na pista a noite toda.
- O **aspecto incoativo** indica início da ação: *Os examinadores começaram a chamar os candidatos.*
- O **aspecto permansivo** indica permanência, continuidade da ação: *Os alunos continuam a discutir as novas regras de conduta.*
- O **aspecto conclusivo** indica término da ação: *Terminamos de jantar.*

As formas nominais

❱ Algumas das formas verbais exercem funções que são típicas dos nomes, sendo por isso chamadas de **formas nominais** dos verbos. São elas: **infinitivo**, **gerúndio** e **particípio**.

❱ O **infinitivo** tem valor equivalente ao de um substantivo.

No título do livro abaixo foi usado um verbo na forma do Infinitivo: *sonhar*. Ele poderia ser substituído pelo substantivo correspondente, sem nenhuma alteração no sentido original: *De sonho também se vive...*

Capa do livro *De sonhar também se vive...* São Paulo: Saraiva.

❱ O **gerúndio** tem valor de advérbio ou de adjetivo: *Ela perdeu o brinco brigando com o namorado* (valor adverbial = *quando/ no momento em que brigava com o namorado*). *Tenho medo de barata voando* (valor de adjetivo = *barata que voa*).

❱ O **particípio** tem valor equivalente ao de um adjetivo: *Comprado o bolo, fomos para a festa. A lataria do carro foi amassada na batida.*

Paradigmas das conjugações verbais

❱ Em termos gramaticais, o termo **paradigma** refere-se a um conjunto de formas vocabulares que servem de modelo para um sistema de flexão ou de derivação.

Classificação dos verbos

❱ Os verbos da língua são classificados de acordo com a maneira como se comportam (maior ou menor "obediência") em relação ao paradigma da conjugação à qual pertencem. Segundo esse critério, os verbos podem ser **regulares**, **irregulares**, **anômalos**, **defectivos** ou **abundantes**.

- **Regulares**: seguem rigorosamente o paradigma de sua conjugação (*falar*, *comer*, *cair*, etc.).
- **Irregulares**: apresentam formas que não obedecem ao paradigma de sua conjugação, podendo apresentar irregularidades na forma que assume o radical e/ou que assumem as desinências (*trazer*, *caber*, *fazer*, *fugir*, etc.).
- **Anômalos**: apresentam profundas irregularidades em seus radicais (*ser*, *ter*, *ir*, *vir*, *estar*). O verbo *pôr* é também considerado anômalo da 2ª conjugação, por não apresentar a vogal temática -*e*- no infinitivo.
- **Defectivos**: não se conjugam em todas as formas previstas pelo paradigma (*abolir*, *precaver*, *chover*, etc.).
- **Abundantes**: apresentam mais de uma forma para determinada flexão (*aceitar*, *eleger*, *extinguir*, etc.).

Formação dos tempos simples

❱ Para entender a formação dos tempos verbais é preciso distinguir os chamados **tempos primitivos** dos **tempos derivados**.

- **Tempos primitivos**: aqueles de cujos radicais ou temas derivam todos os demais tempos. São eles: o *presente* do Indicativo, o *pretérito perfeito* do Indicativo e o Infinitivo *impessoal*.
- **Tempos derivados**: aqueles formados a partir dos tempos primitivos. Exceto o *presente* do Indicativo, o *pretérito perfeito* do Indicativo e o Infinitivo *pessoal*, os demais tempos e formas nominais dos verbos são derivados.

Tempos derivados do presente do Indicativo

❱ Derivam do **radical** do presente do Indicativo: *pretérito imperfeito* do Indicativo, *presente* do Subjuntivo, Imperativo *afirmativo* e *negativo*.

Pretérito imperfeito do Indicativo

- Ao radical do *presente* do Indicativo, acrescentam-se:
- a) na 1ª conjugação, as desinências -*ava*, -*avas*, -*ava*, -*ávamos*, -*áveis*, -*avam*, que consistem da vogal temática -*a*- + sufixo modo-temporal -*va*- + sufixos número-pessoais.
- b) nas 2ª e 3ª conjugações, as desinências -*ia*, -*ias*, -*ia*, -*íamos*, -*íeis*, -*iam*, que são constituídas da vogal temática -*i*- + sufixo modo-temporal -*a*- + sufixos número-pessoais.
- c) na 2ª conjugação, a vogal temática -*e*- passa a -*i*- por anteceder a vogal -*a*- do sufixo modo-temporal. Identifica-se, assim, com a vogal temática da 3ª conjugação.

Presente do Subjuntivo

- Toma-se o radical da 1ª pessoa do singular do *presente* do Indicativo e substitui-se a desinência -*o* pelas flexões do *presente* do Subjuntivo, que são: na 1ª conjugação, -*e*, -*es*, -*e*, -*emos*, -*eis*, -*em* (sufixo modo-temporal -*e*- + sufixos número-pessoais); nas 2ª e 3ª conjugações, -*a*, -*as*, -*a*, -*amos*, -*ais*, -*am* (sufixo modo-temporal -*a*- + sufixos número-pessoais).

Imperativo afirmativo

- Possui formas próprias apenas na 2ª pessoa do singular e do plural, que são formadas, respectivamente, da 2ª pessoa do singular e da 2ª pessoa do plural do *presente* do Indicativo, com a supressão da desinência *-s*.
- As demais pessoas do Imperativo *afirmativo* (excetuando-se a 1ª pessoa, que não é usada nesse tempo) são as próprias formas do *presente* do Subjuntivo, usadas com o pronome posposto.

Imperativo negativo

- Com exceção da 1ª pessoa do singular, que não é usada no Imperativo, as formas usadas com sentido de Imperativo *negativo* são as mesmas do *presente* do Subjuntivo, usadas com o pronome posposto.

Tempos derivados do pretérito perfeito do Indicativo

> Derivam do tema (radical + vogal temática) do *pretérito perfeito* do Indicativo o *pretérito mais-que-perfeito* do Indicativo, o *pretérito imperfeito* do Subjuntivo e o *futuro* do Subjuntivo.

> O tema do *pretérito perfeito* do Indicativo corresponde à 2ª pessoa do singular da qual se elimina o sufixo número-pessoal (*-ste*).

Pretérito mais-que-perfeito do Indicativo

- Para sua formação, acrescentam-se, ao tema do *pretérito perfeito* do Indicativo, as desinências *-ra*, *-ras*, *-ra*, *-ramos*, *-reis*, *-ram* (sufixo modo-temporal *-ra-* + sufixos número-pessoais).

Pretérito imperfeito do Subjuntivo

- É formado pelo acréscimo, ao tema do *pretérito perfeito* do Indicativo, das desinências *-sse*, *-sses*, *-sse*, *-ssemos*, *-sseis*, *-ssem* (sufixo modo-temporal *-sse-* + sufixos número-pessoais).

Futuro do Subjuntivo

- Na sua formação, acrescentam-se, ao tema do *pretérito perfeito* do Indicativo, as desinências *-r*, *-res*, *-r*, *-rmos*, *-rdes*, *-rem* (que correspondem ao sufixo modo-temporal *-r-* + sufixos número-pessoais).

Tempos derivados do Infinitivo impessoal

> Derivam da forma completa (radical + vogal temática + sufixo) do Infinitivo *impessoal* o *futuro do presente* do Indicativo, o *futuro do pretérito* do Indicativo, o Infinitivo *pessoal*, o gerúndio e o particípio.

Futuro do presente do Indicativo

- À forma do Infinitivo *impessoal*, acrescentam-se as desinências *-ei*, *-ás*, *-á*, *-emos*, *-eis*, *-ão*.

Futuro do pretérito do Indicativo

- À forma do Infinitivo *impessoal*, acrescentam-se as desinências *-ia*, *-ias*, *-ia*, *-íamos*, *-íeis*, *-iam*.

Infinitivo pessoal

- À forma do Infinitivo *impessoal*, acrescenta-se a desinência *-es* (para a 2ª pessoa do singular); para as três pessoas do plural, acrescentam-se as desinências *-mos*, *-des*, *-em*.

Gerúndio

- Elimina-se a desinência *-r* do Infinitivo *impessoal* e acrescenta-se a desinência *-ndo*.

Particípio

- Elimina-se a desinência *-r* final do Infinitivo *impessoal* e acrescenta-se a desinência *-do*. Na 2ª conjugação, a vogal temática passa a *-i-* por influência da vogal temática *-i-* da 3ª conjugação.

Verbos irregulares e anômalos

> Em cada um dos verbos apresentados a seguir, serão indicados apenas os tempos em que ocorrem formas irregulares. Nos demais tempos, as formas são regulares.

> As formas do Imperativo dos verbos irregulares que o admitem formam-se, como nos verbos regulares, a partir do *presente* do Indicativo (Imperativo *afirmativo*) e do *presente* do Subjuntivo (Imperativo *negativo*).

Primeira conjugação

• Dar

Pres. do Ind.: dou, dás, dá, damos, dais, dão.
Pret. perf. do Ind.: dei, deste, deu, demos, destes, deram.
Mais-que-perf. do Ind.: dera, deras, dera, déramos, déreis, deram.
Pres. do Subj.: dê, dês, dê, demos, deis, deem.
Pret. imperf. do Subj.: desse, desses, desse, déssemos, désseis, dessem.
Fut. do Subj.: der, deres, der, dermos, derdes, derem.

• Passear

Pres. do Ind.: passeio, passeias, passeia, passeamos, passeais, passeiam.
Pres. do Subj.: passeie, passeies, passeie, passeemos, passeeis, passeiem.
Obs.: Como *passear* (que recebe um *-i-* nas formas rizotônicas), conjugam-se outros verbos terminados em *-ear*, como *bloquear*, *cercear*, *nomear*.

• Incendiar

Pres. do Ind.: incendeio, incendeias, incendeia, incendiamos, incendiais, incendeiam.
Pres. do Subj.: incendeie, incendeies, incendeie, incendiemos, incendieis, incendeiem.
Obs.: Como *incendiar* (que, por analogia com os verbos terminados em *-ear*, recebe um *-e-* nas formas rizotônicas), conjugam-se *ansiar*, *mediar*, *remediar*.

Segunda conjugação

• Caber

Pres. do Ind.: caibo, cabes, cabe, cabemos, cabeis, cabem.
Pret. perf. do Ind.: coube, coubeste, coube, coubemos, coubestes, couberam.
Mais-que-perf. do Ind.: coubera, couberas, coubera, coubéramos, coubéreis, couberam.
Pres. do Subj.: caiba, caibas, caiba, caibamos, caibais, caibam.
Pret. imperf. do Subj.: coubesse, coubesses, coubesse, coubéssemos, coubésseis, coubessem.

Fut. do Subj.: couber, couberes, couber, coubermos, couberdes, couberem.

• **Dizer**

Pres. do Ind.: digo, dizes, diz, dizemos, dizeis, dizem.

Pret. perf. do Ind.: disse, disseste, disse, dissemos, dissestes, disseram.

Mais-que-perf. do Ind.: dissera, disseras, dissera, disséramos, disséreis, disseram.

Fut. do pres.: direi, dirás, dirá, diremos, direis, dirão.

Fut. do pret.: diria, dirias, diria, diríamos, diríeis, diriam.

Pres. do Subj.: diga, digas, diga, digamos, digais, digam.

Pret. imperf. do Subj.: dissesse, dissesses, dissesse, disséssemos, dissésseis, dissessem.

Fut. do Subj.: disser, disseres, disser, dissermos, disserdes, disserem.

Part.: dito.

Obs.: Como *dizer*, conjugam-se *bendizer, desdizer, contradizer, maldizer, predizer*.

• **Fazer**

Pres. do Ind.: faço, fazes, faz, fazemos, fazeis, fazem.

Pret. perf. do Ind.: fiz, fizeste, fez, fizemos, fizestes, fizeram.

Mais-que-perf. do Ind.: fizera, fizeras, fizera, fizéramos, fizéreis, fizeram.

Pres. do Subj.: faça, faças, faça, façamos, façais, façam.

Pret. imperf. do Subj.: fizesse, fizesses, fizesse, fizéssemos, fizésseis, fizessem.

Fut. do Subj.: fizer, fizeres, fizer, fizermos, fizerdes, fizerem.

Part.: feito.

Obs.: Como *fazer*, conjugam-se *desfazer, perfazer, refazer, satisfazer*.

• **Obter**

Pres. do Ind.: obtenho, obténs, obtém, obtemos, obtendes, obtêm.

Pret. imp. do Ind.: obtinha, obtinhas, obtinha, obtínhamos, obtínheis, obtinham.

Pret. perf. do Ind.: obtive, obtiveste, obteve, obtivemos, obtivestes, obtiveram.

Mais-que-perf. do Ind.: obtivera, obtiveras, obtivera, obtivéramos, obtivéreis, obtiveram.

Pres. do Subj.: obtenha, obtenhas, obtenha, obtenhamos, obtenhais, obtenham.

Pret. imperf. do Subj.: obtivesse, obtivesses, obtivesse, obtivéssemos, obtivésseis, obtivessem.

Fut. do Subj.: obtiver, obtiveres, obtiver, obtivermos, obtiverdes, obtiverem.

• **Poder**

Pres. do Ind.: posso, podes, pode, podemos, podeis, podem.

Pret. perf. do Ind.: pude, pudeste, pôde, pudemos, pudestes, puderam.

Mais-que-perf. do Ind.: pudera, puderas, pudera, pudéramos, pudéreis, puderam.

Pres. do Subj.: possa, possas, possa, possamos, possais, possam.

Pret. imperf. do Subj.: pudesse, pudesses, pudesse, pudéssemos, pudésseis, pudessem.

Fut. do Subj.: puder, puderes, puder, pudermos, puderdes, puderem.

• **Pôr (anômalo)**

Pres. do Ind.: ponho, pões, põe, pomos, pondes, põem.

Pret. imperf. do Ind.: punha, punhas, punha, púnhamos, púnheis, punham.

Pret. perf. do Ind.: pus, puseste, pôs, pusemos, pusestes, puseram.

Mais-que-perf. do Ind.: pusera, puseras, pusera, puséramos, puséreis, puseram.

Pres. do Subj.: ponha, ponhas, ponha, ponhamos, ponhais, ponham.

Pret. imperf. do Subj.: pusesse, pusesses, pusesse, puséssemos, pusésseis, pusessem.

Fut. do Subj.: puser, puseres, puser, pusermos, puserdes, puserem.

Part.: posto.

Obs.: Como esse verbo, conjugam-se: *antepor, apor, contrapor, compor, decompor, depor, dispor, expor*, etc.

• **Querer**

Pres. do Ind.: quero, queres, quer, queremos, quereis, querem.

Pret. perf. do Ind.: quis, quiseste, quis, quisemos, quisestes, quiseram.

Mais-que-perf. do Ind.: quisera, quiseras, quisera, quiséramos, quiséreis, quiseram.

Pres. do Subj.: queira, queiras, queira, queiramos, queirais, queiram.

Pret. imperf. do Subj.: quisesse, quisesses, quisesse, quiséssemos, quisésseis, quisessem.

Fut. do Subj.: quiser, quiseres, quiser, quisermos, quiserdes, quiserem.

Obs.: O verbo *requerer* é derivado de *querer*, e sobre sua conjugação vale observar que a forma da 1ª pessoa do singular do *presente* do Indicativo é *requeiro*. Além dessa diferença com relação a *querer*, o verbo *requerer* apresenta flexão regular no *pretérito perfeito* e nos tempos que se formam a partir do radical do perfeito (*requeri, requereste*, etc.; *requerera, requereras*, etc.; *requeresse, requeresses* etc.; *requerer, requereres*, etc.).

• **Trazer**

Pres. do Ind.: trago, trazes, traz, trazemos, trazeis, trazem.

Pret. perf. do Ind.: trouxe, trouxeste, trouxe, trouxemos, trouxestes, trouxeram.

Mais-que-perf. do Ind.: trouxera, trouxeras, trouxera, trouxéramos, trouxéreis, trouxeram.

Fut. do pres.: trarei, trarás, trará, traremos, trareis, trarão.

Fut. do pret.: traria, trarias, traria, traríamos, traríeis, trariam.

Pres. do Subj.: traga, tragas, traga, tragamos, tragais, tragam.

Pret. imperf. do Subj.: trouxesse, trouxesses, trouxesse, trouxéssemos, trouxésseis, trouxessem.

Fut. do Subj.: trouxer, trouxeres, trouxer, trouxermos, trouxerdes, trouxerem.

• **Ver**

Pres. do Ind.: vejo, vês, vê, vemos, vedes, veem.

Pret. perf. do Ind.: vi, viste, viu, vimos, vistes, viram.

Mais-que-perf. do Ind.: vira, viras, vira, víramos, víreis, viram.

Pres. do Subj.: veja, vejas, veja, vejamos, vejais, vejam.

Pret. imperf. do Subj.: visse, visses, visse, víssemos, vísseis, vissem.

Fut. do Subj.: vir, vires, vir, virmos, virdes, virem.

Part.: visto.

Obs.: Como *ver*, conjugam-se *antever*, *entrever*, *prever* e *rever*.

Terceira conjugação

• *Servir*

Pres. do Ind.: sirvo, serves, serve, servimos, servis, servem.

Pres. do Subj.: sirva, sirvas, sirva, sirvamos, sirvais, sirvam.

Obs.: Como *servir*, conjugam-se: *aderir*, *advertir*, *aferir*, *compelir*, *competir*, *conferir*, *convergir*, *deferir*, *desferir*, *despir*, *digerir*, *discernir*, *divergir*, *ferir*, *inferir*, *ingerir*, *inserir*, *mentir*, *preferir*, *referir*, *refletir*, *repelir*, *repetir*, *seguir*, *sentir*, *sugerir*, *vestir*.

• *Pedir*

Pres. do Ind.: peço, pedes, pede, pedimos, pedis, pedem.

Pres. do Subj.: peça, peças, peça, peçamos, peçais, peçam.

• *Ir* (anômalo)

Pres. do Ind.: vou, vais, vai, vamos, ides, vão.

Pret. imperf. do Ind.: ia, ias, ia, íamos, íeis, iam.

Pret. perf. do Ind.: fui, foste, foi, fomos, fostes, foram.

Mais-que-perf. do Ind.: fora, foras, fora, fôramos, fôreis, foram.

Fut. do pres.: irei, irás, irá, iremos, ireis, irão.

Fut. do pret.: iria, irias, iria, iríamos, iríeis, iriam.

Pres. do Subj.: vá, vás, vá, vamos, vades, vão.

Pret. imperf. do Subj.: fosse, fosses, fosse, fôssemos, fôsseis, fossem.

Fut. do Subj.: for, fores, for, formos, fordes, forem.

• *Vir* (anômalo)

Pres. do Ind.: venho, vens, vem, vimos, vindes, vêm.

Pret. imperf. do Ind.: vinha, vinhas, vinha, vínhamos, vínheis, vinham.

Pret. perf. do Ind.: vim, vieste, veio, viemos, viestes, vieram.

Mais-que-perf. do Ind.: viera, vieras, viera, viéramos, viéreis, vieram.

Fut. do pres.: virei, virás, virá, viremos, vireis, virão.

Fut. do pret.: viria, virias, viria, viríamos, viríeis, viriam.

Pres. do Subj.: venha, venhas, venha, venhamos, venhais, venham.

Pret. imperf. do Subj.: viesse, viesses, viesse, viéssemos, viésseis, viessem.

Fut. do Subj.: vier, vieres, vier, viermos, vierdes, vierem.

Part.: visto.

Obs.: Como *vir*, conjugam-se *advir*, *avir*, *convir*, *desavir*, *intervir*, *provir* e *sobrevir*.

Verbos defectivos

❯ Verbos defectivos **não se conjugam** em todas as pessoas.

❯ Alguns verbos defectivos são **impessoais**, pois não têm sujeito: *haver* (quando usado no sentido de "existir"), *prazer*, *aprazer*, *desprazer* e verbos que indicam fenômenos da natureza, como *amanhecer*, *alvorecer*, *anoitecer*, *relampejar*, *chover*, *trovejar*. Esses verbos apresentam apenas as formas da 3ª pessoa do singular.

❯ Alguns defectivos são **unipessoais**, pois costumam apresentar apenas sujeito na 3ª pessoa (do singular ou do plural): os verbos que indicam vozes de animais, como *zumbir*, *latir*, *grasnar* e *zurrar*, e os verbos que indicam conveniência, acontecimento e necessidade, como *acontecer*, *convir*, *ocorrer* e *suceder*.

❯ Alguns verbos apresentam conjugação defectiva por razões de ordem estritamente morfológica ou de eufonia. São os chamados **defectivos pessoais**.

• Alguns defectivos pessoais, no *presente* do Indicativo, não são conjugados na 1ª pessoa do singular. Consequentemente, não são conjugados nas formas dela derivadas (*presente* do Subjuntivo, Imperativo *negativo*, 3ª pessoa do singular e 1ª e 3ª do plural do Imperativo *afirmativo*). Exemplos: *banir*, *abolir*, *brandir*, *colorir*, *demolir*, *emergir*, *exaurir*, *fremir*, *fulgir*, *imergir*, *retorquir*, *ungir*.

• Alguns verbos defectivos pessoais, no *presente* do Indicativo, só admitem conjugação nas formas arrizotônicas. Consequentemente, não possuem o *presente* do Subjuntivo e o Imperativo *negativo*. No Imperativo *afirmativo*, apresentam apenas a 2ª pessoa do plural. Exemplos: *adequar*, *falir*, *comedir-se*, *foragir-se*, *precaver*, *reaver*.

Verbos abundantes

❯ Apresentam mais de uma forma para determinada flexão.

❯ Os casos mais comuns de verbos abundantes ocorrem no **particípio**, que, por vezes, apresenta uma **forma reduzida** além da forma regular (em -*ado* ou -*ido*).

Observe, no quadro a seguir, alguns exemplos de verbos abundantes.

Infinitivo	Particípio regular	Particípio irregular
aceitar	aceitado	aceito
entregar	entregado	entregue
enxugar	enxugado	enxuto
expressar	expressado	expresso
expulsar	expulsado	expulso
ganhar	ganhado	ganho
isentar	isentado	isento
matar	matado	morto
pagar	pagado	pago
pegar	pegado	pego
salvar	salvado	salvo
soltar	soltado	solto
acender	acendido	aceso
benzer	benzido	bento
eleger	elegido	eleito
morrer	morrido	morto
prender	prendido	preso

Infinitivo	Particípio regular	Particípio irregular
romper	rompido	roto
suspender	suspendido	suspenso
exprimir	exprimido	expresso
extinguir	extinguido	extinto
imprimir	imprimido	impresso
omitir	omitido	omisso
submergir	submergido	submerso

❯ De maneira geral, o **particípio regular** é empregado nos tempos compostos da voz ativa, acompanhado dos verbos auxiliares *ter* ou *haver*. São exceção a essa regra os verbos *ganhar*, *pegar* e *pagar*, pois é frequente o uso dos particípios irregulares desses verbos nos tempos compostos.

❯ As **formas irregulares do particípio** costumam ser utilizadas na formação da voz passiva, acompanhadas do auxiliar *ser*: *Depois de três meses, o patrão ainda não havia* **pagado** *os funcionários* (voz ativa); *Depois de três meses, os empregados não foram* **pagos** *pelo patrão* (voz passiva).

❯ Apenas as formas irregulares do particípio podem ser usadas como adjetivos, combinando-se com os verbos *estar, ficar, andar, ir* e *vir*: *O submarino ficou* **submerso** *por muito tempo.*

Verbos auxiliares e locuções verbais

❯ Os **verbos auxiliares** são aqueles utilizados juntamente com outros verbos para a formação dos tempos compostos (*tenho trabalhado, haviam prometido*) e das locuções verbais (*vão acreditar, preciso acreditar*).

❯ As construções gramaticais em que ocorrem verbos auxiliares são denominadas **locuções verbais**.

❯ As **locuções verbais** são constituídas por um **verbo auxiliar** (que expressa número, pessoa, tempo, modo, aspecto e voz) e um **verbo principal** (responsável pela expressão da ideia central da locução verbal): *tenho trabalhado*.

❯ Os **verbos principais** que entram na formação dos tempos compostos e das locuções verbais ocorrem sempre em uma de suas formas nominais (infinitivo, gerúndio ou particípio).

❯ Os **verbos auxiliares** mais frequentes são *ter, haver, ser, estar*. Em construções perifrásticas (verbo auxiliar acompanhado de uma das formas nominais dos verbos), funcionam também como auxiliares verbos como *ir, vir, andar, poder, querer, precisar, mandar*, etc.

Conteúdo digital Moderna PLUS
http://www.modernaplus.com.br
Filme: trecho de *Lisbela e o prisioneiro*, de Guel Arraes.

Emprego das locuções verbais

❯ São utilizadas nos **tempos verbais compostos** (auxiliares *ter* e *haver* + particípio): *Tenho feito* vários exercícios. *Haviam pedido* apenas um quarto.

❯ São utilizadas nas formas da **voz passiva analítica** dos verbos em que o auxiliar é *ser*: *O trabalho* **foi realizado** *no prazo.*

❯ São usadas nas **formas perifrásticas** em que verbos como *poder, precisar, dever* e *querer* funcionam como auxiliares modais: **Posso trabalhar** *hoje.* **Preciso trabalhar** *hoje.* **Devo trabalhar** *hoje.* **Quero trabalhar** *hoje.*

❯ São usadas nas **formas perifrásticas** em que auxiliares como *estar, ir, vir, andar, ficar, permanecer, voltar a, começar a, acabar de, continuar a, deixar de, pôr-se a* e *chegar a* contribuem, juntamente com a forma nominal do verbo principal, para a expressão do aspecto verbal: *Estou* **vivendo** *dias maravilhosos.*

Tempos compostos

❯ Os **tempos compostos** conferem nuances de significação aos enunciados, indicando geralmente um aspecto verbal diferente daquele expresso pelo mesmo tempo em sua forma simples.

❯ O **uso dos tempos compostos** é determinado pelo contexto e depende do sentido preciso que se deseja expressar. Assim, por exemplo, o sentido de *trabalhei* (*pretérito perfeito* simples) *muito* é diferente de *tenho trabalhado* (*pretérito perfeito* composto) *muito*.

Correlação de tempos e modos

❯ Um aspecto importante no estudo dos verbos diz respeito à maneira como deverão ser escolhidos os modos e tempos verbais, de forma a **garantir a articulação necessária das orações** no interior dos períodos.

❯ O **Indicativo** está associado a informações concretas, acontecimentos em relação aos quais se tem maior certeza ou segurança.

❯ O **Subjuntivo** é o modo dos acontecimentos hipotéticos, possíveis e incertos; por esse motivo, está associado às estruturas subordinadas, cujas ações e acontecimentos mencionados mantêm uma relação de dependência com outros, apresentados nas orações principais.

Enem e vestibulares

1. (Enem-Inep)

Narizinho correu os olhos pela assistência. Não podia haver nada mais curioso. Besourinhos de fraque e flores na lapela conversavam com baratinhas de mantilha e miosótis nos cabelos. Abelhas douradas, verdes e azuis, falavam mal das vespas de cintura fina – achando que era exagero usarem coletes tão apertados. Sardinhas aos centos criticavam os cuidados excessivos que as borboletas de toucados de gaze tinham com o pó das suas asas. Mamangavas de ferrões amarrados para não morderem. E canários cantando, e beija-flores beijando flores, e camarões camaronando, e caranguejos caranguejando, tudo que é pequenino e não morde, pequeninando e não mordendo.

LOBATO, Monteiro. *Reinações de Narizinho*. São Paulo: Brasiliense, 1947. (Fragmento).

No último período do trecho, há uma série de verbos no gerúndio que contribuem para caracterizar o ambiente fantástico descrito. Expressões como "camaronando", "caranguejando" e "pequeninando e não mordendo" criam, principalmente, efeitos de

a) esvaziamento de sentido.

b) monotonia do ambiente.

c) estaticidade dos animais.

d) interrupção dos movimentos.

e) dinamicidade do cenário.

2. (Unesp – adaptada) Leia o texto seguinte e responda.

A primeira aula era com a professora de Estudos Sociais, uma professora muito bonita e muito simpática.

Cada um vai para sua carteira, Jandira entra na classe, atravessa-a, ouvem-se assobios, fiu-fiu, barulhos com a boca de quem saboreia coisa gostosa, nhame-nhame. [...]

A professora Jandira estava luminosa, vestia uma saia-calça azul-claro, de tecido ana-ruga, uma blusinha esporte do mesmo tecido, chapéu e bolsa de palha, três correntinhas de ouro de diferentes tamanhos no pescoço e um enorme rubi vermelho no dedo anular da mão esquerda.

João Carlos Marinho. *Sangue fresco*.

Compare os verbos que aparecem nos dois primeiros parágrafos do texto e explique qual o efeito de sentido causado pela mudança dos tempos verbais, ocorrente na passagem do primeiro para o segundo parágrafo.

_____

_____

_____

_____

3. (Ufscar-SP – adaptada) Leia o texto para responder à questão.

O Supremo Tribunal Federal varreu da legislação brasileira mais uma herança da ditadura militar: a obrigatoriedade do diploma de jornalista para quem exerce a profissão. Ao defender o fim dessa excrescência, o relator do caso, ministro Gilmar Mendes, disse que ela atentava contra a liberdade de expressão garantida pela Constituição Federal a todos os cidadãos. "Os jornalistas são aquelas pessoas que se dedicam profissionalmente ao exercício pleno da liberdade de expressão. O jornalismo e a liberdade de expressão, portanto, são atividades imbricadas por sua própria natureza e não podem ser pensados e tratados de forma separada", afirmou o ministro. Além de ferir o direito constitucional, já que impedia pessoas formadas apenas em outra área de manifestar seu conhecimento e pensamento por meio da atividade jornalística, a exigência teve o seu ridículo exposto por uma comparação brilhante de Gilmar Mendes: "Um excelente *chef* de cozinha certamente poderá ser formado numa faculdade de culinária, o que não legitima o estado a exigir que toda e qualquer refeição seja feita por profissional registrado mediante diploma de curso superior nessa área".

Veja, 24 jun. 2009.

Com base nas falas de Gilmar Mendes, o que justifica na perífrase verbal – "podem ser pensados" – a flexão do verbo *poder* e o plural masculino do particípio do verbo *pensar*?

_____

_____

_____

_____

_____

_____

4. (Fuvest-SP)

Às seis da tarde

Às seis da tarde
as mulheres choravam
no banheiro.
Não choravam por isso
ou por aquilo
choravam porque o pranto subia
garganta acima
mesmo se os filhos cresciam
com boa saúde
se havia comida no fogo
e se o marido lhes dava
do bom e do melhor
choravam porque no céu
além do basculante
o dia se punha
porque uma ânsia
uma dor
uma gastura
era só o que sobrava
dos seus sonhos.
Agora
às seis da tarde
as mulheres regressam do trabalho
o dia se põe
os filhos crescem
o fogo espera
e elas não podem
não querem
chorar na condução.

COLASANTI, Marina. *Gargantas abertas*.

Basculante: um tipo de janela.
Gastura: inquietação nervosa, aflição, mal-estar.

a) O texto faz ver que mudanças históricas ocorridas na situação de vida das mulheres não alteraram substancialmente sua condição subjetiva. Concorda com essa afirmação? Justifique sucintamente.

b) No poema, o emprego dos tempos do *imperfeito* e do *presente* do indicativo deixa claro que apenas um deles é capaz de indicar ações repetidas, durativas ou habituais. Concorda com essa afirmação? Justifique sucintamente.

5. (Unicamp-SP) As gramáticas costumam definir os tempos verbais de forma simplificada. C. Cunha e L. Cintra, por exemplo, em sua *Nova gramática do Português contemporâneo*, dizem que o futuro designa um fato ocorrido após o momento em que se fala. Observe como Bastos Tigre joga com essa noção de futuro para dar uma interpretação engraçada do sétimo mandamento:

Não furtarás – prega o Decálogo e cada homem deixa para amanhã a observância do sétimo mandamento.

Fradique, Mendes. *Grammatica Portugueza pelo Methodo Confuso.*

a) Qual a interpretação usual (feita, por exemplo, por um rabino, um pastor ou um padre) desse mandamento?

b) Qual a interpretação feita por Bastos Tigre?

6. (Uerj)

A comparação entre as palavras sublinhadas acima demonstra que o significado geral de "expressar ação" não é suficiente para identificar o verbo como classe gramatical, já que *namoro* consta do dicionário como "ato de namorar".

Para diferenciar o verbo do substantivo, por exemplo, seria necessário considerar, além do sentido de ação, a seguinte característica que só os verbos possuem:

a) terminação em r.

b) flexão de tempo, modo e pessoa.

c) presença indispensável à frase.

d) anteposição de um substantivo.

7. (Acafe-SC – adaptada) De acordo com a variedade formal da língua portuguesa, a única alternativa que substitui corretamente os asteriscos das frases abaixo, respectivamente, é:

I. Sem outra solução, agora * solicitar sua ajuda.

II. Helô, se você * meu pai, diga-lhe que eu estou bem.

III.Foi difícil fazer com que o síndico * para acabar com a discussão.

IV.O que devo fazer se o caixa eletrônico * o cartão?

V. Se eu * recurso agora, talvez consiga reverter a sentença.

a) vimos – vir – interviesse – retiver – interpuser.

b) viemos – ver – interviesse – retiver – interpusesse.

c) vimos – ver – intervisse – reter – interpuser.

d) viemos – ver – intervisse – reter – interpor.

e) vimos – vir – intervise – reter – interpusesse.

8. (FGV-SP) Leia o texto a seguir.

Uma ideia radical demais

"Grátis pode significar muitas coisas, e esse significado tem mudado ao longo dos anos. Grátis levanta suspeitas, mas não há quase nada que chame tanto a atenção. Quase nunca é tão simples quanto parece, mas é a transação mais natural de todas. Se agora estamos construindo uma economia em torno do Grátis, deveríamos começar entendendo o que ele é e como funciona." Essas são as palavras que abrem o segundo capítulo de um livro lançado nesta semana nos Estados Unidos. O título é *Free – The Future of a Radical Price* ("Grátis – o futuro de um preço radical", numa tradução livre). A editora Campus-Elsevier deve lançá-lo no Brasil no final deste mês. É preciso reconhecer que o autor não falta com a verdade. "Grátis" pode realmente significar muitas coisas, entre elas cobrar por um livro

cuja ideia central é uma defesa apaixonada de tudo o que é gratuito.

A favor de Anderson, é necessário avisar de saída: em nenhum momento ele escreve que tudo será de graça. Sua tese central é que certos produtos e serviços podem, sim, ser gratuitos – e mesmo assim dá para ganhar dinheiro.

Anderson constrói seu argumento sobre as diferenças fundamentais entre o mundo das coisas materiais, ou o mundo dos átomos, e a internet, ou o mundo dos *bits*. Eis a ideia central: todos os custos dos insumos básicos do mundo digital caem vertiginosamente.

Na primeira frase do texto, o tempo composto *tem mudado* expressa uma ação

a) concluída e pode ser substituído por mudou ou muda.

b) em processo e não há forma simples que o possa exprimir.

c) hipotética e pode ser substituído por *mudaria*.

d) em continuidade e pode ser substituído por *mudara*.

e) impossível no futuro e não há forma simples que o possa exprimir.

9. (Fuvest-SP) Sobre o emprego do gerúndio em frases como "Nós vamos estar analisando os seus dados e vamos estar dando um retorno assim que possível", um jornalista escreveu uma crônica intitulada "Em 2004, gerundismo zero!", da qual extraímos o seguinte trecho:

Quando a teleatendente diz: "O senhor pode estar aguardando na linha, que eu vou estar transferindo a sua ligação", ela pensa que está falando bonito. Por sinal, ela não entende por que "eu vou estar transferindo" é errado e "ela está falando bonito" é certo.

a) Você concorda com a afirmação do jornalista sobre o que é certo e o que é errado no emprego do gerúndio? Justifique sucintamente sua resposta.

_____

_____

_____

_____

_____

_____

b) Identifique qual de seus vários sentidos assume o sufixo empregado na formação da palavra *gerundismo*. Cite outra palavra em que se utiliza o mesmo sufixo com esse mesmo sentido.

_____

_____

_____

_____

_____

10. (FGV-SP) Assinale a alternativa em que o particípio sublinhado está corretamente utilizado.

a) O diretor tinha <u>suspenso</u> a edição do jornal antes da publicação da notícia.

b) Lourival tinha <u>chego</u> ao mercado. Marli o esperava próxima da barraca de frutas.

c) O coroinha havia já <u>disperso</u> a multidão que estava em volta da Matriz.

d) A correspondência não foi <u>entregue</u> no escritório.

e) Diogo tinha <u>expulso</u> os índios que cercavam o povoado.

11. (Uerj – adaptada)

························

Rios sem discurso

[...]

Em situação de poço, a água equivale
A uma palavra em situação dicionária:
Isolada, estanque no poço dela mesma,
E porque assim estanque, estancada;

[...]

CABRAL DE MELO NETO,
João. *Antologia poética.*

························

Na qualificação progressiva da palavra *água*, feita pela primeira estrofe, dá-se a alteração de *estanque* para *estancada*. Essa alteração expressa uma nova noção a partir do seguinte recurso gramatical:

a) flexão de gênero.

b) emprego de estrutura passiva.

c) complemento do nome "palavra".

d) correção da concordância nominal.

12. (PUC-RJ – adaptada) A frase sublinhada nos trechos abaixo pode causar alguma estranheza, especialmente considerando-se que integra um texto escrito. Reescreva-a de modo a eliminar a(s) inadequação(ões).

························

[...] Quem ficou encantado com a atuação de Regina foi Pedro Almodóvar. <u>O cineasta já conhecia a atriz das festas de Caetano Veloso, mas nunca a viu atuar.</u> Ele comentou que Regina impressiona por ser uma mulher exuberante, de gestos largos e com a capacidade de compor um personagem tão comedido. Os dois tricotaram a noite inteira.

Jornal do Brasil. Rio de Janeiro, 15 ago. 2000. Caderno B, coluna Registro. (Trecho de uma nota sobre a festa de lançamento do filme *Eu, tu, eles*, de Andrucha Waddington, estrelado por Regina Casé.)

························

_____

_____

_____

13. (FGV-SP) Assinale a alternativa que contenha, corretamente, os verbos das orações abaixo no futuro do subjuntivo.

a) Se o menino se entretiver com o cão que passear na rua...
Se não couber na bolsa o frasco que você me emprestar...

b) Se o menino se entreter com o cão que passear na rua...
Se não caber na bolsa o frasco que você me emprestar...

c) Se o menino se entretiver com o cão que passear na rua...
Se não caber na bolsa o frasco que você me emprestar...

d) Se o menino se entreter com o cão que passear na rua...
Se não couber na bolsa o frasco que você me emprestar...

e) Se o menino se entretesse com o cão que passeava na rua...
Se não cabesse na bolsa o frasco que você me emprestasse...

14. (PUC-RJ – adaptada)

························

Analítica do belo

Quanto ao *agradável*, cada qual admite que: seu juízo, que ele funda sobre um sentimento privado e pelo qual ele diz, de seu objeto, que este lhe agrada, restringe-se, também, meramente a sua pessoa. Por isso aceita de bom grado que, se ele diz: o vinho das ilhas Canárias é agradável, um outro lhe corrija a expressão e lhe recorde que ele deve dizer: é agradável *para mim*; e assim não somente no gosto da língua, do palato e da garganta, mas também naquilo que pode ser agradável aos olhos e ouvidos de cada um. Para um a cor violeta é suave e amável, para outros morta e extinta. Um gosta do som dos instrumentos de sopro, o outro do dos instrumentos de cordas. Discutir sobre isso, com a intenção de reputar como incorreto o juízo de outros, que é diferente do nosso, como se fosse logicamente oposto a este, seria tolice; quanto ao agradável, vale pois a proposição fundamental: *cada qual tem seu próprio gosto* (dos sentidos).

Com o belo, o caso é inteiramente outro. Seria (exatamente ao inverso) ridículo se alguém, que imaginasse algo sobre seu gosto, pensasse legitimar-se com isto: esse objeto (o edifício que vemos, a roupa que aquele veste, o concerto que ouvimos, o poema que é apresentado para julgamento) é belo *para mim*. Pois não deve denominá-lo *belo*, se apraz meramente a ele. Atrativo e agrado, muita coisa pode ter para ele, com isso ninguém se preocupa; mas se ele dá algo por belo, presume em todos essa mesma satisfação: julga, não meramente para si, mas para todos, e fala então da beleza como se fosse uma propriedade das coisas. Diz, por isso, a *coisa* é bela; e não conta com a concordância de outros em seu juízo da satisfação, porque eventualmente os houvesse encontrado muitas vezes em concordância com o seu, mas a *exige* deles. Censura-os, se julgam de outro modo, e nega-lhes o gosto, do qual, no entanto, exige que eles o tenham; e nessa medida não se pode dizer: cada qual tem seu gosto particular. Isso equivaleria a dizer: não há nenhum gosto, isto é, nenhum juízo estético que pudesse ter pretensão legítima ao assentimento de todos.

KANT, Immanuel. *Textos selecionados*. Seleção de Textos de Marilena de Souza Chauí. Traduções de Tania Maria Bernkopf e outros. 2. ed. São Paulo: Abril Cultural, 1894. p. 215-216.

Com base no texto, estabeleça uma diferença entre os usos do verbo *gostar* em "gostar de mel" e "gostar de uma pintura".

_____

_____

_____

_____

_____

_____

_____

15. (Fuvest-SP)

Todo o barbeiro é tagarela, e principalmente quando tem pouco que fazer; começou portanto a puxar conversa com o freguês. Foi a sua salvação e fortuna.

O navio a que o marujo pertencia viajava para a Costa e ocupava-se no comércio de negros; era um dos combóis que traziam fornecimento para o Valongo, e estava pronto a largar.

– Ó mestre! disse o marujo no meio da conversa, você também não é sangrador?

– Sim, eu também sango...

– Pois olhe, você estava bem bom, se quisesse ir conosco... para curar a gente a bordo; morre-se ali que é uma praga.

– Homem, eu da cirurgia não entendo muito...

– Pois já não disse que sabe também sangrar?

– Sim...

– Então já sabe até demais.

No dia seguinte saiu o nosso homem pela barra fora: a fortuna tinha-lhe dado o meio, cumpria sabê-lo aproveitar; de oficial de barbeiro dava um salto mortal a médico de navio negreiro; restava unicamente saber fazer render a nova posição. Isso ficou por sua conta.

Por um feliz acaso logo nos primeiros dias de viagem adoeceram dois marinheiros; chamou-se o médico; ele fez tudo o que sabia... sangrou os doentes, e em pouco tempo estavam bons, perfeitos. Com isto ganhou imensa reputação, e começou a ser estimado.

Chegaram com feliz viagem ao seu destino; tomaram o seu carregamento de gente, e voltaram para o Rio. Graças à lanceta do nosso homem, nem um só negro morreu, o que muito contribuiu para aumentar-lhe a sólida reputação de entendedor do riscado.

Manuel Antônio de Almeida.
Memórias de um sargento de milícias.

Para expressar um fato que seria consequência certa de outro, pode-se usar o pretérito imperfeito do indicativo em lugar do futuro do pretérito, como ocorre na seguinte frase:

a) "era um dos combóis que traziam fornecimento para o Valongo".

b) "você estava bem bom, se quisesse ir conosco".

c) "Pois já não disse que sabe também sangrar?".

d) "de oficial de barbeiro dava um salto mortal a médico de navio negreiro".

e) "logo nos primeiros dias de viagem adoeceram dois marinheiros".

16. (UFF-RJ)

Historicamente, a matemática é extremamente eficiente na descrição dos fenômenos naturais. O prêmio Nobel Eugene Wigner escreveu sobre a "surpreendente eficácia da matemática na formulação das leis da física, algo que nem compreendemos nem merecemos". Toquei outro dia na questão de a matemática ser uma descoberta ou uma invenção humana.

Aqueles que defendem que ela seja uma descoberta creem que existem verdades universais inalteráveis, independentes da criatividade humana. Nossa pesquisa simplesmente desvenda as leis e teoremas que estão por aí, existindo em algum metaespaço das ideias, como dizia Platão.

Nesse caso, uma civilização alienígena descobriria a mesma matemática, mesmo se a representasse com símbolos distintos. Se a matemática for uma descoberta, todas as inteligências cósmicas (se existirem) vão obter os mesmos resultados. Assim, ela seria uma língua universal e única.

Os que creem que a matemática é inventada, como eu, argumentam que nosso cérebro é produto de milhões de anos de evolução em circunstâncias bem particulares, que definiram o progresso da vida no nosso planeta.

Conexões entre a realidade que percebemos e abstrações geométricas e algébricas são resultado de como vemos e interpretamos o mundo.

Em outras palavras, a matemática humana é produto da nossa história evolutiva.

Marcelo Gleiser. *Folha de S.Paulo*,
Caderno Mais!, 31 maio 2009.

Assinale a opção em que o emprego dos tempos e modos, ao produzir um efeito de sentido de suposição, ratifica, no entanto, a concepção de a matemática ser uma verdade universal.

a) O prêmio Nobel Eugene Wigner escreveu sobre a "surpreendente eficácia da matemática na formulação das leis da física, algo que nem compreendemos nem merecemos". (linhas 2, 3, 4, 5)

b) Nesse caso, uma civilização alienígena descobriria a mesma matemática, mesmo se a representasse com símbolos distintos. (linhas 14, 15, 16)

c) Nossa pesquisa simplesmente desvenda as leis e teoremas que estão por aí, existindo em algum metaespaço das ideias, como dizia Platão. (linhas 10, 11, 12, 13)

d) Os que creem que a matemática é inventada, como eu, argumentam que nosso cérebro é produto de milhões de anos de evolução... (linhas 20, 21, 22)

e) Conexões entre a realidade que percebemos e abstrações geométricas e algébricas são resultado de como vemos e interpretamos o mundo. (linhas 25, 26, 27)

17. (Ufscar-SP) Leia o texto seguinte.

Desculpe-nos pela demora em responder a sua reclamação sobre a sua TV de plasma. Precisávamos ter a certeza de que a nossa matriz aqui no Brasil estaria nos enviando a referida peça. Na próxima semana, estaremos fazendo uma revisão geral no aparelho e vamos estar enviando ele para o senhor.

Atenciosamente...

Texto do e-mail de uma empresa, justificando
o atraso em consertar um aparelho eletrônico.

Observa-se, nesse texto, um problema de estilo comum nas correspondências comerciais e nas comunicações de *telemarketing* e também um desvio da norma padrão do português do Brasil.

a) Identifique o problema de estilo e redija o trecho em que ele ocorre, corrigido.

_____

_____

_____

_____

_____

_____

b) Identifique o desvio e redija o trecho em que ele ocorre, corrigido.

18. (Ufpa – adaptada)

Música para o cérebro

O sinal de alerta foi dado pela lista dos mais vendidos. Um CD com músicas de Mozart chegou recentemente ao topo dos clássicos tanto na revista *Billboard* quanto no *site* comercial *Amazon* (loja virtual da Internet). Como não havia nenhum apelo aparente para o modismo — trilha sonora de filme, por exemplo —, investigou-se a fundo o fenômeno. E, segundo a explicação mais aceita, a resposta estaria no estranho, mas agradável efeito causado por certas músicas do compositor austríaco no cérebro dos ouvintes. O ritmo mozartiano, segundo alguns pesquisadores, interfere positivamente na forma como os neurônios se comunicam, embora ninguém saiba ainda exatamente a razão de tal fenômeno. Mesmo sendo polêmica, a teoria mais considerada no meio científico argumenta que as ondas cerebrais se parecem muito com a música barroca. Daí, o efeito de "turbinamento" no poder cerebral, comprovado por testes de Q.I. feitos logo depois que o sujeito escuta Mozart.

GODOY, N. *IstoÉ*. São Paulo: Três, n. 1574, p. 106.

Os propósitos de comunicação do autor o levaram a expressar a ideia inicial de seu texto por meio de uma frase na voz passiva: *O sinal de alerta foi dado pela lista dos mais vendidos*. Se o autor tivesse escolhido a voz ativa para expressar sua ideia, como teria construído sua frase?

_____

_____

_____

19. (UEL-PR – adaptada) Em relação ao uso do tempo nos verbos sublinhados:

Se fosse escrita hoje, a história dos três porquinhos terminaria com o Lobo Mau empunhando uma pistola. Fôlego não seria necessário. Bastaria uma boa estratégia (e munição) para entrar pela porta da frente da casa de tijolos.

FIORATTI, G. "Contra a parede".
Disponível em: <http://www1.folha.uol.com.br/
fsp/cotidian/ff0710200722.htm>.
Acesso em: 7 out. 2007.

é correto afirmar que a ação verbal é descrita:

a) no futuro do pretérito porque este tempo pode ocorrer em enunciados hipotéticos ou contrafactuais.

b) no pretérito imperfeito porque o enunciado designa um fato passado, mas não concluído.

c) no pretérito mais-que-perfeito, pois denota um fato situado vagamente no passado relativamente ao momento da enunciação.

d) no pretérito perfeito: indica uma ação que ocorreu antes de outra ação já passada ou fato passado relativamente ao momento da enunciação.

e) no futuro do indicativo já que indica a posterioridade do intervalo de tempo entre as duas ações descritas.

20. (Unicamp-SP) Publicadas à exata distância de um século pelo jornal O *Estado de S. Paulo*, as duas notícias transcritas a seguir têm em comum o fato de se referirem a catástrofes provocadas pelo mau tempo. No momento de sua publicação, as duas notícias se referiam a acontecimentos recentes, mas os recursos gramaticais empregados para expressar passado recente diferem de uma notícia para a outra.

29/11/1895: Constantinopla — Tem havido no Mar Negro grande tempestade, naufragando grande número de embarcações. Até agora o mar tem arrojado à praia mais de 80 cadáveres, que estão sendo recolhidos.

O Estado de S. Paulo

29/11/1995: Campinas — Um tornado com ventos de 180 quilômetros por hora destruiu anteontem a cobertura do ginásio multidisciplinar da Universidade Estadual de Campinas [...]

O tornado rompeu presilhas de aço de uma polegada de espessura. Ele levantou e retorceu a estrutura do telhado, também de aço, de 100 metros de extensão e 200 toneladas... [...] Dez árvores foram arrancadas com a raiz e os ventos arremessaram longe vidros da biblioteca central.

O Estado de S. Paulo

a) Transcreva, das duas notícias, as expressões que situam os fatos relatados no passado.

_____

_____

_____

_____

_____

_____

_____

b) Como seria redigida, hoje, a primeira notícia?

_____

_____

_____

_____

_____

_____

c) Redija uma continuação para a notícia escrita hoje, que começasse por "Tem havido no Mar Negro... ".

_____

_____

_____

_____

_____

_____

Advérbio

O uso dos advérbios cumpre a importante função de expressar circunstâncias no interior dos enunciados.

Definição e classificação

❯ **Advérbios** são palavras invariáveis que se associam aos verbos, indicando as circunstâncias da ação verbal.

❯ Os advérbios funcionam como modificadores dos verbos.

Veja os exemplos.
*A banda irá tocar **hoje**.* (circunstância de tempo)
*Eles tocam **mal**.* (circunstância de modo)

❯ Certos advérbios podem modificar adjetivos e outros advérbios.

Observe como o advérbio intensifica o adjetivo no título do livro abaixo.

Capa do livro *Um time muito especial*, de Jane Tutikian. São Paulo: Atual.

❯ Quando modifica outros advérbios, o advérbio atua como um **intensificador**.

Observe como o advérbio de intensidade *muito* modifica o advérbio de modo *mal* na frase a seguir.
*O vocalista cantava **muito** mal.*

❯ Os advérbios desempenham a função sintática de **adjuntos adverbiais** nas orações.

❯ Os adjuntos adverbiais são classificados de acordo com a **circunstância** que exprimem.

Observe.
*Comemoraremos o aniversário **na praia**.* (*na praia*: adjunto adverbial de lugar)
*João estava **pouco** satisfeito com seu emprego.* (*pouco*: adjunto adverbial de intensidade)

Tipos de advérbio

❯ Na classificação dos advérbios, utiliza-se um critério de **ordem semântica**, baseado na circunstância que eles exprimem com relação aos verbos, adjetivos ou outros advérbios por eles modificados.

- Advérbios de **lugar**: *aí, aqui, ali, acolá, lá, além, atrás, detrás, através, cá*.
- Advérbios de **tempo**: *hoje, ontem, anteontem, amanhã, sempre, nunca*.
- Advérbios de **modo**: *bem, mal, assim, depressa, devagar* e quase todos os advérbios formados pelo acréscimo do sufixo *-mente*: *lentamente, rapidamente, velozmente, tranquilamente, facilmente, alegremente,* etc.
- Advérbios de **intensidade**: *muito, pouco, bastante, meio, quase, mais, menos*.
- Advérbios de **dúvida**: *talvez, quiçá, acaso, porventura, provavelmente*.
- Advérbios de **afirmação**: *sim, efetivamente, certamente, seguramente*.
- Advérbios de **negação**: *não, absolutamente*.

❯ Quando, na mesma frase, são utilizados dois ou mais advérbios de modo formados pelo acréscimo do sufixo *-**mente***, apenas o último advérbio recebe o sufixo.

Exemplo:
*Entrou no quintal **silenciosa** e **vagarosamente**, para não acordar o cachorro.*

Palavras que funcionam como adjetivos ou advérbios

❯ Por meio do processo de derivação imprópria, é possível usar determinados adjetivos, sem que a eles se acrescente o sufixo *-mente*.

Observe os seguintes exemplos.
A menina cantava rápido. = A menina cantava rapidamente.
Ela resolve fácil o enigma. = Ela resolve facilmente o enigma.

❯ Para saber se uma palavra desempenha uma função adjetiva ou adverbial, é importante determinar a classe gramatical à qual o termo está vinculado.

Advérbios interrogativos

❯ Alguns advérbios que exprimem **lugar**, **tempo**, **modo** ou **causa** podem ser empregados em enunciados interrogativos, em perguntas diretas ou indiretas, e são chamados de **advérbios interrogativos**.

Veja no quadro a seguir exemplos de advérbios interrogativos.

Perguntas diretas	Perguntas indiretas
Quando receberei o orçamento?	*Preciso saber **quando** receberei o orçamento.*
Como você irá sair dessa enrascada?	*Quero saber **como** você irá sair dessa enrascada.*
Por que você não visita mais sua mãe?	*Gostaria de saber **por que** você não visita mais sua mãe.*

Variações de grau nos advérbios

❱ Alguns advérbios apresentam variações de grau, podendo manifestar-se no **grau comparativo** ou no **grau superlativo**.
  - Grau comparativo de igualdade: *Ele lutou **tão bravamente quanto** um guerreiro viking.*
  - Grau comparativo de superioridade: *Dessa vez, ele lutou **mais bravamente (do) que** um guerreiro viking.*
  - Grau comparativo de inferioridade: *Naquela noite, ele lutou **menos bravamente (do) que** os inimigos.*

❱ Os advérbios *bem* e *mal* têm formas comparativas sintéticas específicas: *melhor* e *pior*.
  Exemplo:
  *Os gerentes reagiram **melhor** (do) que os supervisores.*

❱ Quando se deseja usar formas comparativas de *bem* e *mal* associadas a particípios que funcionam como adjetivos, deve-se optar pelas formas analíticas *mais bem* e *mais mal*.
  Exemplo:
  *A mudança foi **mais bem** planejada no setor de investimentos.*

❱ **O grau superlativo analítico** é formado pela anteposição, ao advérbio, de outro advérbio de intensidade.
  Observe.
  *Os investidores ficaram **muito pouco** felizes com a mudança.*

❱ O grau superlativo sintético é formado pelo acréscimo, ao advérbio, do sufixo *–íssimo*.
  Veja.
  *Os trabalhadores estão gostando **pouquíssimo** da novidade.*

Locuções adverbiais

❱ As locuções adverbiais são expressões de duas ou mais palavras que exercem função adverbial. Resultam geralmente da combinação de **preposição + (artigo) + substantivo** ou de **preposição + (artigo) + advérbio**.
  - Locuções adverbiais de lugar: *por dentro, por fora, em cima, embaixo.*
  - Locuções adverbiais de tempo: *depois de amanhã, em breve, à tarde, à noite, de manhã, de repente, de vez em quando.*
  - Locuções adverbiais de modo: *à vontade, às pressas, às claras, à toa.*
  - Locuções adverbiais de intensidade: *de muito, de pouco, de todo.*
  - Locução adverbial de dúvida: *quem sabe.*
  - Locuções adverbiais de afirmação: *com certeza, sem dúvida, por certo.*
  - Locuções adverbiais de negação: *de modo algum, de jeito nenhum.*

Palavras denotativas

❱ As **palavras denotativas** são termos que não fazem parte de uma classe morfológica específica, por não se enquadrarem nos critérios morfológicos e sintáticos que definem essas classes.

❱ As palavras denotativas são classificadas a partir do sentido que acrescentam ao enunciado. Podem ser:
  - de **inclusão**: *até, inclusive, mesmo, até mesmo, também.*
  - de **exclusão**: *apenas, senão, salvo, só, somente.*
  - de **designação**: *eis.*
  - de **realce**: *cá, lá, só, é que.*
  - de **retificação**: *aliás, ou melhor, ou antes, isto é, melhor dizendo.*
  - de **situação**: *afinal, agora, então, mas, e aí.*

Enem e vestibulares

1. (Unifesp) Considere a charge e as afirmações.

IDOSOS JÁ SÃO 10% NO PAÍS

Dalcio/Correio Popular

I. O advérbio *já*, indicativo de tempo, atribui à frase o sentido de mudança.

II. Entende-se pela frase da charge que a população de idosos atingiu um patamar inédito no país.

III. Observando a imagem, tem-se que a fila de velhinhos esperando um lugar no banco sugere o aumento de idosos no país.

Está correto o que se afirma em

a) I apenas.

b) II apenas.

c) I e II apenas.

d) II e III apenas.

e) I, II e III.

2. (PUC-PR) Observe as frases que seguem:

Ela <u>também</u> sofrera muito com a morte do pai.

Os suspeitos do crime eram três, <u>aliás</u>, quatro.

Era eu <u>mesmo</u> que queria deixar o cargo que ocupava.

Assistiram ao espetáculo <u>cerca</u> de 50 mil espectadores.

Os termos sublinhados denotam, respectivamente:

a) inclusão, retificação, reforço, avaliação.

b) reforço, inclusão, avaliação, retificação.

c) inclusão, avaliação, retificação, reforço.

d) avaliação, reforço, retificação, inclusão.

e) retificação, avaliação, inclusão, reforço.

3. (ESPM-SP) Marque a opção em que o vocábulo *bem* possui valor de intensidade:

a) Nobreza de caráter é um bem inalienável.

b) O paraninfo discursou bem.

c) O deputado chegou bem na hora da abertura da sessão do Plenário.

d) E se os muçulmanos revidassem agora? Bem... não podemos fazer conjecturas.

e) Durante o período de turbulência, o mercado de ações comportou-se bem.

4. (Fuvest-SP)

I. Para se candidatar a um emprego, o recém-formado compete com levas de executivos de altíssimo gabarito, desempregados. O jovem, sem experiência, literalmente, dança.

II. Acostumados às apagadas, às vezes literalmente, mulheres dos dirigentes do Kremlin, os russos achavam que ela era influente demais, exibida, arrogante.

a) O advérbio *literalmente* está adequadamente empregado nos dois textos? Justifique sua resposta.

_____

_____

_____

_____

_____

_____

_____

_____

_____

_____

_____

_____

b) A que palavra, em II, se refere a expressão "às vezes literalmente"? Qual o duplo sentido produzido pela relação que aí se estabeleceu?

_____

_____

_____

_____

_____

_____

_____

_____

_____

_____

_____

5. **(Cefet-PR)** Leia o texto a seguir para responder à questão.

A filosofia é menos difícil do que se imagina. Se parece difícil, é por uma razão simples: ela é um gênero à parte. Conhecê-la é aprender a ler de um modo diferente. Ela tem pontos comuns com a ciência e com a literatura, mas se distingue de ambas. Como a ciência, ela procede com rigor e costuma ter, no horizonte, uma ideia de verdade. Mas a ciência se atualiza sempre e descarta seu passado. A filosofia não. Como a arte ou a literatura, ela preserva seu passado como um patrimônio irrenunciável. (...) Nos últimos 20 anos, aumentou muito a demanda por filosofia. Quem diria que, em 1968, quando "la definitiva noche se abría sobre Latinoamérica", a filosofia viria a ser sucesso de público? Nos colégios, aposentava-se a escrita em favor das provas com cruzadinhas. A filosofia era acusada de perigosa, pelas ditaduras, ou de inútil, pela tecnocracia. Mas isso mudou. A edição de filosofia está em franca expansão. Por isso, até eu, que critico a ênfase excessiva que os cursos de filosofia dão aos autores (em detrimento das questões propriamente filosóficas), recomendo começar por eles. Filosofar é caminhar — por isso, é tão importante o caminhante solitário de Jean-Jacques Rousseau (1712-1778) (...). O maior erro de quem quiser conhecer filosofia será acreditar que cada conceito tem um sentido exato, e um só. O leitor verá que cada autor lhe dá um significado diferente! E esse significado só cabe no pensamento desse autor. Assim, os dicionários de filosofia são úteis, mas não demais. Nenhum deles substitui a frequentação direta de uma obra. (...) Não tenha medo do jargão filosófico. Toda disciplina tem seu rigor próprio, e na filosofia ele é decisivo. Mas penso que ela só adota jargão bem técnico ao ser ministrada nas universidades — o que acontece no fim da Idade Média, com a escolástica, e, modernamente, desde Emmanuel Kant (1724-1804). Ela então se torna mais difícil ao leigo, mas retirando esses 500 anos mais técnicos, restam pelo menos dois milênios de filosofia feita, em larga medida, para um público não acadêmico. Filósofo, diz a etimologia, é o amigo do saber (do grego "filia", "amizade", e "sofia", "saber"). A filosofia começa, na Grécia do século 6 a.C., sob o signo da modéstia. O Oriente conhecia a figura do sábios; ora, os gregos repudiavam a pretensão a serem sábios, isto é, proprietários do saber. Eles eram apenas (apenas?) amigos do conhecimento. Não queriam ser donos da verdade.

RIBEIRO, Renato Janine. *Folha de S.Paulo*, 26 ago. 2003. Caderno Sinapse. (Adaptado).

Observe o período destacado e assinale a alternativa que **NÃO** o interpreta adequadamente.

"Eles eram apenas (apenas?) amigos do conhecimento."

a) A repetição do advérbio *apenas* – agora entre parênteses e com ponto de interrogação – altera seu sentido literal, pois coloca em xeque a "modesta" dimensão da proposta dos gregos.

b) O autor, ao utilizar o advérbio *apenas* duas vezes, procura, na segunda ocorrência, salientar que a pretensão dos gregos era muito maior do que eles imaginavam.

c) O substantivo *modéstia*, utilizado anteriormente pelo autor, encontra no período destacado uma confirmação, na primeira ocorrência de apenas, e uma oposição na segunda.

d) A segunda ocorrência do advérbio *apenas* enfatiza o significado global do período.

e) O significado do termo *filosofia* – amigo(a) da sabedoria – que se pretendia modesto é questionado.

6. **(UFG-GO)**

Menina mal amada

[...]

Minha mãe, muito viúva, isolava-se em seu mundo de frustrações, ligada maternalmente à caçula do seu terceiro casamento.
Eu, perna mole, pandorga, moleirona, vencendo sozinha as etapas destes primeiros tempos. Afinal, paramos no *détraqué*.

Tudo isso aumentava minha solidão e eu me fechava, circunscrita
No meu mundo de faz de conta...
[...]

CORALINA, Cora. *Melhores poemas de Cora Coralina*. Seleção de Darci F. Denófrio. São Paulo: Global, 2004. p. 117.

A partir do cenário idealizado no fragmento do poema, explique o sentido que a palavra *muito* adquire no texto.

_____
_____
_____
_____
_____
_____
_____

7. **(UFRJ)**

Longe de tudo

É livres, livres desta vã matéria,
longe, nos claros astros peregrinos
que havemos de encontrar os dons divinos
e a grande paz, a grande paz sidérea.

Cá nesta humana e trágica miséria,
nestes surdos abismos assassinos
teremos de colher de atros destinos
a flor apodrecida e deléria.

O baixo mundo que troveja e brama
só nos mostra a caveira e só a lama,
ah! Só a lama e movimentos lassos...

Mas as almas irmãs, almas perfeitas,

hã de trocar, nas Regiões eleitas,

largos, profundos, imortais abraços.

CRUZ E SOUSA. *Poesias completas.*
Florianópolis: Fundação Catarinense
de Cultura, 1981. p. 158.

O texto confronta dois espaços para marcar a oposição "corpo e alma".

a) Retire do texto os dois advérbios que explicitam esses dois espaços.

_____

_____

_____

_____

b) Transcreva duas expressões formadas por adjetivo(s) e substantivo que caracterizem esses espaços, identificando a que espaço cada uma se refere.

_____

_____

_____

_____

_____

_____

_____

_____

_____

_____

8. (PUC-RJ – adaptada) Suponha que você tem de explicar para um estrangeiro como se formam os advérbios terminados em -*mente* em língua portuguesa. Os exemplos do quadro a seguir obedecem a dois padrões de formação. Descreva cada um desses padrões.

falso	falsamente
longo	longamente
natural	naturalmente
perverso	perversamente
simples	simplesmente

9. (UFC-CE) Circule nos dois poemas abaixo apenas quatro dos cinco advérbios que funcionam como substantivos.

POEMA I

agora

agora vejo o que ri
em cada aqui

agora vejo o que chora
em cada agora

POEMA II

disso eu tenho certeza

um dia
muito depois
de qualquer antes
estes belos instantes
voltarão
para sempre

um dia
longe do dentro e do fora
estes belos instantes voltarão agora

10. (Ufam) Assinale a alternativa em que *meio* não deveria variar por ser advérbio.

a) Vá devagar. Ainda é apenas meio-dia e meia.

b) Pela receita, basta meia xícara de açúcar.

c) Meia verdade não se confunde com meia mentira?

d) A menina chegou completamente agitada, meia nervosa.

e) Nas comunidades rurais, há sempre no quintal meia dúzia de galinhas.

Preposição e conjunção

As palavras da língua que estabelecem relações entre os termos dos sintagmas ou entre orações de um período são essenciais para a construção da coesão textual.

Preposição: definição e classificação

» **Preposições** são palavras invariáveis que conectam termos de sintagmas, criando entre eles uma relação de sentido.

» As preposições são classificadas em dois tipos: **essenciais** e **acidentais**.

» As **essenciais** sempre atuam como preposições. São elas: *a, ante, após, até, com, contra, de, desde, em, entre, para, perante, por (per), sem, sob, sobre, trás.*

» As **acidentais** podem pertencer ou ter pertencido a outras categorias gramaticais, mas funcionam como preposições em certos enunciados: *afora, conforme, consoante, durante, exceto, fora, mediante, menos, salvo, segundo, senão, tirante, visto,* etc.

Observe.

*Estas eleições, **segundo** as pesquisas, serão um sucesso.*

*Aquele grupo, **menos** o João, receberá um ponto extra.*

Combinações e contrações de preposições

» Quando a preposição *a* se junta ao artigo masculino singular ou plural e origina as formas *ao* ou *aos*, ocorre uma **combinação**.

» Quando uma preposição combina-se com outra palavra e sofre alguma modificação em sua constituição fonológica, ocorre uma **contração**.

» Temos a contração das preposições *de* e *em* com as formas singular e plural dos artigos e de alguns pronomes, originando as formas *do, da, dos, das, no, na, nos, nas, nele, nela, neles, nelas, num, numa, nuns, numas, disto, disso, daquilo, deste, desta, destes, destas, desse, dessa, desses, dessas, daquele, daquela, daqueles, daquelas,* etc.

» Da combinação da preposição *per* (forma arcaica da preposição *por*) com as formas do singular e do plural do artigo definido, temos as contrações *pelo, pela, pelos, pelas.*

» Quando a preposição *a* é associada a artigos ou pronomes iniciados pelo fonema /a/ (*a, as, aquele, aquela, aqueles, aquelas, aquilo*), ocorre a **crase**, que é um caso particular de contração.

» A **crase** é a fusão de dois fonemas vocálicos idênticos em um só, como em *Irei sozinha **à** casa da vovó.*

A preposição e as relações de sentido

» Além de estabelecer conexão entre termos, as preposições traduzem **noções fundamentais** para a compreensão dos enunciados e para a construção das relações de sentido tanto no período como no texto.

Veja, a seguir, as noções frequentemente indicadas por algumas preposições.

Preposições	Noções de sentido
a	*Nunca fui **a** Ribeirão Preto.* (lugar) *Adoro filé **à** (preposição a + artigo a) milanesa.* (modo)

Preposições	Noções de sentido
até	*O filme ficará em cartaz **até** quinta.* (tempo) *Investiremos **até** a verba acabar.* (limite)
com	*Vou ao cinema **com** minha filha.* (companhia) *Ele entrou **com** medo.* (modo)
de	*O acervo **de** Carlos é fantástico.* (posse) *Adoro fazer castelos **de** areia.* (especificação de matéria)
em	*Naquele tempo, eu morava **em** Salvador.* (lugar) *A sessão começará **em** quinze minutos.* (tempo)
para	*Leia **para** não enferrujar.* (finalidade) *Vou **para** a Europa em dezembro.* (movimento em direção a)
por	*A excursão passará **por** Curitiba.* (lugar) *Estou trabalhando **por** um futuro melhor!* (finalidade)
sem	*A cerimônia não pode ocorrer **sem** os padrinhos.* (ausência) *Estou **sem** dinheiro no momento.* (privação)
sobre	*Sei tudo **sobre** futebol!* (assunto) *Seus óculos estão **sobre** a estante.* (posição de superioridade com relação a determinado lugar no espaço)

» Embora seja possível identificar alguns sentidos básicos associados às preposições, o **contexto** em que são utilizadas é fundamental para a determinação do sentido específico que elas agregam ao enunciado.

Locuções prepositivas

» **Locuções prepositivas** são duas ou mais palavras que funcionam como preposições. Em uma locução prepositiva, a segunda palavra do conjunto é sempre uma **preposição essencial**.

» Funcionam como locuções prepositivas conjuntos de palavras como *acerca de, apesar de, a respeito de, de acordo com, graças a, para com, por causa de, abaixo de, por baixo de, embaixo de, adiante de, diante de, além de, antes de, acima de, em cima de, por cima de, ao lado de, dentro de, em frente a, a par de, em lugar de, em vez de, em redor de, perto de, por trás de, junto a, junto de, por entre,* etc.

Conjunção: definição e classificação

» **Conjunções** são palavras invariáveis que conectam orações, estabelecendo entre elas uma relação de subordinação (dependência) ou de simples coordenação.

> Além de relacionar orações, subordinando-as ou coordenando-as, algumas conjunções também podem **vincular termos semelhantes**.
> Observe.

...vou votar no fulano porque ele é FAMOSO!

Disponível em: <http://adao.blog.uol.com.br/images/ homem-legenda-25-09.jpg>. Acesso em: 22 dez. 2010.

Na charge, o termo *transparente* é vinculado aos termos *impecável, sólida,* no interior do sintagma nominal, por meio da conjunção *e,* que indica uma adição: *impecável, sólida* e *transparente* são três características da trajetória do candidato.

Tipos de conjunção

> As conjunções são classificadas como **coordenativas** e **subordinativas**.
> Mais importante do que decorar a lista das conjunções associadas a cada uma dessas classificações é identificar as relações **semânticas** (ou de sentido) e **sintáticas** (de coordenação ou independência; de subordinação ou dependência) entre as orações.

As conjunções coordenativas

> As conjunções que simplesmente coordenam orações, sem que entre elas se estabeleça uma relação de dependência sintática, são consideradas **coordenativas**.
> • **Aditivas** (exprimem relação de soma, de adição): *e, nem, não só... mas também.* Exemplo: *Comia e tomava café.*
> • **Adversativas** (exprimem relação de contraste, de oposição): *mas, porém, todavia, contudo, no entanto, não obstante.* Exemplo: *Gostaria de ver o jogo,* **mas** *preciso estudar.*
> • **Alternativas** (exprimem relação de alternância, de exclusão): *ora, quer, seja, nem.* Exemplo: *Ela* **nem** *estudava,* **nem** *trabalhava.*
> • **Conclusivas** (exprimem relação de conclusão): *logo, pois* (posposto ao verbo), *portanto, por conseguinte, por isso, assim.* Exemplo: *Estou sem minha carteira,* **portanto** *não posso comprar esses livros.*
> • **Explicativas** (exprimem relação de explicação): *pois* (anteposto ao verbo), *que, porque, porquanto.* Exemplo: *Não vou à festa* **porque** *não tenho par.*

As conjunções subordinativas

> As conjunções que, ao ligarem duas orações, estabelecem uma relação de dependência sintática entre elas, de tal maneira que uma das orações determina ou completa o sentido da outra, são consideradas **subordinativas**.
> • **Causais** (exprimem relação de causa): *porque, pois, porquanto, como* (= *porque*), *pois que, visto que, visto como, por isso que, já que, uma vez que, que.* Exemplo: *Já que ficarei em casa, aproveitarei para lavar o carro.*
> • **Concessivas** (exprimem relação de concessão): *embora, conquanto, ainda que, se bem que, mesmo que, posto que, bem que, por mais que, por menos que, apesar de, apesar de que, nem que.* Exemplo: *Embora eu adore chocolate, hoje ficarei sem sobremesa.*
> • **Condicionais** (exprimem relação de condição): *se, caso, contanto que, salvo se, sem que* (= *senão*), *desde que, a menos que, a não ser que.* Exemplo: *Se você contar a verdade, poderá sair do castigo.*
> • **Conformativas** (exprimem relação de conformidade): *conforme, consoante, segundo, como.* Exemplo: *Ela partiu,* **como** *eu temia.*
> • **Comparativas** (exprimem relação de comparação): *que, mais/menos/maior/menor/melhor/pior... do que, tal... qual, tanto... quanto, como, assim como, bem como, como se, que nem.* Exemplo: *Ir à academia é* **pior do que** *fazer dieta!*
> • **Consecutivas** (exprimem relação de consequência): *tal/tanto/tão/tamanho... que, de forma que, de maneira que, de modo que, de sorte que.* Exemplo: *Ele foi tão gentil* **que** *acabei me apaixonando.*
> • **Finais** (exprimem relação de finalidade): *para que, a fim de que, porque* (= *para que*). Exemplo: *Juntem-se mais, para* **que** *todos caibam na foto.*
> • **Proporcionais** (exprimem relação de proporcionalidade): *à medida que, à proporção que, ao passo que, quanto mais... mais/menos, quanto menos... mais/menos.* Exemplo: *À medida que o tempo passava, Márcia ficava mais bonita.*
> • **Temporais** (exprimem relação de tempo): *quando, antes que, depois que, até que, logo que, sempre que, assim que, desde que, todas as vezes que, cada vez que, apenas, mal, que* (= *desde que*). Exemplo: *Assim que cheguei, percebi a troca.*
> • **Integrantes** (ligam à oração principal as orações subordinadas substantivas, que exercem funções próprias dos substantivos (sujeito, objeto direto, objeto indireto, predicativo, complemento nominal e aposto): *que, se.* Exemplo: *Todos sabem* **que** *eu te amo.*

Locuções conjuntivas

> **Locuções conjuntivas** são duas ou mais palavras que conectam orações, estabelecendo entre elas uma relação de subordinação (dependência) ou de simples coordenação.
> As locuções conjuntivas são geralmente formadas por **advérbios, preposições** e **particípios** seguidos da conjunção *que.* São exemplos de locuções conjuntivas: *já que,* **desde** *que,* **uma vez** *que,* **ainda** *que,* **por mais** *que,* **sem** *que,* **posto** *que,* **visto** *que,* etc.
> As locuções conjuntivas são classificadas segundo os mesmos critérios de classificação das conjunções.

Enem e vestibulares

1. **(Enem-Inep)** A crônica muitas vezes constitui um espaço para reflexão sobre aspectos da sociedade em que vivemos.

> Eu, na rua, com pressa, e o menino segurou no meu braço, falou qualquer coisa que não entendi. Fui logo dizendo que não tinha, certa de que ele estava pedindo dinheiro. Não estava. Queria saber a hora.
>
> Talvez não fosse um Menino De Família, mas também não era um Menino De Rua. É assim que a gente divide. Menino De Família é aquele bem-vestido com tênis da moda e camiseta de marca, que usa relógio e a mãe dá outro se o dele for roubado por um Menino De Rua. Menino De Rua é aquele que quando a gente passa perto segura a bolsa com força porque pensa que ele é pivete, trombadinha, ladrão. [...]
>
> Na verdade não existem meninos De rua. Existem meninos NA rua. E toda vez que um menino está NA rua é porque alguém o botou lá. Os meninos não vão sozinhos aos lugares. Assim como são postos no mundo, durante muitos anos também são postos onde quer que estejam. Resta ver quem os põe na rua. E por quê.

> COLASANTI, Marina. *Eu sei, mas não devia.* Rio de Janeiro: Rocco, 1999.

No terceiro parágrafo em "não existem meninos *De* rua. Existem meninos *NA* rua.", a troca de *De* pelo *NA* determina que a relação de sentido entre *menino* e *rua* seja

a) de localização e não de qualidade.

b) de origem e não de posse.

c) de origem e não de localização.

d) de qualidade e não de origem.

e) de posse e não de localização.

2. **(Fuvest – adaptada)**

> Belo Horizonte, 28 de julho de 1942.
>
> Meu caro Mário,
>
> Estou te escrevendo rapidamente, se bem que haja muitíssima coisa que eu quero te falar (a respeito da Conferência, que acabei de ler agora). Vem-me uma vontade imensa de desabafar com você tudo o que ela me fez sentir. Mas é longo, não tenho o direito de tomar seu tempo e te chatear.

> Fernando Sabino.

No texto, o conectivo "se bem que" estabelece relação de

a) conformidade.

b) condição.

c) concessão.

d) alternância.

e) consequência.

3. **(Unifesp)** Considere o trecho da música:

> Não trabalho na sexta, que é dia de azar
> Sábado é fim de semana
> Tenho que descansar.

Sobre a ocorrência da palavra *que*, é correto afirmar que ela

a) poderia ser substituída, no primeiro caso, por *no qual*, e por *qual*, no segundo.

b) tem valor de conclusão nos dois casos, podendo ser substituída por *então*.

c) poderia ser substituída por *quando* no primeiro caso e por *logo que*, no segundo.

d) tem valor causal no primeiro caso e equivale a *no entanto*, no segundo.

e) tem valor explicativo no primeiro caso e equivale à preposição *de*, no segundo.

4. **(Enem-Inep)**

Cidade grande

> Que beleza, Montes Claros.
> Como cresceu Montes Claros.
> Quanta indústria em Montes Claros.
> Montes Claros cresceu tanto,
> ficou urbe tão notória,
> prima-rica do Rio de Janeiro,
> que já tem cinco favelas
> por enquanto, e mais promete.

> Carlos Drummond de Andrade.

No trecho "Montes Claros cresceu tanto, [...] que já tem cinco favelas", a palavra *que* contribui para estabelecer uma relação de consequência. Dos seguintes versos, todos de Carlos Drummond de Andrade, apresentam esse mesmo tipo de relação:

a) "Meu Deus, por que me abandonaste / se sabias que eu não era Deus / se sabias que eu era fraco."

b) "No meio-dia branco de luz uma voz que aprendeu / a ninar nos longes da senzala – e nunca se esqueceu / chamava para o café."

c) "Teus ombros suportam o mundo / e ele não pesa mais que a mão de uma criança."

d) "A ausência é um estar em mim. / E sinto-a, branca, tão pegada, aconchegada nos meus braços, / que rio e danço e invento exclamações alegres."

e) "Penetra surdamente no reino das palavras. / Lá estão os poemas que esperam ser escritos."

5. **(Fuvest-SP)** Leia com atenção as seguintes frases, extraídas do termo de garantia de um produto para emagrecimento:

I – Esta garantia ficará automaticamente cancelada <u>se o produto não for corretamente utilizado</u>.

II – Não se aceitará a devolução do produto <u>caso ele contenha menos de 60% de seu conteúdo</u>.

III – As despesas de transporte ou quaisquer ônus decorrente do envio do produto para troca corre por conta do usuário.

a) Reescreva os trechos sublinhados nas frases I e II, substituindo as conjunções que os iniciam por outras equivalentes e fazendo as alterações necessárias.

_____

_____

_____

_____

b) Reescreva a frase III, fazendo as correções necessárias.

_____

_____

_____

_____

_____

6. (Uespi) Analise o trecho: "o Brasil não conseguiu beneficiar-se de modo significativo com a globalização, uma vez que seu setor exportador continua muito pequeno".

O sentido desse trecho mantém-se em:

a) O Brasil não conseguiu beneficiar-se de modo significativo com a globalização, ainda que seu setor exportador continue muito pequeno.

b) O Brasil não conseguiu beneficiar-se de modo significativo com a globalização, pois seu setor exportador continua muito pequeno.

c) O Brasil não conseguiu beneficiar-se de modo significativo com a globalização; mas seu setor exportador continua muito pequeno.

d) O Brasil não conseguiu beneficiar-se de modo significativo com a globalização, desde que seu setor exportador continua muito pequeno.

e) O Brasil não conseguiu beneficiar-se de modo significativo com a globalização, a fim de que seu setor exportador continue muito pequeno.

7. (Fuvest – adaptada)

Preciso que um barco atravesse o mar

lá longe

para sair dessa cadeira

para esquecer esse computador

e ter olhos de sal

boca de peixe

e o vento frio batendo nas escamas.

[...]

Marina Colasanti, *Gargantas abertas*.

Gosto e preciso de ti

Mas quero logo explicar

Não gosto porque preciso

Preciso sim, por gostar.

Mário Lago. Disponível em:
<http://www.encantosepaixoes.com.br>.

Nos poemas acima, as preposições *para* e *por* estabelecem o mesmo tipo de relação de sentido? Justifique sua resposta.

_____

_____

_____

8. (Uerj – adaptada) Leia o texto para responder à questão.

LIRA VIII

Marília, de que te queixas?

De que te roubou Dirceu

O sincero coração?

Não te deu também o seu?

E tu, Marília, primeiro

Não lhe lançaste o grilhão?

    Todos amam: só Marília

    Desta Lei da Natureza

    Queria ter isenção?

Em torno das castas pombas,

Não rulam ternos pombinhos?

E rulam, Marília, em vão?

Não se afagam c'os biquinhos?

E a prova de mais ternura

Não os arrasta a paixão?

    Todos amam: só Marília

    Desta Lei da Natureza

    Queria ter isenção?

Já viste, minha Marília,

Avezinhas, que não façam

Os seus ninhos no verão?

Aquelas, com quem se enlaçam,

Não vão cantar-lhes defronte

Do mole pouso, em que estão?

    Todos amam: só Marília

    Desta Lei da Natureza

    Queria ter isenção?

Se os peixes, Marília, geram

Nos bravos mares, e rios,

Tudo efeitos de Amor são.

Amam os brutos ímpios,

A serpente venenosa,

A onça, o tigre, o leão.

    Todos amam: só Marília

    Desta Lei da Natureza

    Queria ter isenção?

As grandes Deusas do Céu

Sentem a seta tirana

Da amorosa inclinação.

Diana, com ser Diana,

Não se abrasa, não suspira

Pelo amor de Endimião?

    Todos amam: só Marília

    Desta Lei da Natureza

    Queria ter isenção?

Desiste, Marília bela,

De uma queixa sustentada

Só na altiva opinião.

Esta chama é inspirada

Pelo Céu; pois nela assenta

A nossa conservação.

    Todos amam: só Marília

    Desta Lei da Natureza

    Queria ter isenção?

GONZAGA, Tomás Antônio.
Marília de Dirceu. Rio de Janeiro: Ediouro, 1997.

Ímpios: aqueles que não têm piedade.

O sentido de um texto deve muito às relações expressas pelas unidades gramaticais, como as preposições e as desinências verbais de número e pessoa.

a) Nos versos "Não se afagam c'os biquinhos?" (v. 13) e "Diana, com ser Diana," (v. 40), a mesma preposição *com* exprime relações adverbiais distintas. Indique a relação de sentido que essa preposição exprime em cada verso citado.

b) As formas verbais "roubou" (v. 2) e "são" (v. 30) se apresentam respectivamente na terceira pessoa do singular e do plural. Justifique, com base no texto, essa diferença sintática.

9. (Enem-Inep)

Os filhos de Ana eram bons, uma coisa verdadeira e sumarenta. Cresciam, tomavam banho, exigiam para si, malcriados, instantes cada vez mais completos. A cozinha era enfim espaçosa, o fogão enguiçado dava estouros. O calor era forte no apartamento que estavam aos poucos pagando. **Mas** o vento batendo nas cortinas que ela mesma cortara lembrava-lhe que se quisesse podia parar e enxugar a testa, olhando o calmo horizonte. Como um lavrador. Ela plantara as sementes que tinha na mão, não outras, **mas** essas apenas.

LISPECTOR, Clarice. *Laços de família*.
Rio de Janeiro: Rocco, 1998.

A autora emprega por duas vezes o conectivo *mas* no fragmento apresentado. Observando aspectos da organização, estruturação e funcionalidade dos elementos que articulam o texto, o conectivo *mas*

a) expressa o mesmo conteúdo nas duas situações em que aparece no texto.

b) quebra a fluidez do texto e prejudica a compreensão, se usado no início da frase.

c) ocupa posição fixa, sendo inadequado seu uso na abertura da frase.

d) contém uma ideia de sequência temporal que direciona a conclusão do leitor.

e) assume funções discursivas distintas nos dois contextos de uso.

10. (Enem-Inep)

O Flamengo começou a partida no ataque, **enquanto** o Botafogo procurava fazer uma forte marcação no meio campo e tentar lançamentos para Victor Simões, isolado entre os zagueiros rubro-negros. **Mesmo** com mais posse de bola, o time dirigido por Cuca tinha grande dificuldade de chegar à área alvinegra **por causa do** bloqueio montado pelo Botafogo na frente da sua área.

No entanto, na primeira chance rubro-negra, saiu o gol. **Após** cruzamento da direita de Ibson, a zaga alvinegra rebateu a bola de cabeça para o meio da área. Kléberson apareceu na jogada e cabeceou por cima do goleiro Renan. Ronaldo Angelim apareceu nas costas da defesa e empurrou para o fundo da rede quase que em cima da linha: Flamengo 1 a 0.

Disponível em:
<http://momentodofutebol.
blogspot.com>. (Adaptado).

O texto, que narra uma parte do jogo final do Campeonato Carioca de Futebol, realizado em 2009, contém **vários conectivos**, sendo que

a) **após** é conectivo de causa, já que apresenta o motivo de a zaga alvinegra ter rebatido a bola de cabeça.

b) **enquanto** tem um significado alternativo, porque conecta duas opções possíveis para serem aplicadas no jogo.

c) **no entanto** tem significado de tempo, porque ordena os fatos observados no jogo em ordem cronológica de ocorrência.

d) mesmo traz ideia de concessão, já que "com mais posse de bola", ter dificuldade não é algo naturalmente esperado.

e) por causa de indica consequência, porque as tentativas de ataque do Flamengo motivaram o Botafogo a fazer um bloqueio.

11. (Pasusp)

O que é literatura? é uma pergunta complicada justamente porque tem várias respostas. E não se trata de respostas que vão se aproximando cada vez mais de uma grande verdade, da verdade-verdadeira. Cada tempo e, dentro de cada tempo, cada grupo social tem sua resposta, sua definição.

Afinal, pensadores, escritores, artistas e demais envolvidos em teorias e práticas de literatura discutem, escrevem, polemizam (antigamente às vezes até duelavam!) e modulam conceitos de literatura que correspondem ao contexto de produção de seu tempo, aos horizontes dos leitores, às práticas de leitura em vigor. Por isso parecem explicar de forma convincente o que é literatura. Mas só temporariamente.

Quando surgem novos tipos de poemas, de romances e de contos e outras multidões de leitores entram em cena, aquela livralhada toda passa a ser lida de forma diferente. Os novos leitores piscam os olhos e limpam os óculos, engatam novas discussões, formulam novas teorias, propõem novos conceitos até que a poeira assenta para, de novo, levantar-se em nuvem tempos depois.

Ou seja, há relação profunda entre as obras escritas num período – e que, portanto, são a literatura desse período – e a resposta que esse período dá à questão o que é literatura?

Marisa Lajolo. *Literatura*: leitores & leitura. (Adaptado).

No trecho <u>Por isso</u> parecem explicar de forma convincente o que é literatura. <u>Mas</u> só temporariamente, as expressões grifadas introduzem, respectivamente, ideias de

a) condição e tempo.
b) causa e contraposição.
c) conclusão e comparação.
d) finalidade e dúvida.
e) consequência e modo.

12. (UFJF-MG – adaptada)

Texto 1

O governo deveria estar preocupado em oferecer um ensino básico de qualidade [...]. **E** não precisaríamos desse sistema vexatório de cotas, porque os negros teriam reais condições de disputar uma vaga na universidade.

Texto 2

É preciso encarar a utópica democracia racial brasileira **e** indicar ações concretas.

a) A relação sintático-semântica estabelecida pelo conector **e** nos dois contextos destacados é a mesma? Explique.

_____

_____

_____

_____

_____

b) Sugira um conector que possa substituir **e** no exemplo selecionado do Texto 1 ("E não precisaríamos...").

_____

_____

_____

13. (FGV-SP) Analise os períodos:

I. Em duas semanas, trilhões de dólares evaporaram dos mercados de ações, *sem que* houvesse um ataque terrorista...

II. Um pânico de origem incerta e difusa dominou os agentes financeiros. Bancos europeus e americanos subitamente cortaram o crédito a empresas...

a) Mantendo os sentidos propostos no texto, reescreva o trecho I, substituindo a conjunção em destaque e fazendo as devidas adaptações.

_____

_____

_____

_____

b) Mantendo os sentidos propostos no texto, reescreva o trecho II, unindo as orações por meio de uma conjunção e iniciando o período pela segunda oração.

_____

_____

_____

_____

_____

_____

Introdução ao estudo da sintaxe

Por meio da sintaxe, organizamos os enunciados da língua.

Estruturas, relações e funções

❯ **Sintaxe** é o conjunto das regras que determinam as diferentes possibilidades de combinação das palavras da língua para a formação de enunciados.

❯ **Enunciado** é tudo aquilo que é dito ou escrito e está sempre associado ao contexto em que é produzido.

❯ A sintaxe organiza a **estrutura** das unidades linguísticas (sintagmas) que se combinarão em sentenças de forma a produzir enunciados compreensíveis.

O quadro abaixo mostra como são possíveis diversas organizações das palavras, preservando o sentido do enunciado.

Amanhã	Joana	usará	o	vestido	azul	na	festa
Amanhã	usará	Joana	o	vestido	azul	na	festa
Joana	usará	amanhã	o	vestido	azul	na	festa
Joana	usará	o	vestido	azul	amanhã	na	festa
Joana	usará	o	vestido	azul	na	festa	amanhã
Joana	usará	na	festa	o	vestido	azul	amanhã
Amanhã	na	festa	Joana	usará	o	vestido	azul

Relações e funções sintáticas

❯ Os enunciados da língua constituem **unidades linguísticas** que possuem uma estrutura sintática, ou seja, que refletem uma organização específica prevista pela língua.

❯ As **relações sintáticas** estabelecidas entre as palavras definem as estruturas possíveis na sintaxe das línguas. As noções de estrutura e de relação estão, portanto, intimamente relacionadas.

Observe.

Relações sintáticas

o vestido azul: completa
o sentido de *usar*

| Cláudia | usará | o | vestido | azul. |

Cláudia: agente da ação expressa
pelo verbo *usar*

azul: especifica o vestido
que será usado

❯ Os elementos de um enunciado só podem estabelecer alguma relação sintática porque desempenham uma **função sintática** específica nas estruturas das quais fazem parte e no interior das quais entram em relação.

Observe.

Funções sintáticas

usará o vestido azul: predicado verbal do sujeito *Cláudia*   *o vestido azul*: objeto direto de *usar*

Cláudia: sujeito do verbo *usar*   *o* e *azul*: adjuntos adnominais do objeto direto

Os enunciados da língua

A frase

❯ **Frase** é um enunciado linguístico, constituído por uma ou por várias palavras, que traduz um sentido completo em uma situação de comunicação.

❯ As frases podem ser classificadas de acordo com a entoação com que elas são enunciadas.
- **Frases interrogativas**: *Quem é aquela mulher?*
- **Frases exclamativas**: *Que nojo!*
- **Frases declarativas**: *Amanhã, não irei ao colégio.*
- **Frases imperativas**: *Terminem o serviço!*

A oração

❯ **Oração** é um enunciado linguístico que apresenta uma estrutura caracterizada sintaticamente pela presença obrigatória de um predicado. O predicado é introduzido, na língua, por um **verbo**.

❯ A oração apresenta, na maioria dos casos, um **sujeito** e vários **outros termos** (essenciais, integrantes ou acessórios).

Exemplos:

Marchem!

Vi um filme sensacional no cineclube.

Os vestidos eram extremamente caros.

Fico triste aos domingos.

... que o amor triunfe.

O período

❯ **Período** é um enunciado de sentido completo constituído por uma ou mais orações.

❯ O início e o fim do período são marcados, na fala, pelo uso de uma **entoação característica** e, na escrita, pelo uso de uma **pontuação específica**, que delimitam sua extensão.

Exemplos:

Andem!

Hoje é o dia mais feliz da minha vida.

Por que você não chama a vizinha para o jantar?

Gostaria de saber quando você irá voltar.

Costumava acordar tarde, mas tive de mudar minha rotina depois que o bebê chegou.

❯ **Períodos simples** são aqueles constituídos por uma só oração. Nesse caso, a oração é denominada **absoluta**.

Exemplo:

Hoje é o dia mais feliz da minha vida.

❯ **Períodos compostos** são aqueles que apresentam mais de uma oração.

Exemplo:

Costumava acordar tarde, mas tive de mudar minha rotina depois que o bebê chegou.

Enem e vestibulares

(Unifor-CE – adaptada) As questões 1 e 2 baseiam-se no texto apresentado abaixo.

....

Do ponto de vista de quem está abaixo da linha do Equador, a globalização é um fenômeno complexo. Dez anos depois de sua disparada como modelo quase único de organização das sociedades e da economia, a sensação é de que se frustraram as promessas de crescimento rápido e indolor dos países em desenvolvimento. Claramente, os vitoriosos da globalização foram os desenvolvidos, cuja poupança e cujo preparo tecnológico fizeram deles privilegiados destinatários da riqueza produzida no mundo. Para os demais países, a lição aprendida é que, sem muita briga, sua parte no bolo da prosperidade mundial não será conquistada. "Nossa credencial mais legítima no cenário mundial é a estabilidade econômica, mas ela não nos garante muito mais que uma boa acolhida", diz Mario Marconini, diretor executivo do Centro Brasileiro de Relações Internacionais. Para conquistar essa credencial, a sociedade brasileira submeteu-se nos últimos anos a duro regime de austeridade. O resultado foi que em uma década a taxa de desemprego mais que dobrou. A riqueza nacional, medida pelo PIB, cresceu 8% numa década, um desempenho pífio. É ingênuo afirmar que resultados tão pobres devem ser imputados à submissão do Brasil aos ditames da globalização. Caso o país tivesse simplesmente virado as costas ou tivesse sido esquecido pelo mundo, os números poderiam ser ainda mais assustadores.

Dez anos depois, a experiência globalizada sinaliza aos países que não existe uma receita simples de sucesso na nova ordem. Graças à aceitação das regras da economia de mercado, ao menos na parte moderna de sua produção, a China cresceu 199% no decorrer da última década. A Argentina seguiu a mesma receita e encontrou o caos no fim da linha. Seu PIB quase dobrou no mesmo período, mas o desemprego triplicou, chegando a quase 30% da população só na capital. A Argentina se tornou um pária da comunidade financeira internacional, mesmo tendo seguido quase todo o receituário neoliberal.

Veja. São Paulo: Abril. p. 104-105, 29 maio 2002. (Adaptado).

....

1. O texto aponta para uma relação de causa e efeito entre:

a) aceitação de um modelo único de organização econômica e estabilidade econômica nos países em desenvolvimento.

b) estabilidade econômica nos países em desenvolvimento e os privilégios dos países mais desenvolvidos.

c) promessas de crescimento em países mais pobres e poupança e tecnologia nos países mais ricos.

d) crescimento extraordinário da economia chinesa e aceitação das regras do mercado.

e) aumento em dobro do PIB e o triplo da taxa de desemprego na Argentina.

2. "... que não existe uma receita simples de sucesso na nova ordem." (início do segundo parágrafo).

A frase retoma o que é dito no texto em:

a) a globalização é um fenômeno complexo.

b) os vitoriosos da globalização foram os desenvolvidos.

c) sua parte no bolo da prosperidade mundial não será conquistada.

d) nossa credencial mais legítima [...] é a estabilidade econômica.

e) a riqueza nacional [...] cresceu 8% numa década.

3. (Unicamp-SP) Trechos que parecem estranhos quando são considerados isoladamente tornam-se compreensíveis num contexto apropriado. É o caso do penúltimo parágrafo do trecho a seguir:

....

O mais antigo caso de torcicolo do mundo foi diagnosticado numa múmia egípcia em Birmingham (Reino Unido).

Um curador do museu local descobriu que uma múmia doada no século 19 tinha o pescoço levemente torto.

Exames de raios X feitos no Hospital da Cidade de Birmingham revelaram que o crânio da múmia estava levemente torcido para a direita. As chapas também mostraram uma possível causa para a torção. Uma ponta de seta está alojada no lado direito do pescoço abaixo do crânio.

Segundo Ahmes Pahor, médico do hospital, o egípcio, com cerca de 30 anos, foi alvejado à queima-roupa. O ferimento causou uma infecção e provocou um espasmo nos músculos do pescoço — o chamado torcicolo.

O especialista afirma que o homem pode ter vivido dias antes de morrer.

Por causa do enrijecimento do corpo, o embalsamador foi incapaz de endireitar o pescoço ao mumificar o cadáver.

Folha de S.Paulo. Raios X revelam o torcicolo mais antigo.

....

a) Aponte uma leitura possível em que o penúltimo parágrafo, considerado fora de seu contexto, faz uma afirmação óbvia.

_____

_____

b) Aponte outra leitura possível para o mesmo parágrafo, que contradiz a informação de que o egípcio viveu cerca de 30 anos.

_____

_____

_____

c) Reescreva o parágrafo em questão de modo a impedir as leituras indesejáveis, expressando a ideia que o especialista quis realmente transmitir.

_____

_____

_____

_____

_____

_____

4. (Unicamp-SP) Ao ler o texto abaixo, alguns leitores podem ter a impressão de que o verbo *achar* está flexionado equivocadamente.

Era do terror

Assessores de Itamar filosofam que governo justo é aquele que entra do lado do mais fraco. Como consideram a inflação resultado de conflito na distribuição de renda, apregoam cadeia para quem acham que "abusa nos preços".

Folha de S.Paulo. Painel.

a) A quem o jornal atribui a opinião de que quem **abusa** nos preços deve ir para a cadeia?

_____

_____

_____

_____

_____

b) Do ponto de vista sintático, o que produz a sensação de que há um erro de concordância?

_____

_____

_____

_____

_____

_____

c) Explique por que não há erro algum.

_____

_____

_____

_____

_____

5. (UFPE-PE – adaptada) Leia o balão a seguir.

PARA MUITO DE
PRECISO TEMPO
ESTUDAR

...

A análise da estrutura presente no balão acima nos leva a concluir que:

1) nossa língua tem a vantagem de nos permitir absoluta liberdade no arranjo que fazemos das palavras para expressar o que queremos dizer.

2) para que nossos enunciados sejam compreendidos, devemos seguir uma certa ordem na colocação dos termos que selecionamos.

3) a total flexibilidade na ordenação das palavras constitui uma das peculiaridades da língua portuguesa falada no Brasil.

4) em língua portuguesa, frases inteligíveis são aquelas que obedecem rigorosamente a regras de colocação fixas e imutáveis.

Está(ão) corretas:

a) 2 apenas.

b) 1 e 2 apenas.

c) 1 e 3 apenas.

d) 3 e 4 apenas.

e) 1, 2, 3 e 4.

6. (Mackenzie-SP)

De leve

Feminista sábado domingo segunda terça quarta quinta
e na sexta lobiswoman

Ledusha

Considere os seguintes traços estilísticos:

I. Forma sintética associada a uma sintaxe que privilegia a frase nominal.

II. Aproveitamento de linguagem popular e de trocadilho.

III. Temática social tratada de forma irreverente.

Assinale:

a) se apenas I estiver presente no texto.

b) se apenas II estiver presente no texto.

c) se apenas III estiver presente no texto.

d) se apenas II e III estiverem presentes no texto.

e) se I, II e III estiverem presentes no texto.

7. **(Unicamp-SP)** Em matemática, o conceito de dízima periódica faz referência à representação decimal de um número no qual um conjunto de um ou mais algarismos se repete indefinidamente.

No texto a seguir, o autor compara determinada estrutura linguística a uma dízima periódica:

....

(...) acabaremos prisioneiros do rapto político sutilíssimo que permite, com toda força do poder legítimo, o regime do plebiscito eletrônico. Ou seja, a do povo que quer o que quer o príncipe que quer o que quer o povo. Nosso risco histórico é que esta sentença se pode repetir ao infinito, como dízima periódica e não como a conta certa da democracia que merecemos, afinal, sem retórica, nem os deslumbramentos com que nos sature o príncipe Valente.

> ALMEIDA, Cândido Mendes de. O príncipe,
> o espelho e o povo. In: *Folha de S.Paulo*.

....

a) Transcreva o trecho que pode ser expandido como uma dízima periódica.

_____

_____

_____

_____

b) Imagine que o autor quisesse demonstrar a possibilidade dessa repetição infinita. Nesse caso, deveria expandir o trecho em questão. Faça essa expansão avançando o equivalente a três algarismos de uma dízima.

_____

_____

_____

_____

c) Identifique, no trecho, a palavra (operador linguístico) que torna possível a existência, na língua, de construções sintáticas repetitivas semelhantes a dízimas periódicas.

_____

_____

_____

_____

_____

_____

_____

_____

8. **(ITA-SP)** A frase abaixo foi dita por uma atriz como um lamento à insistência dos jornalistas em vasculharem sua vida pessoal:

....

É muito triste você não poder sair para jantar com um amigo sem ser perseguida por ninguém.

....

Da forma como a frase foi registrada, o sentido produzido é o contrário ao supostamente pretendido pela atriz. Assinale a opção em que há a identificação do(s) elemento(s) que causa(m) tal mal-entendido.

a) adjetivo (triste)

b) preposições (para; com; por)

c) advérbio de intensidade (muito)

d) locuções verbais (poder sair; ser perseguida)

e) negação (não; sem; ninguém)

Sintaxe do período simples

A estrutura do período simples pode ser analisada a partir da identificação da função específica desempenhada pelos termos que o constituem.

Termos essenciais

❯ Os **termos essenciais** são o **sujeito** e o **predicado**, responsáveis pela estrutura básica da oração. A maioria das orações apresenta um sujeito e um predicado. Podem ocorrer orações sem sujeito, mas não sem predicado.

O estudo do sujeito

❯ **Sujeito** é o termo com o qual o verbo da oração concorda em número (singular ou plural) e pessoa (1ª, 2ª e 3ª).

❯ Em muitos casos, o sujeito da oração corresponde ao **agente da ação** expressa pelo verbo. Mas há orações em que isso não acontece.
Observe.

João está calado.
O verbo *estar* não expressa ação. O sujeito (*João*), portanto, não pode ser identificado como agente.

A menina foi derrubada pelo cachorro.
A ação verbal (*derrubar*) é praticada pelo *cachorro*. O sujeito (*a menina*) sofre tal ação. Nesse caso, ele é paciente da ação verbal.

Meu time apanhou do time da rua de baixo.
O conteúdo semântico do verbo *apanhar*, nesse contexto, faz com que o sujeito (*meu time*) sofra a ação praticada pelo *time da rua de baixo*.

As flores para o arranjo compro eu.
Quando o sujeito não aparece antes do verbo, o modo mais seguro para identificá-lo é encontrar o termo que determina a concordância verbal. No caso, a forma verbal *compro*.

Tipos de sujeito

❯ Os sujeitos das orações podem ser **simples** ou **compostos**, **determinados** ou **indeterminados**.

❯ Uma noção importante para a análise dos diferentes tipos de sujeito é a de **núcleo** de um sintagma.
Observe o exemplo.

*O **hambúrguer** de picanha daquela lanchonete é uma delícia.*

O hambúrguer de picanha daquela lanchonete é o sujeito da oração. **Hambúrguer** é o núcleo do sintagma nominal sujeito. *O, de picanha* e *daquela lanchonete* são termos que modificam o **núcleo** do sujeito, especificando seu sentido.

Sujeito simples

❯ Apresenta um único núcleo: ***Maria** aprendeu o alfabeto.*

Sujeito composto

❯ Apresenta mais de um núcleo: ***Pai** e **filho** torcem pelo Vasco da Gama.*

Sujeito oculto ou elíptico

❯ Embora não explicitado na oração, pode ser identificado pela flexão de número-pessoa do verbo, ou por sua presença em alguma oração antecedente.
Veja.

*Chamava-se Pedro, **tinha** 16 anos e **queria** ser jogador de futebol. Gostava de jogar bola no campinho perto de sua casa.*

Embora não esteja explícito, sabemos que o sujeito dos verbos destacados é *Pedro* (ou *ele*).

Sujeito determinado

❯ Vem expresso na oração ou pode ser identificado pelo verbo ou pelo contexto do enunciado: *Joaquim é dentista. **Trabalha** de segunda a sexta. **Fica** na sala 5.*

❯ Pode ser constituído por **pronomes indefinidos**, pois essas palavras, apesar de apresentarem indefinição semântica, estão explícitas na oração: ***Alguém** entrou na casa. **Ninguém** come isso cru!*

Sujeito indeterminado

❯ Ocorre quando não é possível identificar um referente explícito na oração (ou no contexto do enunciado) para a flexão verbal.

❯ Pode ser caracterizado por **verbo transitivo direto** flexionado na 3ª pessoa do plural: ***Encontraram** minha carteira.*

❯ Também pode ser caracterizado por **verbo transitivo indireto**, **verbo intransitivo** ou **verbo de ligação** flexionado na 3ª pessoa do singular + pronome se: ***Necessita-se** de doações. **Vive**-se muito no Japão. No Natal, **fica**-se alegre.*

Oração sem sujeito

❯ Apresenta **verbo impessoal**, ou seja, que não se refere a uma pessoa do discurso e, portanto, não admite sujeito. Também se diz, nesse caso, que o sujeito é **inexistente**.

❯ Alguns **contextos semânticos específicos** criam condições para que determinados verbos sejam utilizados de modo impessoal.

 • Verbos que indicam fenômenos da natureza. Exemplos: *chover, nevar, trovejar, anoitecer, amanhecer*, etc.: ***Nevou** em Santa Catarina.*

 • Verbos *ser, estar, fazer* e *haver* relacionados a fenômenos da natureza ou a expressões temporais: ***Era** bastante tarde. **Está** frio aqui. **Faz** dez anos que não vejo meu amigo. **Há** dias que não chove na cidade.*

 • Verbo *haver* usado no sentido de "existir": ***Há** muitas pessoas descontentes na fábrica. **Houve** um tempo em que se era mais feliz.*

❱ Um caso particular de concordância verbal ocorre com o uso do verbo *ser* na indicação de uma hora precisa. Mesmo impessoal, ele deve concordar em número com a expressão temporal que o acompanha: *É uma da manhã.* **São** *três e meia da tarde.*

❱ *Atenção:* o verbo *existir* é pessoal, e a concordância deve ser feita com o sujeito a que ele se refere: **Existem** *muitas pessoas descontentes na fábrica.*

O estudo do predicado

❱ **Predicado** é o termo da oração que faz uma predicação, ou seja, uma afirmação sobre o sujeito: *Os surfistas* **lamentaram a falta de ondas.**

Transitividade verbal

❱ **Transitividade verbal** é o processo por meio do qual a ação do verbo se transmite a outros termos da oração, que atuam como seus complementos.

- Os verbos que necessitam de complemento são denominados **transitivos**.
- Os verbos que não necessitam de complemento são ditos **intransitivos**.
- Quando a relação entre o complemento e o verbo se dá de modo direto, sem o auxílio de preposições, o verbo é considerado **transitivo direto**.
- Quando a relação entre o verbo e seu complemento ocorre por meio de uma preposição, tal verbo é considerado **transitivo indireto**.
- Alguns verbos necessitam de complementos diretos e indiretos. São chamados de **bitransitivos** ou **transitivos diretos e indiretos**.

Tipos de predicado

❱ Tudo o que constitui as orações, exceto o sujeito e o vocativo, faz parte do **predicado**.

❱ O predicado deve conter necessariamente um **verbo**, mas seu núcleo pode ser um verbo, um nome, ou pode ser constituído de um verbo e de um nome.

❱ A classificação dos diferentes predicados é feita a partir do tipo de **núcleo** que apresentam.

- O **predicado verbal** apresenta um **verbo** como núcleo: *Mariana* **adora** *doce.*
- O **predicado nominal** tem como núcleo uma **forma nominal** (substantivo, adjetivo, locução adjetiva) ou **pronominal**: *Mariana é* **inteligente.**

O **verbo** que ocorre no predicado nominal é sempre **de ligação**, e o termo que constitui o núcleo desse predicado denomina-se **predicativo do sujeito**.

- O **predicado verbo-nominal** apresenta **dois núcleos**: um **verbal** (verbo transitivo ou intransitivo, que expressa ação) e um **nominal** (substantivo, adjetivo, locução adjetiva) ou **pronominal**, que atua como predicativo do sujeito ou do objeto a que se refere: *João* **acha** *Mariana* **inteligente.**

Conteúdo digital Moderna PLUS
http://www.modernaplus.com.br
Animação: *Termos essenciais da oração.*

Termos integrantes

❱ Os **termos integrantes** têm a função de complementar o sentido de determinados verbos e nomes. São eles: o **objeto direto** e o **objeto indireto** (complementos verbais), o **complemento nominal** e o **agente da passiva**.

Complemento verbal

❱ É o termo da oração que **completa** ou **integra** o sentido dos **verbos transitivos**.

Objeto direto

❱ Integra o sentido dos **verbos transitivos diretos**. Vincula-se diretamente ao verbo, **sem preposição**: *Eu comprei uma bicicleta.*

❱ Há dois tipos de objeto direto que merecem menção especial: o **objeto direto pleonástico** e o **objeto direto preposicionado**.

- O **objeto direto pleonástico** aparece repetido, na forma de **pronome oblíquo**, na mesma oração: *Minha esposa, eu* **a** *amarei para sempre.*
- O **objeto direto preposicionado** liga-se ao verbo transitivo direto por meio de **preposição**: *Ele experimentou* **do** *próprio veneno.*

❱ Há **casos específicos** em que o verbo **transitivo direto recebe objeto direto preposicionado**.

- Quando o objeto direto vem expresso por **pronome pessoal tônico** (*mim, ti, si, ele, eles, ela, elas*): *Ela quis agradar a mim.*
- Quando o objeto direto é o **nome próprio** *Deus*: *Devemos amar e respeitar* **a Deus** *sobre todas as coisas.*
- Quando o objeto direto é **pronome substantivo demonstrativo, indefinido** ou **interrogativo**: *Será que agradei* **a todos**?
- Quando é necessário **desfazer uma ambiguidade**: **Aos brasileiros,** *derrotaram os holandeses na Copa de 2010.*

Objeto indireto

❱ Integra o sentido dos **verbos transitivos indiretos**. Vincula-se ao verbo **por meio de preposição**: *Ela gosta* **de sapatos.**

❱ Assim como acontece com alguns verbos transitivos diretos, há casos em que o objeto de verbos transitivos indiretos ou bitransitivos **é retomado**, na mesma oração, por **pronome oblíquo**. Nesses casos, ocorre um **objeto indireto pleonástico**: *Aos compradores, não* **lhes** *devolveram o dinheiro.*

Complemento nominal

❱ Integra, **por meio de preposição**, o sentido de **substantivos, adjetivos** e **advérbios**, especificando-os.
Exemplos.

Meu filho tem medo **do escuro.**

A casa estava cheia **de fantasmas.**

Não sabemos o que fazer relativamente **à falta de d'água.**

Agente da passiva

❱ Exprime, nas estruturas da **voz passiva analítica**, o agente da ação verbal, sofrida pelo sujeito da oração: *Fomos recebidos* **pelo diretor.**

Termos acessórios e vocativo

❭ Os **termos acessórios** modificam ou especificam outros termos, não sendo fundamentais para a estrutura sintática das orações. São eles: o **adjunto adnominal**, o **adjunto adverbial** e o **aposto**.

Adjunto adnominal

❭ Vem associado a um **substantivo** (nome) que ocupa a posição de **núcleo** de uma função sintática, modificando, especificando ou precisando seu sentido no contexto. Costuma ser expresso por **adjetivo**, **locução adjetiva**, **artigo**, **pronome** e **numeral adjetivo**.

- **Adjetivo**: *menina feliz*.
- **Locução adjetiva**: *doce de leite*.
- **Artigo definido** ou **indefinido**: *o artigo, uns artigos*.
- **Pronome adjetivo possessivo** (*meu sonho*), **demonstrativo** (*esses sonhos*), **indefinido** (*algum sonho*), **interrogativo** (*qual sonho?*) e **relativo** (*mulher cujos sonhos são belos*).
- **Numeral adjetivo**: *dois sonhos*.

Adjunto adverbial

❭ Termo (**advérbio** ou **locução adverbial**) que, associado a um **verbo**, a um **adjetivo** ou a outro **advérbio**, intensifica seu sentido ou, no caso do verbo, acrescenta a ele uma circunstância específica.

- **Afirmação**: *O disco é realmente fantástico*.
- **Dúvida**: *O disco talvez venda muito*.
- **Meio**: *O disco virá pelo correio*.
- **Fim**: *Toda a banda se esforçou para a gravação!*
- **Condição**: *O disco não ficaria pronto sem dedicação*.
- **Companhia**: *Recebi o disco com o encarte*.
- **Assunto**: *Eles só falam sobre o disco*.
- **Concessão**: *O disco é simples, apesar do encarte*.
- **Causa**: *O disco é simples por conta do orçamento*.
- **Lugar**: *O disco foi gravado em São Paulo*.
- **Modo**: *O disco foi produzido cuidadosamente*.
- **Instrumento**: *Abri a embalagem com estilete*.

- **Intensidade**: *Os músicos ensaiaram bastante*.
- **Tempo**: *O disco será lançado amanhã*.
- **Negação**: *Não ouvi o disco todo*.
- **Conformidade**: *O disco foi gravado conforme as orientações do produtor*.
- **Interesse**: *A vocalista largou tudo pela gravação do disco*.
- **Frequência**: *A faixa 5 do disco toca com frequência nas rádios*.

❭ Além das circunstâncias exemplificadas, há várias outras que podem ser expressas por adjuntos adverbiais. Sua especificação precisa, em cada caso, é uma questão de **natureza semântica**, e não sintática.

Aposto

❭ Tem a função de **ampliar**, **resumir**, **explicar** ou **desenvolver** mais o conteúdo do termo ao qual se refere: *Este é Carlos, o amigo de que lhe falei*.

Tipos de aposto

- **Explicativo**: *Memórias póstumas de Brás Cubas, romance de Machado de Assis, inaugurou o Realismo no Brasil*.
- **Enumerativo**: *A Revolução Francesa defendia três ideais: liberdade, igualdade e fraternidade*.
- **Recapitulativo (resumidor)**: *Matemática, Física e Biologia, todas essas matérias cairão na prova de sábado*.
- **Comparativo**: *Sua voz, presente dos deuses, encantava a todos*.

❭ Na escrita, o aposto é sempre antecedido de vírgula ou dois-pontos. Os apostos explicativo e comparativo são antecedidos e seguidos de vírgula.

Vocativo

❭ Tem a função de interpelar diretamente o interlocutor: *Fala sério, pai!*

❭ Por estabelecer um vínculo explícito com o contexto discursivo, o vocativo goza de **independência sintática** no interior das orações e dos períodos.

Enem e vestibulares

1. (Udesc – adaptada)

Baleia

A cachorra Baleia estava para morrer. Tinha emagrecido, o pelo caíra-lhe em vários pontos, as costelas avultavam num fundo róseo, onde manchas escuras supuravam e sangravam, cobertas de moscas. As chagas da boca e a inchação dos beiços dificultavam-lhe a comida e a bebida.

Por isso Fabiano imaginara que ela estivesse com um princípio de hidrofobia e amarrara-lhe no pescoço um rosário de sabugos de milho queimados. Mas Baleia, sempre de mal a pior, roçava-se nas estacas do curral ou metia-se no mato, impaciente, enxotava os mosquitos sacudindo as orelhas murchas, agitando a cauda pelada e curta, grossa na base, cheia de moscas, semelhante a uma cauda de cascavel. [...]

RAMOS, Graciliano. *Vidas secas*. 82. ed. São Paulo: Record, 2001. p. 85.

Assinale a alternativa em que a classificação sintática apresentada ao final da oração esteja em **desacordo** com o termo destacado.

a) (X) "amarrara-**lhe** no pescoço um rosário de sabugos de milho queimados" – objeto direto

b) ( ) "**as costelas** avultavam num fundo róseo" – sujeito

c) ( ) "Fabiano **imaginara**" – núcleo do predicado

d) ( ) "Mas Baleia, sempre de mal a pior, roçava-se **nas estacas**" – adjunto adverbial de lugar

e) ( ) "enxotava **os mosquitos** sacudindo as orelhas murchas" – objeto direto

2. (UFRR) Assinale a única frase com verbo de ligação.

a) Todo mundo bebe e sai dirigindo.

b) O discurso muda radicalmente quando se passa da condição de infrator à de vítima.

c) Beber e dirigir coloca sua vida e a de outras pessoas em risco.

d) No Brasil, 36 mil mortes no trânsito por ano estão ligadas à combinação perversa de álcool e direção.

e) Brindemos à lei seca.

3. (PUC-PR) Assinale a alternativa que contém uma oração sem sujeito.

a) No momento, doem-me muito os dentes.

b) Para alguns, ainda havia esperança.

c) Lentamente chegava a noite.

d) Na repartição, existiam muitos documentos secretos.

e) Nada se fazia de proveitoso.

4. (Fuvest-SP)

Cidadezinha qualquer

Casas entre bananeiras
mulheres entre laranjeiras
pomar amor cantar
Um homem vai devagar
Um cachorro vai devagar
Um burro vai devagar
Devagar... as janelas olham.
Eta vida besta, meu Deus.

Carlos Drummond de Andrade.

a) A mesma oração repete-se nos versos 4, 5 e 6, mudando apenas o sujeito. Exponha, com base no próprio poema, a intenção contida tanto na mudança quanto na repetição.

_____

_____

_____

_____

_____

b) Ainda nesses versos a oração mantém a mesma ordem de construção, invertendo-a no 7º verso. Explique a consequência da inversão na visão que se oferece da cidadezinha.

_____

_____

_____

_____

_____

_____

5. (Fatec-SP) Leia o texto seguinte e responda à questão.

O trapiche

Logo depois transferiu-se para o trapiche [local destinado à guarda de mercadorias para importação ou exportação] o depósito dos objetos que o trabalho do dia lhes proporcionava. Estranhas coisas entraram então para o trapiche.

Não mais estranhas, porém, que aqueles meninos, moleques de todas as cores e de idades as mais variadas, desde os 9 aos 16 anos, que à noite se estendiam pelo assoalho e por debaixo da ponte e dormiam, indiferentes ao vento que circundava o casarão uivando, indiferentes à chuva que muitas vezes os lavava, mas com os olhos puxados para as luzes dos navios, com os ouvidos presos às canções que vinham das embarcações...

AMADO, Jorge. *Capitães da areia*. São Paulo: Martins, 1937. (Adaptado).

Assinale a alternativa em que o verbo destacado tem como sujeito aquele apresentado entre colchetes.

a) Logo depois **transferiu-se** para o trapiche o depósito dos objetos... [os objetos]

b) [...] o depósito dos objetos que o trabalho do dia lhes **proporcionava**. [o depósito dos objetos]

c) Estranhas coisas **entraram** então para o trapiche. [estranhas coisas]

d) [...] indiferentes ao vento que **circundava** o casarão uivando [...] [o casarão]

e) [...] com os ouvidos presos às canções que **vinham** das embarcações [...] [as embarcações]

6. **(UFMG)** Observe:

1. Queria muito aquele brinquedo.
   Queria muito ao amigo.

2. Dormi muito esta noite.
   Dormi um sono agradável.

A partir desses exemplos, explique a seguinte afirmativa: "A análise da transitividade verbal é feita de acordo com o texto e não isoladamente".

_____

_____

_____

_____

_____

_____

_____

_____

7. **(FGV-SP – adaptada)** Analise a tira.

ANGELI. Chiclete com banana. *Folha de S. Paulo*, 10 dez. 2008.

No primeiro quadrinho, a palavra *Deus* ocorre na fala das duas personagens. Explique a função sintática que ela assume em cada uma dessas ocorrências.

_____

_____

_____

_____

_____

_____

Reprodução proibida. Art. 184 do Código Penal e Lei 9.610 de 19 de fevereiro de 1998.

8. **(PUC-SP)** "A colossal produção agrícola e industrial dos americanos voa <u>para os mercados</u> com a velocidade média de 100 km por hora. Os trigos e carnes argentinas afluem para os portos <u>em autos e locomotivas</u> que uns 50 km por hora, <u>na certa</u>, desenvolvem."

As circunstâncias sublinhadas indicam, respectivamente, a ideia de:

a) lugar, meio e finalidade.

b) finalidade, meio e afirmação.

c) finalidade, tempo e dúvida.

d) lugar, meio e afirmação.

e) lugar, instrumento e lugar.

9. **(Unicamp-SP)** A historinha transcrita abaixo foi publicada na seção Humor de uma revista:

....

A professora passou a lição de casa: fazer uma redação com o tema "Mãe só tem uma".

No dia seguinte, cada aluno leu a sua redação. Todas mais ou menos dizendo as mesmas coisas: a mãe nos amamenta, é carinhosa conosco, é a rosa mais linda no nosso jardim etc. etc. etc. Portanto, mãe só tem uma...

Aí chegou a vez de Juquinha ler a sua redação:

Domingo foi visita lá em casa. As visitas ficaram na sala. Elas ficaram com sede e minha mãe pediu para mim [sic] ir buscar coca-cola na cozinha. Eu abri a geladeira e só tinha uma coca-cola. Aí, eu gritei pra minha mãe: "Mãe, só tem uma!"

Viaje Bem (Revista de bordo da Vasp).

....

Essa piada baseia-se nas interpretações diferentes de (I) "Mãe só tem uma" e (II) "Mãe, só tem uma!"

Compare esses dois enunciados, e, com base na análise das relações sintáticas que se estabelecem entre as palavras, em cada um dos casos, identifique e explique a diferença de significado entre (I) e (II), responsável pelo efeito engraçado do texto.

II → Mãe é vocativo

I → núcleo do sujeito

10. **(FGV-SP)** Em cada uma das alternativas abaixo está sublinhado um termo iniciado por preposição.

Assinale a alternativa em que esse termo <u>não é objeto</u> indireto.

a) O rapaz aludiu <u>às histórias passadas</u>, quando nossa bela Eugênia ainda era praticamente uma criança.

b) Quando voltei da Romênia, o Brasil todo assistia <u>à novela da Globo</u>, todos os dias.

c) Quem disse <u>a Joaquina</u> que as batatas deveriam cozer-se devagar?

d) Com a aterrissagem, o aviador logo transmitiu <u>ao público</u> a melhor das impressões.

e) Foi fiel <u>à lei</u> durante todos os anos que passou nos Açores.

11. **(Vunesp – adaptada)**

....

O esporte é bom pra gente, fortalece o corpo e emburrece A MENTE. – Antes que o primeiro corredor indignado atire UM TÊNIS em minha direção [...] – Quando estamos correndo, não há previsão de pagamento.

PRATA, Antonio. Pensar em nada. *Runner's World*, n. 7, São Paulo: Abril, maio 2009.

....

Os termos grafados com letras maiúsculas na passagem acima identificam-se pelo fato de exercerem a mesma função sintática nas orações de que fazem parte. Indique essa função:

a) Sujeito.

b) Predicativo do sujeito.

c) Predicativo do objeto.

d) Objeto direto.

e) Complemento nominal.

12. **(FGV-SP)** Observe as frases abaixo. Entre elas há diferença na função sintática das palavras *Fabrício* e *pedreiro*. Explique essa diferença.

Quando Fabrício, o pedreiro, voltou de um serviço...

Quando o pedreiro Fabrício voltou de um serviço...

na 1 → F → sujeito

P → aposto explicativo

na 2 → F → aposto

P → núcleo do sujeito

13. (UFF-RJ – adaptada) Leia o pequeno poema de Manuel Bandeira transcrito a seguir e proceda como se pede.

Pardalzinho

O pardalzinho nasceu

Livre. Quebraram-lhe a asa.

Sacha lhe deu uma casa,

Água, comida e carinhos.

Foram cuidados em vão:

A casa era uma prisão,

O pardalzinho morreu.

O corpo Sacha enterrou

No jardim; a alma, essa voou

Para o céu dos passarinhos.

BANDEIRA, M. *Poesias*. 6. ed. Rio de Janeiro: José Olympio, 1955. p. 305.

Nossas gramáticas, no estudo das orações, dizem que o predicado pode ser *verbal*, *nominal* ou *verbo-nominal*. Caracterize cada um destes tipos de predicado, exemplificando com elementos do texto.

_____

_____

_____

_____

_____

_____

_____

_____

14. (PUC-SP) Leia o período a seguir.

Tudo isso é fácil quando está terminado e embira-se em duas linhas, mas para o sujeito que vai começar, olha os quatro cantos e não tem em que se pegue, as dificuldades são horríveis.

a) Transcreva desse período duas orações formadas por predicados nominais.

_____

_____

_____

_____

_____

_____

_____

_____

b) Indique, respectivamente, os predicativos do sujeito desses predicados nominais.

_____

_____

_____

_____

_____

_____

_____

O estudo do período composto

Ao estudar a sintaxe do período composto, deve-se identificar o tipo de relação estabelecido entre as orações no interior do período.

A articulação das orações

❱ Tipo de relação que se estabelece entre as orações no interior do período composto: de **coordenação** e de **subordinação**.

Período composto por coordenação

❱ O **período composto por coordenação** é constituído de orações sintaticamente independentes, que se apresentam organizadas em uma sequência.

❱ As orações de um período composto não seguem uma ordem sintaticamente determinada.

❱ Porém, há casos em que restrições semântico-pragmáticas exigem a ordenação das orações segundo um critério cronológico das ações que se sucederam no tempo.

Observe.

Cheguei em casa, encontrei a porta arrombada e chamei a polícia.

❱ Em outros casos, é o contexto da enunciação que determina a ordem.

Exemplo:

A noiva desistiu, portanto não haverá casamento.

Período composto por subordinação

❱ O **período composto por subordinação** é constituído de uma oração principal à qual se subordinam as demais orações, que atuam, sintaticamente, como termos da oração principal:
- sujeito;
- objeto direto;
- objeto indireto;
- complemento nominal;
- predicativo;
- aposto;
- agente da passiva;
- adjunto adnominal;
- adjunto adverbial.

Período composto por coordenação e subordinação

❱ É muito frequente encontrarmos períodos compostos em que a relação das orações se dá tanto por **coordenação** quanto por **subordinação**.
Observe.
*Ela disse **que me amava e começou a chorar**.*

❱ Isso ocorre porque o modo de articulação das orações no discurso é determinado por exigências de ordem semântica.

❱ No estudo dos períodos compostos, o mais importante é saber analisar o modo como as orações se articulam e, assim, identificar a função que exercem na construção do sentido.

Enem e vestibulares

1. (UEMS) A alternativa que classifica corretamente os períodos abaixo é:

Coruja, não sou eu o maioral da mata?

Sim, ninguém duvida de que és tu.

FERNANDES, Millôr. *Afinal, quem manda na floresta?* (Fragmento).

a) período simples — período composto por subordinação

b) período composto por coordenação — período composto por subordinação

c) período composto por subordinação — período composto por coordenação

d) período simples — período simples

e) período composto por coordenação — período simples

2. (PUC-SP) As orações do período abaixo são coordenadas entre si:

"Os infelizes tinham caminhado o dia inteiro, estavam cansados e famintos".

Empregando a conjunção adequada, reescreva o período, estabelecendo entre essas orações:

a) uma relação causal.

b) uma relação de conclusão.

3. (PUC-RJ) A grande utilização da conjunção *e* deve-se, em parte, ao fato de que ela pode assumir diversos significados. Substitua-a em cada frase abaixo por uma conjunção mais característica do significado em questão.

a) Todos se prepararam ansiosamente para o domingo na praia, e choveu.

b) Conformar-se com a situação e mobilizar-se para melhorá-la são as opções do brasileiro.

4. (UFOP-MG) Com base nos períodos destacados abaixo, explique a distinção que a Gramática tradicional faz entre oração coordenada e oração subordinada.

I. "Fui testar as maravilhas prometidas pelas duas TVs a cabo que aluguei."

II. "Não pretendo comprar tapetes, não vou adquirir complicadíssimos aparelhos de malhação, não rezo o terço bizantino, não posso nem quero testar as receitas culinárias oferecidas e demonstradas."

5. (PUC-RJ – adaptada) Reescreva as frases abaixo substituindo o termo sublinhado por uma oração subordinada, conforme o exemplo:

Escrevi sobre cenas *de minhas lembranças remotas*.

Escrevi sobre cenas *de que me lembrava remotamente*.

a) Não consigo mais lembrar *os motivos de meu comportamento agressivo naquela ocasião*.

b) No que tange ao estudo da memória, ainda são insuficientes os recursos *à disposição dos cientistas*.

Período composto por coordenação

Orações sintaticamente independentes que participam de um mesmo período mantêm, entre si, uma relação de coordenação.

Orações coordenadas assindéticas

❯ **Coordenadas assindéticas** são as orações que se encadeiam sem a presença de uma conjunção. Aparecem justapostas, separadas por vírgulas.

Orações coordenadas sindéticas

❯ **Coordenadas sindéticas** são as orações coordenadas que vêm articuladas umas às outras por meio de conjunções coordenativas.

❯ **Oração coordenada sindética aditiva** é aquela disposta de modo a dar ideia de uma **sequência** ou **adição** de fatos ou acontecimentos, sem que entre ela e a oração principal se estabeleça alguma outra relação de sentido.

❯ As conjunções coordenativas aditivas são *e* (para as sequências afirmativas) e *nem* (para as sequências negativas).
Exemplo: *Eu não vou comer pastel, nem tomar caldo de cana.*

❯ **Séries aditivas enfáticas:** destacam o conteúdo da segunda oração. A correlação estabelecida entre as orações do período é marcada, nesses casos, por *não só... mas (também), não apenas... como*. Veja: *Eu não apenas sou o técnico do time, **como** jogo algumas partidas.*

❯ A **oração coordenada sindética adversativa** ocorre quando, entre as orações coordenadas de um mesmo período, o conteúdo da segunda oração opõe-se àquilo que se declara na primeira, estabelecendo-se uma ideia de **contraste** ou **compensação**.

❯ A conjunção coordenativa adversativa típica é *mas*. Esse tipo de relação pode também ser expresso pelas conjunções e locuções coordenativas adversativas *porém, todavia, contudo, no entanto, entretanto, não obstante*.
Exemplo: *Eu queria ficar, **mas** tenho aula agora.*

❯ Quando, entre as orações coordenadas, estabelece-se uma relação de sentido em que o conteúdo de uma das coordenadas **exclui** o conteúdo da outra, diz-se que há uma **oração coordenada sindética alternativa**.

❯ A conjunção coordenativa alternativa típica é **ou** (que pode ocorrer isoladamente ou introduzindo cada uma das orações entre as quais se estabelece a relação alternativa). Podem também marcar a mesma relação os pares *quer... quer, já... já, ora... ora*.
Exemplo: *Irei de ônibus **ou** pegarei um táxi.*

❯ Ocorre **oração coordenada sindética conclusiva** quando, dada uma sequência de orações coordenadas, verifica-se que a segunda expressa uma **conclusão** ou **consequência lógica** baseada no conteúdo da primeira.

❯ Conjunções coordenativas conclusivas: *logo, portanto* e *pois* (posposto ao verbo). Também são usadas as conjunções e locuções conjuntivas conclusivas: *assim, então, por isso, por conseguinte, de modo que, de forma que, em vista disso*.
Exemplo: *Torceu o tornozelo, **por isso** não jogará.*

❯ Quando uma oração coordenada fornece uma **explicação** para aquilo que se afirma em uma oração anterior, ocorre uma **oração coordenada sindética explicativa**.

❯ Conjunções coordenativas explicativas: *porque, que, pois* (quando precede o verbo).
Exemplo: *Ela estava feliz, **porque** venceu o concurso.*

❯ Diferenças entre as orações coordenadas sindéticas explicativas e as orações subordinadas adverbiais causais:

Orações coordenadas sindéticas explicativas	Orações subordinadas adverbiais causais
São orações independentes.	Equivalem a um adjunto adverbial.
Substituir as conjunções **que, pois, porque** por **dois-pontos** ou **ponto e vírgula**, sem prejuízo do sentido.	Substituir a oração desenvolvida iniciada com as conjunções **que, pois, porque** por uma outra equivalente, com o verbo no infinitivo, introduzida pela preposição **por**.
Exemplo: *Comemore **porque** você é o campeão.* *Comemore: você é o campeão.*	Exemplo: *Ele se lamentava **porque** perdera a eleição.* *Ele se lamentava **por** perder a eleição.*

Relações coesivas

❯ A escolha de diferentes **conjunções coordenativas** modifica consideravelmente o sentido de um período composto pelas mesmas duas orações.
Observe.
- **Sentido aditivo:** *Ele é rico **e** trabalha muito.*
- **Sentido adversativo:** *Ele é rico, **mas** trabalha muito.*
- **Sentido conclusivo:** *Ele é rico, **logo** trabalha muito.*
- **Sentido explicativo:** *Ele é rico, **pois** trabalha muito.*

Conteúdo digital Moderna PLUS
http://www.modernaplus.com.br
Filme: trecho de *Lisbela e o prisioneiro*, de Guel Arraes.

Enem e vestibulares

1. **(ITA-SP – adaptada)** Qual a opção em que o **mas** tem função aditiva?

   a) Atenção: na minha coluna não usei "careta" como quadrado, estreito, alienado, fiscalizador e moralista, mas humano, aberto, atento, cuidadoso.

   b) Não apenas no sentido econômico, mas emocional e psíquico: os sem autoestima, sem amor, sem sentido de vida, sem esperança e sem projetos.

   c) Não solto, não desorientado e desamparado, mas amado com verdade e sensatez.

   d) [...] (não me refiro a nomes importantes, mas a seres humanos confiáveis) [...].

   e) Pois, na hora da angústia, não são os amiguinhos que vão orientá-los e ampará-los, mas o pai e a mãe — se tiverem cacife.

2. **(Unicamp-SP)** A carta abaixo reproduzida foi publicada em outubro de 2007, após declaração sobre a legalização do aborto feita por Sérgio Cabral, governador do Estado do Rio de Janeiro.

   Sobre a declaração do governador fluminense, Sérgio Cabral, de que "as mães faveladas são uma fábrica de produzir marginais", cabe indagar: essas mães produzem marginais apenas quando dão à luz ou também quando votam?

   Juarez R. Vernitez, Sacramento, MG.
   Seção Painel do Leitor.
   Folha de S.Paulo, 29 out. 2007.

   a) Há uma forte ironia produzida no texto da carta. Destaque a parte do texto em que se expressa essa ironia. Justifique.

   _____
   _____
   _____
   _____
   _____
   _____
   _____
   _____
   _____
   _____
   _____
   _____
   _____
   _____

   b) Nessa ironia, marca-se uma crítica à declaração do governador do Rio de Janeiro. Entretanto, em função da presença de uma construção sintática, a crítica não incorre em uma oposição. Indique a construção sintática que relativiza essa crítica. Justifique.

   _____
   _____
   _____
   _____
   _____
   _____
   _____
   _____
   _____
   _____
   _____
   _____
   _____
   _____
   _____
   _____
   _____
   _____
   _____
   _____

3. **(Fuvest-SP – adaptada)** Está redigido com clareza, coerência e correção o seguinte comentário sobre o texto abaixo:

   No início do século XVI, Maquiavel escreveu *O príncipe* — uma célebre análise do poder político, apresentada sob a forma de lições, dirigidas ao príncipe Lorenzo de Médicis. Assim justificou Maquiavel o caráter professoral do texto:

   Não quero que se repute presunção o fato de um homem de baixo e ínfimo estado discorrer e regular sobre o governo dos príncipes; pois assim como os [cartógrafos] que desenham os contornos dos países se colocam na planície para considerar a natureza dos montes, e para considerar a das planícies ascendem aos montes, assim também, para conhecer bem a natureza dos povos, é necessário ser príncipe, e para conhecer a dos príncipes é necessário ser do povo.

   Tradução de Lívio Xavier. (Adaptada).

Reprodução proibida. Art.184 do Código Penal e Lei 9.610 de 19 de fevereiro de 1998.

a) Temendo ser qualificado de presunçoso, Maquiavel achou por bem defrontar sua autoridade intelectual, tipo um cartógrafo habilitado a desenhar os contrastes de uma região.

b) Maquiavel, embora identificando-se como um homem de baixo estado, não deixou de justificar sua autoridade diante do príncipe, em cujos ensinamentos lhe poderiam ser de grande valia.

c) Manifestando uma compreensão dialética das relações de poder, Maquiavel não hesita em ministrar ao príncipe, já ao justificar o livro, uma objetiva lição de política.

d) Maquiavel parece advertir aos poderosos de que não se menospreze as lições de quem sabe tanto analisar quanto ensinar o comportamento de quem mantenha relações de poder.

e) Maquiavel, apesar de jamais ter sido um governante em seu livro tão perspicaz, soube se investir nesta função, e assim justificar-se diante de um príncipe autêntico.

4. (Udesc – adaptada)

Baleia

A cachorra Baleia estava para morrer. Tinha emagrecido, o pelo caíra-lhe em vários pontos, as costelas avultavam num fundo róseo, onde manchas escuras supuravam e sangravam, cobertas de moscas. As chagas da boca e a inchação dos beiços dificultavam-lhe a comida e a bebida.

Por isso Fabiano imaginara que ela estivesse com um princípio de hidrofobia e amarrara-lhe no pescoço um rosário de sabugos de milho queimados. Mas Baleia, sempre de mal a pior, roçava-se nas estacas do curral ou metia-se no mato, impaciente, enxotava os mosquitos sacudindo as orelhas murchas, agitando a cauda pelada e curta, grossa na base, cheia de moscas, semelhante a uma cauda de cascavel. [...]

RAMOS, Graciliano. *Vidas Secas*. 82. ed.
São Paulo: Record, 2001. p. 85.

Assinale a alternativa **incorreta**, tendo como referência o texto.

a) Flexionando-se o verbo *emagrecer* na terceira pessoa do singular do pretérito mais-que-perfeito do indicativo para substituir a locução verbal "Tinha emagrecido", mantém-se o sentido da oração no texto.

b) Em "caíra-lhe em vários pontos" e "dificultavam-lhe a comida e a bebida", os pronomes oblíquos destacados referem-se à Baleia.

c) Sabe-se que a coesão é a articulação dos enunciados entre si; logo, pode-se dizer que o termo "Por isso" estabelece a coesão entre o segundo parágrafo e o anterior.

d) A segunda oração no período "Fabiano imaginara que ela estivesse com um princípio de hidrofobia..." classifica-se sintaticamente como subordinada substantiva subjetiva.

e) "manchas escuras", "orelhas murchas" e "cauda pelada e curta" seguem a mesma regra para justificar a concordância nominal.

5. (Unisc) Na passagem "(...) em qualquer lugar do mundo é *assim, mas* Zé Dirceu, Mensalão, PIB despencando, juros não, sei lá, o avião presidencial incomoda *mais, hoje*."

Coloque (V) para verdadeiro e (F) para falso.

( ) O **assim** funciona como elemento coesivo que tem por função garantir a costura textual, produzindo um efeito de referência, de recorrência a um já dito.

( ) O conectivo **mas** estabelece, através de uma coordenação adversativa, uma relação de oposição, entre a prioridade na decolagem do avião presidencial e a realidade brasileira.

( ) Os vocábulos **mais** e **hoje** introduzem no enunciado um conteúdo pressuposto – o avião presidencial sempre incomodou pelo que representa; o hoje revela um descontentamento ainda maior com o quadro político-econômico.

A sequência correta de preenchimento dos parênteses, de cima para baixo, é:

a) F - F - F
b) V - V - V
c) F - V - V
d) V - V - F
e) V - F - V

6. (Fatec-SP) No trecho "Num dia de chuva, ofereci carona. Ela recusou. Um amigo viria buscá-la.", a oração grifada revela ideia de:

a) concessão e é exemplo de oração coordenada sindética.

b) justaposição e é exemplo de discurso direto.

c) contraste e é exemplo de oração subordinada.

d) explicação e é exemplo de oração absoluta.

e) consequência e é exemplo de oração independente.

7. (Uerj)

O defeito

Note algo muito curioso. É o defeito que faz a gente pensar. Se o carro não tivesse parado, você teria continuado sua viagem calmamente, ouvindo música, sem querer pensar que automóveis têm motores. O que não é problemático não é pensado. Você nem sabe que tem fígado até o momento em que ele funciona mal. Você nem sabe que tem coração até que ele dá umas batidas diferentes. Você nem toma consciência do sapato, até que uma pedrinha entre lá dentro. Quando está escrevendo, você se esquece da ponta do lápis até que ela quebra. Você não sabe que tem olhos – o que significa que eles vão muito bem. Você toma consciência dos olhos quando eles começam a funcionar mal. Da mesma forma que você não toma consciencia do ar que respira, até que ele começa a feder... Fernando Pessoa diz que "pensamento é doença dos olhos". É verdade, mas nem toda. O mais certo seria "pensamento é doença do corpo".

Todo pensamento começa com um problema. Quem não é capaz de perceber e formular problemas com clareza não pode fazer ciência. Não é curioso que nossos processos de ensino de ciência se concentrem mais na capacidade do aluno para responder? Você já viu alguma prova ou exame em que o professor pedisse que o aluno formulasse o problema? (...) Frequentemente, fracassamos no ensino da ciência porque apresentamos soluções perfeitas para problemas que nunca chegaram a ser formulados e compreendidos pelo aluno.

ALVES, Rubem. *Filosofia da ciência:* introdução ao jogo e suas regras. São Paulo: Brasiliense, 1995.

As frases que formam um texto mantêm entre si relações semânticas que podem ser expressas por elementos linguísticos coesivos – conectivos – ou não.

Observe estas frases do texto:

Todo pensamento começa com um problema. Quem não é capaz de perceber e formular problemas com clareza não pode fazer ciência.

Considerando o contexto no qual estão inseridas e a ordem em que se apresentam, identifique o tipo de relação estabelecida pelas frases entre si e cite duas conjunções que poderiam ser usadas para marcar essa relação.

8. **(PUC-MG)** Todos os articuladores sintáticos destacados estabelecem as relações semânticas indicadas, exceto:

a) "Sabendo dos anos que fumo, ele fez os cálculos *e* descobriu que eu já deveria ter morrido há anos." **(adição)**

b) "Além de péssimo cidadão, sou uma fraude *porque* escrevo livros póstumos sem declinar a condição de morto." **(causa)**

c) "*Além de* péssimo cidadão, sou uma fraude porque escrevo livros póstumos sem declinar a condição de morto." **(adição)**

d) "Pelo contrário: deveria estar devendo peso, *pois* já perdera não apenas os 150 quilos iniciais, mas quilos que nem chegara a ter." **(conclusão)**

Período composto por subordinação I

Sujeito, objeto direto, objeto indireto, complemento nominal, predicativo e aposto são funções sintáticas que podem ser exercidas por orações subordinadas substantivas.

As orações que equivalem a substantivos

❱ As **orações subordinadas substantivas** são as que exercem, em relação à oração principal, funções próprias dos substantivos: **sujeito, objeto direto, objeto indireto, complemento nominal, predicativo** e **aposto**.

Orações subordinadas substantivas subjetivas

❱ As **orações subordinadas substantivas subjetivas** exercem a função de **sujeito** da oração principal.
Na pergunta da tira (*É verdade que os gatos sonham?*), a oração *que os gatos sonham* tem a função de sujeito da oração principal (*É verdade*).

❱ Algumas estruturas sintáticas presentes na oração principal indicam que a oração a ela subordinada desempenhará a **função de sujeito**.

• Ocorrência de **verbos unipessoais** (*acontecer, constar, convir, importar, parecer, urgir, suceder*) na oração principal.

> *Parece* que a chuva parou.
> *Urge* que você volte ao trabalho.

• **Verbo de ligação**, seguido de **predicativo do sujeito**.

> *É necessário* que você volte.
> *É verdade* que a chuva parou?

• **Verbo transitivo direto na voz passiva sintética**, na 3ª pessoa do singular (com o pronome *se* na função de partícula apassivadora).

> *Sabe-se* que a chuva será forte.
> *Espera-se* que você volte logo.

- **Verbo transitivo direto na voz passiva analítica** (verbo *ser* + *particípio*).

    Foi pedido que você voltasse hoje.

    Foi previsto que a chuva durará muito.

Orações subordinadas substantivas objetivas diretas

❭ As **orações subordinadas substantivas objetivas diretas** exercem a função de **objeto direto** do verbo da oração principal.

    Todos os alunos afirmaram que esta aula foi a melhor do ano.

❭ As orações subordinadas substantivas objetivas diretas podem também ser introduzidas pela **conjunção integrante se.**

    Preciso saber se todos estão bem.

Orações subordinadas substantivas objetivas indiretas

❭ As orações **subordinadas substantivas objetivas indiretas** exercem a função de **objeto indireto** do verbo da oração principal.

    Os enfermos necessitam de que cuidemos deles.

    Ele me convenceu de que eu estava errado.

Orações subordinadas substantivas completivas nominais

❭ As **orações subordinadas substantivas completivas nominais** exercem a função de **complementos nominais** de um termo da oração principal.

    Tenho medo de que você não volte!

    Restou a esperança de que tudo pudesse mudar.

Orações subordinadas substantivas predicativas

❭ As **orações subordinadas substantivas predicativas** exercem a função de **predicativo do sujeito** da oração principal.

    Meu receio é que você não volte!

    Nosso desejo é que todos venham à festa.

Orações subordinadas substantivas apositivas

❭ As **orações subordinadas substantivas apositivas** exercem a função de **aposto** de um termo da oração principal.

    Esse era seu maior medo: que não voltassem para casa.

❭ Diferentemente do que acontece com todas as outras orações subordinadas substantivas, as apositivas podem ocorrer sem a presença da conjunção integrante.

    Não consigo entender uma coisa: por que saíram tão cedo.

Orações reduzidas

❭ Além da função que as orações subordinadas desempenham em relação à oração principal, um outro critério é utilizado na sua classificação. Esse critério leva em conta a forma em que se apresenta o **verbo da oração subordinada.**

❭ Se o verbo estiver flexionado no Indicativo, Subjuntivo ou Imperativo, a oração será denominada **desenvolvida.**

    Tinha receio de que algo desse errado.

❭ Se o verbo da oração subordinada aparecer em uma das suas formas nominais (Infinitivo, Gerúndio ou Particípio), ela será denominada **reduzida.**

    Tinha receio de algo dar errado.

❭ As **orações reduzidas** desempenham, com relação à oração principal, a mesma função que suas equivalentes na forma desenvolvida. Para classificá-las, portanto, basta desenvolvê-las e analisar que tipo de relação sintática estabelecem com a oração à qual se subordinam.

Orações subordinadas substantivas reduzidas

❭ Como é característica de todas as orações subordinadas, as substantivas podem aparecer em sua **forma reduzida.**

❭ Atualmente, na língua, observamos somente a ocorrência das **subordinadas substantivas reduzidas de Infinitivo.**

Observe.

É importante tomar uma decisão.
↑
Oração subordinada substantiva subjetiva reduzida de Infinitivo

É importante que se tome uma decisão.
↑
Oração subordinada substantiva subjetiva (desenvolvida)

Um receio me atormentava: ter deixado o gás aberto.
↑
Oração subordinada substantiva apositiva reduzida de Infinitivo

Um receio me atormentava: que tivesse deixado o gás aberto.
↑
Oração subordinada substantiva apositiva (desenvolvida)

Enem e vestibulares

1. **(UEMS – adaptada)** Analise o texto apresentado para responder à questão a seguir.

Amanheceu a aurora aquele dia

Que 14 de março se contava,

Mais tarde do que nunca, porque viam

Que o ar de uma negra sombra se turvava,

Aves nos ninhos ainda dormiam,

Abelhas nos cortiços já roncavam,

Porque ver não queriam minhas mágoas

Aves, Abelhas, Aurora, Ares, Águas.

CASCUDO, Luís da Câmara.
Literatura oral no Brasil. p. 386.

A oração contida no quarto verso do texto acima classifica-se sintaticamente como:

a) oração subordinada substantiva objetiva direta

b) oração subordinada adverbial temporal

c) oração subordinada adjetiva explicativa

d) oração principal

e) oração coordenada sindética aditiva

2. **(Faap-SP)** Reescreva os períodos a seguir, transformando as unidades sintáticas destacadas em orações subordinadas com a mesma função.

a) Todos os moradores daquela encosta oriental <u>desejavam a vitória da liberdade sobre o poderio da escravidão.</u>

b) É evidente <u>a ousadia e a afoiteza desses destemidos guerreiros.</u>

É evidente que esses destemidos guerreiros têm ousadia e afoiteza

3. **(PUC-PR)** Observe a frase que segue:

"Não posso lhe garantir <u>que todos estarão presentes</u> à sua festa de formatura."

Do enunciado acima, pode-se afirmar que a parte sublinhada desempenha a função de:

a) sujeito de *posso*.

b) objeto direto de *posso*.

c) objeto indireto de *posso*.

d) objeto direto de *garantir*.

e) objeto indireto de *garantir*.

4. **(UFPI)** Em relação à passagem, "*Pensas que eu e meus avós ganhamos o dinheiro em casas de jogo ou a vadiar pelas ruas?*", pode-se afirmar corretamente que:

I. É um período composto por duas orações.

II. É um período composto por três orações.

III. A oração iniciada pela conjunção "que" é subordinada substantiva objetiva direta.

Assinale a alternativa correta.

a) Somente os itens I e III são verdadeiros.

b) Somente os itens II e III são verdadeiros.

c) Somente o item III é verdadeiro.

d) Somente o item II é verdadeiro.

e) Somente o item I é verdadeiro.

5. **(Faap-SP)**

"É preciso recontar a história do Brasil pela versão dos índios, dos negros, das mulheres e dos trabalhadores."

(Carlos Alberto Christo)

Considerando a oração reduzida de infinitivo "... recontar a história do Brasil..." :

a) desenvolva-a;

É preciso que recontem a história do BR pela versão dos índios, dos negros, das mulheres e dos trabalhadores

b) classifique-a;

O. S. S. subjetiva reduzida de Infinitivo

6. **(UFPA)** Qual o período em que há oração subordinada substantiva predicativa?

a) Meu desejo é que você passe nos exames vestibulares.

b) Sou favorável a que o aprovem.

c) Desejo-te isto: que sejas feliz. APOSITIVA

d) O aluno que estuda consegue superar as dificuldades do vestibular. CN

e) Lembre-se de que tudo passa neste mundo. O I

7. **(UEPG-PR)** Em "É possível que comunicassem sobre política", a segunda oração é:

a) subordinada substantiva subjetiva.

b) subordinada adverbial predicativa.

c) subordinada substantiva predicativa.

d) principal.

e) subordinada substantiva objetiva direta.

Período composto por subordinação II

As orações subordinadas também podem exercer a função de adjunto adnominal (adjetivo) e adjunto adverbial (advérbio).

As orações que equivalem a adjetivos

❭ **Orações subordinadas adjetivas** são as que exercem, em relação à oração principal, a função de adjunto adnominal, própria dos adjetivos. Essas orações, em sua forma desenvolvida, são introduzidas por **pronomes relativos**.

Exemplos:

*As crianças **que brincam ao ar livre** são mais felizes.*

*As crianças, **que são seres em formação**, precisam de muitos cuidados.*

❭ As orações subordinadas adjetivas são classificadas em **restritivas** e **explicativas**.

Orações subordinadas adjetivas restritivas

❭ As **orações subordinadas adjetivas restritivas** restringem o significado do termo ao qual se referem, particularizando-o.

Exemplo:

*Ele é uma das pessoas **que mais colaboram com o grupo**.*

Orações subordinadas adjetivas explicativas

❭ As **orações subordinadas adjetivas explicativas** acrescentam uma explicação ou informação suplementar a um termo já definido e delimitado. São geralmente separadas da oração principal por meio de vírgulas.

Exemplo:

*Minha mulher, **que sempre me apoiou**, merece todo meu amor.*

 Conteúdo digital Moderna PLUS
http://www.modernaplus.com.br
Filme: trecho de *Saneamento básico, o filme*, de Jorge Furtado.

Orações subordinadas adjetivas reduzidas

❭ As orações subordinadas adjetivas, quando não são desenvolvidas, podem ser reduzidas de **Infinitivo**, de **Gerúndio** ou de **Particípio**.

❭ Nesse caso, não são introduzidas por um pronome relativo, mas podem ser introduzidas por **preposições**.

Observe os exemplos.

Oração adjetiva reduzida de Infinitivo:

*Gosto de ver o galo **a cantar de manhã**.* (Oração subordinada adjetiva restritiva reduzida de Infinitivo)

Oração adjetiva reduzida de Gerúndio:

*Gosto de ver o galo **cantando de manhã**.* (Oração subordinada adjetiva restritiva reduzida de Gerúndio)

Oração adjetiva reduzida de Particípio:

*Este é o galo **treinado pelo meu filho**.* (Oração subordinada adjetiva restritiva reduzida de Particípio)

As orações que equivalem a advérbios

❭ **Orações subordinadas adverbiais** são as que exercem a função de adjuntos adverbiais, própria dos advérbios.

❭ Em sua forma desenvolvida, essas orações vêm introduzidas por **conjunções subordinativas**.

❭ As orações subordinadas adverbiais são classificadas em **causais, consecutivas, condicionais, concessivas, comparativas, conformativas, finais, proporcionais** e **temporais**.

Orações subordinadas adverbiais causais

❭ As **orações subordinadas adverbiais causais** são aquelas que exprimem uma circunstância de **causa**.

❭ Conjunção subordinativa que mais introduz as subordinadas adverbiais causais: *porque*.

❭ Locuções conjuntivas que introduzem as subordinadas adverbiais causais: *já que, uma vez que, visto que, pois que, como, posto que* e a conjunção subordinativa *como*.

Exemplos:

*Você ganhará uma bicicleta, **porque foi um bom garoto**.*

***Uma vez que ninguém atendia ao telefone**, resolveu ir pessoalmente à casa do irmão.*

Orações subordinadas adverbiais consecutivas

❭ As **orações subordinadas adverbiais consecutivas** são aquelas que traduzem a ideia de **consequência**. É formalmente expressa por meio de estruturas correlativas, nas quais o primeiro elemento é um termo intensificador (*tão, tanto, tamanho*) e o segundo elemento é a conjunção *que*. As locuções conjuntivas *de forma que, tanto que, de sorte que, de modo que* também introduzem o mesmo tipo de relação de sentido.

Exemplo:

*Eu me comportei **tão** bem **que ganhei vários presentes**.*

Orações subordinadas adverbiais condicionais

❭ As **orações subordinadas adverbiais condicionais** são aquelas que expressam uma circunstância de **condição** (real ou hipotética) em relação ao predicado da oração principal.

❯ As subordinadas adverbiais condicionais são introduzidas pela conjunções subordinativas *se*, *caso* e pelas locuções conjuntivas *desde que*, *contanto que*, *salvo se*, *exceto se*, *a menos que*, *uma vez que* (seguida de verbo no modo Subjuntivo).

Exemplo:

Caso você precise de ajuda, *ligue para mim.*

Orações subordinadas adverbiais concessivas

❯ As **orações subordinadas adverbiais concessivas** são aquelas que indicam **concessão**, ou seja, que exprimem a ideia de que algo que se esperava que acontecesse, contrariamente à expectativa, não acontece. Uma relação de concessão traduz, portanto, algo inesperado em determinadas circunstâncias.

❯ A conjunção subordinativa de concessão é *embora*. Também introduzem orações subordinadas adverbiais concessivas a conjunção *conquanto* e as locuções conjuntivas *ainda que*, *se bem que*, *mesmo que*, *apesar de que*, *ainda quando*, *posto que*.

Exemplo:

Recebi muitos elogios, ***embora eu não merecesse***.

Orações subordinadas adverbiais comparativas

❯ As **orações subordinadas adverbiais comparativas** são aquelas que expressam uma **comparação** (de **igualdade**, de **superioridade** ou de **inferioridade**) com um dos termos da oração principal.

❯ A conjunção que tipicamente expressa a ideia de comparação é *como*.

❯ Do ponto de vista formal, as estruturas comparativas costumam vir marcadas pela ocorrência, na oração principal, de um advérbio (*tão*, *mais*, *menos*) e pela ocorrência dos conectivos *como*, *que*, *quanto* no início da oração subordinada, que geralmente apresenta elipse (omissão) do verbo.

Exemplo:

*João não foi **tão** cuidadoso **quanto deveria**.*

Orações subordinadas adverbiais conformativas

❯ As **orações subordinadas adverbiais conformativas** são aquelas que expressam a ideia de **conformidade** com relação a algo que foi afirmado na oração principal.

❯ As orações subordinadas adverbiais conformativas são introduzidas pelas conjunções *conforme*, *como*, *segundo*, *consoante*.

Exemplo:

*Fiz o tratamento **conforme determinou o médico**.*

Orações subordinadas adverbiais finais

❯ As **orações subordinadas adverbiais finais** são aquelas que exprimem **finalidade**, **objetivo** ou **fim** daquilo que se declara na oração principal.

❯ Tal circunstância vem geralmente introduzida pelas locuções conjuntivas *para que*, *a fim de que*.

Exemplo:

*Compramos livros **a fim de que as crianças pudessem ler**.*

❯ São frequentes as orações subordinadas adverbiais finais reduzidas de Infinitivo introduzidas pela preposição *para*.

Exemplo:

*Ana estudou muito **para passar no concurso**.*

Orações subordinadas adverbiais proporcionais

❯ As **orações subordinadas adverbiais proporcionais** são as que expressam **gradação** ou **proporcionalidade**, relacionando o processo verbal indicado na oração principal com aquele expresso na subordinada.

❯ As orações subordinadas adverbiais proporcionais são introduzidas pelas locuções conjuntivas *à proporção que*, *à medida que*, *ao passo que*, e pelas estruturas correlativas *quanto mais/menos... mais/menos*, *quanto mais/menos... tanto mais/menos*.

Exemplo:

***Quanto mais eu treino**, **mais** preparada eu fico para a corrida.*

Orações subordinadas adverbiais temporais

❯ As **orações subordinadas adverbiais temporais** são aquelas que exprimem **circunstâncias temporais** (de anterioridade, simultaneidade, posterioridade) relativas ao acontecimento que vem expresso na oração principal.

❯ Conjunções temporais: *quando*, *enquanto*.

❯ Locuções conjuntivas: *assim que*, *desde que*, *logo que*, *depois que*, *antes que*, *sempre que*.

Exemplo:

***Antes que o prazo terminasse**, Carlos fez sua inscrição.*

Orações subordinadas adverbiais reduzidas

❯ As orações subordinadas adverbiais, quando não são desenvolvidas, podem ser reduzidas de **Infinitivo**, de **Gerúndio** ou de **Particípio**.

❯ Não são introduzidas por uma conjunção subordinativa, mas podem ser introduzidas por preposições.

Veja os exemplos abaixo.

Orações adverbiais reduzidas de Infinitivo:

***A fim de receber presentes**, comportei-me bem o ano todo.* (Oração subordinada adverbial final reduzida de Infinitivo)

Orações adverbiais reduzidas de Gerúndio:

***Chegando em casa**, ele ligará para o pai.* (Oração subordinada adverbial temporal reduzida de Gerúndio)

Orações adverbiais reduzidas de Particípio:

***Disciplinado na escola**, conseguirei boas notas.* (Oração subordinada adverbial condicional reduzida de Particípio)

Conteúdo digital Moderna PLUS

http://www.modernaplus.com.br

Sequência interativa: *Usos das orações subordinadas adverbiais.*

Enem e vestibulares

1. (Fatec-SP) Considere o trecho seguinte para responder à questão.

....

Há o lado policial, ou de guerra, com os Estados Unidos **construindo** muros e **fortalecendo** a repressão em suas linhas de junção com o território mexicano. E há o lado político e econômico: o da imigração. Um homem mexicano de 35 anos, com nove de instrução, pode ganhar 132% a mais trabalhando nos Estados Unidos.

....

As orações em cujo interior estão os verbos **construindo** e **fortalecendo**, destacados no trecho do texto, equivalem a orações subordinadas adjetivas (reduzidas de gerúndio).

Assinale a alternativa em que essas orações encontram-se desenvolvidas adequadamente.

a) ... Estados Unidos ainda que construam muros e que fortaleçam a repressão...

b) ... Estados Unidos, onde se constroem muros e se fortalecem a repressão...

c) ... Estados Unidos, que constroem muros e que fortalecem a repressão...

d) ... Estados Unidos logo que constroem muros e fortalecem a repressão...

e) ... Estados Unidos no qual constroem muros que fortalecem a repressão...

2. (FGV-SP – adaptada) O fragmento abaixo, extraído do conto *Conversão de um Avaro*, de Machado de Assis, é a base para a questão.

....

Quando ele apareceu à porta, José Borges esfregou os olhos como para certificar-se que não era sonho, e que efetivamente o colchoeiro ali lhe entrava pela sala. Pois quê! Onde, quando, de que modo, em que circunstâncias Gil Gomes calçara nunca luvas? Trazia um par de luvas, — é verdade que de lã grossa, — mas enfim luvas, que na opinião dele eram inutilidades. Foi a única despesa séria que fez; mas fê-la.

ASSIS, Machado de. Contos fluminenses II. In:
Obras completas de Machado de Assis.
São Paulo: W. M. Jackson Inc., 1957. p. 293.

....

Classifique sintaticamente a oração "– é verdade que de lã grossa, –" e explique seu efeito de sentido no contexto.

O.S. A explicativa tem o efeito de explicar um termo já definido antes

3. (UFC-CE – adaptada) Construa um período com as quatro orações abaixo, seguindo rigorosamente as instruções contidas nos parênteses.

a) O camareiro entrou no quarto. (oração principal)

b) Eu não lembro o nome do camareiro. (oração adjetiva com **cujo**)

c) O Presidente estava no quarto. (oração adjetiva com **onde**)

d) O Presidente se matara. (oração adjetiva com **que**)

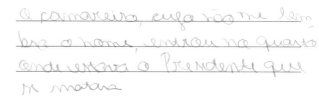

O camareiro, cujo não me lembra o nome, entrou no quarto onde estava o Presidente que se matara

4. (PUC-RJ – adaptada)

....

Para que ninguém a quisesse

Porque os homens olhavam demais para a sua mulher, mandou que descesse a bainha dos vestidos e parasse de se pintar.

Apesar disso, sua beleza chamava a atenção, e ele foi obrigado a exigir que eliminasse os decotes, jogasse fora os sapatos de saltos altos. Dos armários tirou as roupas de seda, da gaveta tirou todas as joias. E vendo que, ainda assim, um ou outro olhar viril se acendia à passagem dela, pegou a tesoura e tosquiou-lhe os longos cabelos.

Agora podia viver descansado. Ninguém a olhava duas vezes, homem nenhum se interessava por ela. Esquiva como um gato, não mais atravessava praças. E evitava sair.

Tão esquiva se fez, que ele foi deixando de ocupar-se dela, permitindo que fluísse em silêncio pelos cômodos, mimetizada com os móveis e as sombras.

Uma fina saudade, porém, começou a alinhavar-se em seus dias. Não saudade da mulher. Mas do desejo inflamado que tivera por ela.

Então lhe trouxe um batom. No outro dia um corte de seda. À noite tirou do bolso uma rosa de cetim para enfeitar-lhe o que restava dos cabelos.

Mas ela tinha desaprendido a gostar dessas coisas, nem pensava mais em lhe agradar. Largou o tecido em uma gaveta, esqueceu o batom. E continuou andando pela casa de vestido de chita, enquanto a rosa desbotava sobre a cômoda.

COLASANTI, Marina. *Contos de amor rasgados.*
Rio de Janeiro: Rocco, 1986. p. 111-112.

....

Em relação à frase abaixo, faça o que se pede:

"Um ou outro olhar viril se acendia à passagem dela."

Transforme o adjunto adverbial em oração adverbial.

Reprodução proibida. Art.184 do Código Penal e Lei 9.610 de 19 de fevereiro de 1998.

5. (UERJ – adaptada)

O chefe da estação me olhou de cara feia, e me deu a passagem e o troco. Bateu com a prata na mesa. Se fosse falsa, estaria perdido. Guardei o cartão com ganância no bolso da calça. A estação se enchera. Um vendedor de bilhete me ofereceu um. Não desconfiava de mim. O chefe foi que me olhou com a cara fechada. Já se ouvia o apito do trem. Cheguei para o lugar onde paravam os carros de passageiros. E o barulho da máquina se aproximando. Estava com medo, com a impressão de que chegasse uma pessoa para me prender. Ninguém saberia. E o trem parado nos meus pés. Tomei o carro num banco do fim, meio escondido. O Padre Fileto me viu. Tirava esmolas para a obra da igreja. [...]

REGO, José Lins do. *Doidinho*.
Rio de Janeiro: José Olympio, 1971.

"Estava com medo, com a impressão de que chegasse uma pessoa para me prender."

No trecho acima, há duas orações subordinadas. Transcreva essas orações e classifique sintaticamente cada uma delas.

_____

_____

_____

_____

6. (Ufam) Assinale a opção em que está incorreta a classificação da oração grifada:

a) A estrela brilhava no eterno azul <u>como uma vela</u>. (subordinada adverbial comparativa)

b) A Lua dizia <u>que a claridade do Sol resumia toda a luz</u>. (subordinada substantiva objetiva direta)

c) <u>Como estava enfarado de sua enorme e desmedida umbela</u>, o Sol invejava o vaga-lume. (subordinada adverbial causal)

d) A Lua admirava a auréola de nume <u>que o Sol ostentava</u>. (subordinada adjetiva restritiva)

e) <u>Enquanto bailava no ar</u>, o inquieto vaga-lume fitava com ciúme da estrela. (subordinada adverbial proporcional)

7. (PUC-SP) Leia com atenção o seguinte trecho do texto para responder à questão:

"Então, os peixes jovens, já não era mais possível segurá-los; agitavam as nadadeiras nas margens lodosas **para** ver se funcionavam **como** patas, **como** haviam conseguido fazer os mais dotados.

Mas precisamente naqueles tempos se acentuavam as diferenças entre nós..."

As palavras destacadas indicam, respectivamente,

a) finalidade, oposição, comparação, conformidade.

b) oposição, finalidade, conformidade, oposição.

c) conformidade, finalidade, oposição, comparação.

d) finalidade, comparação, conformidade, oposição.

e) comparação, finalidade, oposição, conformidade.

8. (PUC-RJ)

O açúcar

O branco açúcar que adoçará meu café
nesta manhã de Ipanema
não foi produzido por mim
nem surgiu dentro do açucareiro por milagre.

Vejo-o puro
e afável ao paladar
como beijo de moça, água
na pele, flor
que se dissolve na boca. Mas este açúcar
não foi feito por mim.

Este açúcar veio
da mercearia da esquina e tampouco o fez o Oliveira,
dono da mercearia.
este açúcar veio
de uma usina de açúcar em Pernambuco
ou no Estado do Rio
e tampouco o fez o dono da usina.

Este açúcar era cana
e veio dos canaviais extensos
que não nascem por acaso
no regaço do vale.
Em lugares distantes, onde não há hospital
nem escola,
homens que não sabem ler e morrem de fome
aos 27 anos
plantaram e colheram a cana
que viraria açúcar.

Em usinas escuras,
homens de vida amarga
e dura
produziram este açúcar
branco e puro
com que adoço meu café esta manhã em Ipanema.

GULLAR, Ferreira.
Dentro da noite veloz & Poema sujo.
São Paulo: Círculo do Livro, s/d. p. 51-52.

No poema "O açúcar", Ferreira Gullar faz amplo uso de orações adjetivas, como ilustra especialmente a passagem entre os versos 22 e 27: "*Em lugares distantes, **onde não há hospital** / nem escola, / homens **que não sabem ler e morrem de fome** / aos 27 anos / plantaram e colheram a cana / **que viraria açúcar**"*.

Uma das orações adjetivas destacadas pode ser substituída por um adjetivo de valor correspondente. Faça tal substituição.

_____

_____

_____

Concordância e regência

As relações de determinação ou de dependência entre os termos da oração são marcadas pela concordância e pela regência.

Concordância nominal e verbal

❯ A **concordância nominal** se estabelece entre o núcleo de um sintagma nominal (em suas flexões de gênero e número) e todos os termos que o determinam.

❯ A **concordância verbal** se estabelece entre o verbo (em suas flexões de número e pessoa) e o sujeito da oração com o qual ele se relaciona.

Concordância nominal

❯ Os adjetivos, pronomes adjetivos, artigos, numerais e particípios concordam em **gênero** e **número** com o núcleo do sintagma nominal que determinam.

Os dois homens baixos presos eram inocentes.
Minha tímida e sonhadora irmã estava desapontada.

Casos especiais

❯ Quando um ou mais adjetivos modificam dois ou mais substantivos que os antecedem, o adjetivo pode concordar em gênero e número com o substantivo mais próximo. Nesse caso, entende-se que o adjetivo refere-se somente a esse substantivo.

Comi uma salada e arroz frio.

❯ Quando um ou mais adjetivos modificam dois ou mais substantivos que os antecedem, o adjetivo pode ser flexionado no plural. Nesse caso, entende-se que o adjetivo refere-se a todos os substantivos que o antecedem.

Comi uma salada e arroz frios.

❯ Quando os substantivos a serem modificados por um adjetivo no plural são de gêneros diferentes, a concordância é feita no masculino.

Porque foram esforçados, Ana e João conseguiram uma boa nota.

❯ Quando houver uma sequência de substantivos no singular cujo encadeamento constrói a ideia de gradação, o(s) adjetivo(s) pode(m) ir para o plural ou concordar em número com o substantivo mais próximo.

A opção pela concordância no singular destaca a última palavra da sequência.
Observe.

Ela sentiu frio, fome e medo terríveis naquele lugar.
Ela sentiu frio, fome e medo terrível naquele lugar.

❯ Quando anteposto(s) a dois ou mais substantivos, o(s) adjetivo(s) concorda(m) em gênero e número com o primeiro substantivo da sequência.

Comi deliciosas tortas e brigadeiros.
Comi deliciosos brigadeiros e tortas.

❯ Quando o(s) adjetivo(s) antecede(m) dois ou mais nomes próprios ou de parentesco, o(s) adjetivo(s) deve(m) flexionar-se no plural.

Os românticos Álvares de Azevedo e Castro Alves morreram jovens.

Minhas generosas tia e prima cuidaram de mim quando mamãe partiu.

❯ Quando o adjetivo desempenha a função sintática de predicativo de um sujeito ou objeto cujo núcleo é ocupado por mais de um substantivo, deve flexionar-se no plural.

A mãe e o pai estavam apreensivos com a saúde do filho.

Ainda acho o baterista e o guitarrista fracos.

Dúvidas frequentes

❯ **Obrigado(a)**: quando o particípio *obrigado* é usado com valor adjetivo (como na expressão *muito obrigado!*), deve concordar em gênero e número com o gênero da pessoa que fala.

❯ **Menos**: é sempre invariável, tanto na sua função de pronome adjetivo indefinido (modificando substantivos) como na função de advérbio (modificando adjetivos).

Gostaria de um restaurante com menos gente.
A vida aqui é menos agitada do que em São Paulo.

❯ **Mesmo / próprio**: devem concordar em gênero e número com a pessoa a que fazem referência.

As crianças mesmas organizaram a festa.
O mecânico prefere ele próprio comprar as peças.

❯ **Meio**

• Quando determina um substantivo, **meio** funciona como um numeral adjetivo, devendo, portanto, concordar em gênero com o substantivo.

Cristina só comeu meio pedaço de bolo.
Pedro bebeu meia taça de vinho.

• Quando modifica um adjetivo, **meio** tem função de advérbio e, nesse caso, é invariável.

Joana sempre foi meio maluquinha.

❯ **Bastante**

• Quando modifica um substantivo, **bastante** tem valor de adjetivo, devendo concordar em número com o substantivo a que se refere.

Comi bastantes doces na festa.

• Quando modifica um adjetivo, **bastante** tem função de advérbio, sendo, portanto, invariável.

Foi bastante vergonhosa a sua atuação.

❯ **Anexo / incluso**: concordam com o substantivo que estão modificando.

A foto anexa no e-mail mostra o andamento da obra.

Os documentos inclusos são importantes.

> **É proibido / é bom / é necessário**

- Quando o substantivo que atua como núcleo do sujeito da oração vem precedido de artigo ou outro elemento determinante, o adjetivo deve concordar em gênero e número com o substantivo.

  A farinha é necessária para engrossar a massa.

  As crianças estão proibidas de brincar na garagem.

  Essa música é muito boa!

- Quando o substantivo que atua como núcleo do sujeito da oração não é precedido por qualquer elemento que o determine, o adjetivo deve permanecer no masculino singular.

  É necessário farinha para engrossar a massa.

  É proibido crianças brincando na garagem.

  Música é sempre muito bom!

Concordância verbal

> O verbo, que atua como núcleo do predicado verbal, concorda em **número** e **pessoa** com o núcleo do sujeito a que se refere.

Casos especiais com sujeitos simples

> Quando o sujeito apresenta uma **expressão partitiva** (*uma parte de..., grande parte de..., a maior parte de..., grande número de..., a maioria de..., uma porção de...*) seguida de um substantivo ou de um pronome no plural, o verbo pode ficar no singular (concordando com o substantivo que ocorre na expressão partitiva) ou ir para o plural (concordando com o substantivo que aparece após a expressão partitiva).

  A maior parte dos homens gosta de futebol.

  A maior parte dos homens gostam de futebol.

> Quando o sujeito apresenta apenas a expressão numérica de uma **porcentagem**, o verbo concorda com o valor dessa expressão numérica.

  57% acreditam em um futuro melhor.

> Quando a expressão partitiva indicativa de **porcentagem** vier seguida de um substantivo, o verbo poderá concordar com o numeral ou com o substantivo.

  Um por cento dos jovens aprova a mudança.

  Um por cento dos jovens aprovam a mudança.

> Quando a expressão partitiva ou o verbo vier antes da **porcentagem**, ou quando um determinante anteceder a porcentagem, a concordância se faz sempre com o número percentual.

  De todos os pesquisados, trinta por cento foram favoráveis à mudança proposta.

  Não gostou da mudança um por cento dos jovens.

> No caso de **expressão fracionária**, o verbo concorda com o numerador da fração.

  2/3 da sala responderam à questão.

  1/3 da sala não respondeu à questão.

> Quando o sujeito é constituído de uma **expressão indicativa de quantidade aproximada** (*mais de..., menos de..., cerca de..., perto de...*) seguida de numeral, o verbo concorda com o substantivo que segue essa expressão. Mas, se a expressão vier repetida, o verbo irá para o plural.

Cerca de duzentos clientes reclamaram do serviço.

Mais de um cliente passou mal.

Mais de um vendedor, mais de um gerente foram insultados pelos compradores.

> Quando o **pronome relativo que** atua como sujeito e introduz uma oração subordinada adjetiva, o verbo da oração adjetiva concorda em número e pessoa com o termo da oração principal ao qual o pronome relativo faz referência.

  Éramos nós que trabalhávamos.

> Quando o **pronome relativo que** tomar por antecedente, na oração principal, a expressão *um(a) ...do(a)s*, o verbo da oração adjetiva costuma ir para o plural.

  João é um dos alunos que acertaram todas as questões.

  Quando a intenção for **destacar o sujeito** do grupo em relação ao qual vem mencionado, o verbo deve ser usado no singular.

  João é um dos alunos que acertou todas as questões.

> Quando o sujeito é o **pronome relativo quem**, o verbo pode concordar com o antecedente do pronome ou com o próprio pronome (3ª pessoa do singular).

  Sou eu quem mais trabalho nesta empresa.

  Sou eu quem mais trabalha nesta empresa.

> Quando o sujeito apresenta expressões constituídas de **pronomes indefinidos** ou **interrogativos no plural**, seguidos da preposição *de* e dos pronomes pessoais *nós* e *vós*, o verbo vai para o plural, mas pode concordar, em pessoa, tanto com o pronome indefinido (3ª pessoa) como com o pronome pessoal.

  Quais de nós querem isso?

  Quais de nós queremos isso?

> Quando o **pronome indefinido** ou **interrogativo** apresentar forma singular, o verbo concordará necessariamente com a pessoa pronominal (3ª do singular).

  Qual de nós quer isso?

> Quando o sujeito é constituído de um **pronome de tratamento**, o verbo vai sempre para a 3ª pessoa (singular ou plural, a depender da flexão do pronome).

  Vossa(s) Excelência(s) aprova(m) o projeto?

> Quando o núcleo do sujeito é um **substantivo coletivo**, o verbo assume a forma singular.

  O bando cumpre pena pelo atentado.

> Quando o núcleo do sujeito é um **substantivo** que apresenta forma plural mas tem sentido de singular, o verbo vai para o singular, se o substantivo **não vier antecedido por um determinante no plural** (artigo, pronome ou numeral).

  Óculos é coisa de intelectual.

  Se o substantivo for antecedido por determinante, o verbo irá para o plural.

  Seus óculos são coisa de intelectual.

> Quando o núcleo do sujeito é constituído de um **substantivo próprio** que apresenta forma plural, o verbo vai para o singular, se o substantivo não vier antecedido por um determinante.

  Velozes e furiosos é um filme com muita ação.

Se o substantivo próprio for antecedido por determinante (artigo, pronome ou numeral), o verbo irá para o plural.

As Três Marias **pertencem** *à constelação de Orion.*

Casos especiais com sujeitos compostos

❭ Quando o **sujeito composto** é **posposto** ao verbo, ou o verbo vai para o plural, concordando com todos os núcleos, ou fica no singular, concordando apenas com o núcleo mais próximo, se este núcleo estiver no singular.

Desapareceram a mãe e as duas filhas.

Desapareceu a mãe e as duas filhas.

❭ Quando o **sujeito posposto** ao verbo vier associado ao **pronome *se*** e o sentido for de reciprocidade, a concordância será feita necessariamente no plural.

Abraçaram-se pai e filho depois de vinte anos.

❭ No caso de **sujeitos compostos constituídos de diferentes pessoas gramaticais**, a concordância se dará no plural, mas a escolha da pessoa deverá obedecer a uma hierarquia de prioridades. Assim, a 1ª pessoa prevalece sobre a 2ª e a 3ª, e a 2ª pessoa prevalece sobre a 3ª.

Eu e você temos um segredo.

Tu e ele sabeis o que dizer.

❭ Quando os núcleos do **sujeito composto** vierem ligados pelas **conjunções *ou*** ou ***nem***, se a conjunção indicar exclusão, o verbo deverá concordar com o núcleo mais próximo.

Ou Amanda ou Marcela será a solista do coral.

Se a conjunção indicar inclusão, ou seja, quando a declaração expressa pelo predicado verbal aplicar-se a todos os núcleos do sujeito, o verbo deverá ir para o plural.

Nem Amanda nem Marcela ficarão fora do coral.

❭ Quando o **sujeito composto** é constituído **das expressões *um e outro*, *um ou outro*, ou *nem um nem outro***, o verbo pode ir tanto para o singular como para o plural.

Um e outro concordam conosco.

Nem um nem outro aceitou o nosso convite.

❭ Quando os núcleos do **sujeito composto** estão no singular e são sinônimos, traduzindo ideia de gradação, ou expressam, em seu conjunto, conteúdos semânticos relacionados em um determinado contexto, o verbo poderá ir para o plural ou ficar no singular concordando com o elemento mais próximo.

O medo e o pânico tomou conta dele.

O medo e o pânico tomaram conta dele.

❭ Quando os núcleos de um **sujeito composto** aparecem seguidos de um **pronome indefinido** cuja função apositiva é a de recapitular ou resumir tudo o que foi enumerado anteriormente, o verbo concorda em número com o pronome.

Dinheiro, fama e reconhecimento, nada era suficiente para ela.

Concordância especial:
os verbos *haver* e *fazer*

❭ O verbo *haver*, quando indica **tempo transcorrido** ou é usado no **sentido de *existir***, é impessoal. Deve, por isso, permanecer sempre na 3ª pessoa do singular.

Ela partiu há quinze anos.

Sempre há pessoas querendo trapacear.

❭ O verbo *fazer*, quando indica **tempo transcorrido**, deve permanecer na 3ª pessoa do singular.

Faz anos que não vejo meus amigos de escola.

Concordância especial:
o verbo *ser*

❭ Na indicação de tempo, o verbo **ser** concorda com o numeral que ocorre no predicativo.

São duas da tarde, corra!

❭ Na especificação do **dia do mês**, o verbo *ser* concorda no singular com o substantivo *dia*, caso ele anteceda o numeral.

Amanhã é dia treze de maio.

❭ Quando o sujeito do verbo *ser* é um dos pronomes interrogativos *que* ou *quem*, o pronome indefinido *tudo* ou um dos pronomes demonstrativos *isto*, *isso*, *aquilo*, a concordância se faz com o predicativo do sujeito.

Quem são aqueles homens?

Quando a intenção for destacar o conjunto, a concordância deve ser feita com o pronome.

"Se calhar, tudo é símbolos." (F. Pessoa)

❭ Quando o sujeito da oração é constituído de expressões que indicam **quantidade, preço, valor, medida** no plural, o verbo *ser* permanece na 3ª pessoa do singular.

Dois mil reais é muito por uma bicicleta.

❭ Quando, na oração, um **pronome pessoal do caso reto** desempenhar a função de sujeito ou de predicativo, a concordância do verbo *ser* será com o pronome.

Eu sou a lenda.

A lenda sou eu.

❭ Quando ocorrem na oração um **substantivo próprio** e um **substantivo comum**, a concordância do verbo *ser* será feita com o substantivo próprio, esteja ele em posição de sujeito ou de predicativo.

Maria foi todas as minhas esperanças.

Todas as minhas esperanças foi Maria.

❭ Quando o verbo *ser* ocorre entre um sujeito cujo núcleo é um substantivo comum no singular e um predicativo cujo núcleo é um substantivo comum no plural, a tendência é o verbo concordar com o predicativo.

Meu medo são as consequências.

Concordância ideológica

❭ **Concordância ideológica** é aquela em que o termo flexionado (verbo, adjetivo ou pronome) concorda com a ideia de número, gênero ou pessoa associada ao referente do sujeito da oração. A concordância ideológica é também chamada de **silepse**.

❭ A **silepse de número** é frequente quando o sujeito é um substantivo coletivo que tem forma singular, mas expressa ideia de pluralidade.

Pessoal, corram para cá.

❭ A **silepse de gênero** ocorre comumente com os pronomes de tratamento.

Vossa Majestade é temido nos outros países.

> Ocorre a **silepse de pessoa** quando o falante também se considera incluído em um sujeito na 3ª pessoa do plural.

*Todos os jogadores **devemos** honrar a camisa do time.*

Regência nominal e verbal

> **Regência** é a relação que se estabelece entre duas palavras, por meio da qual uma das palavras (chamada **palavra regida**) se subordina à outra (chamada **palavra regente**), funcionando como seu complemento.

> A língua prevê dois tipos de regência, a depender dos termos que se subordinam: a **regência nominal**, que é estabelecida entre *nomes* e seus complementos; e a **regência verbal**, que é estabelecida entre *verbos* e seus complementos.

Regência verbal

> **Regência verbal** é a denominação que se dá à relação entre verbos (chamados **termos regentes**), e seus respectivos complementos (chamados **termos regidos**).

> O tipo de vínculo estabelecido entre um verbo e seu complemento é chamado **transitividade verbal**.
> • Quando a transitividade é **direta**, os complementos (objetos diretos) ligam-se ao verbo sem auxílio de *preposição*.
> • Quando a transitividade é **indireta**, os complementos verbais (objetos indiretos) ligam-se ao verbo por meio de uma preposição.

A regência de alguns verbos

> *Aspirar*
> • É **transitivo direto** quando significa *respirar, sorver*.
> **Aspirei** *profundamente o perfume de seus cabelos.*

> • É **transitivo indireto** quando significa *pretender, desejar*.
> **Aspiro a** *um futuro melhor para meus filhos.*

> *Assistir*
> • É **transitivo indireto** no sentido de *presenciar, estar presente*.
> *Todos **assistiram ao** último filme de Tarantino.*

> • É também **transitivo indireto** no sentido de *caber razão a alguém*.
> *Apresentei todos os benefícios que **lhe assistem**.*

> • É usado indiferentemente como **transitivo direto** ou **indireto** quando empregado no sentido de *ajudar, prestar assistência, socorrer*.
> *Contratei uma enfermeira para **assistir** o meu avô.*
> *Contratei uma enfermeira para **assistir ao** meu avô.*

> *Esquecer*
> • Quando significa *sair da lembrança, olvidar*, esse verbo pode ser **transitivo direto**.
> *Quase **esqueci** seu aniversário!*

> • Se esse verbo aparecer em sua *forma pronominal*, deverá ter seu objeto precedido pela preposição *de*.
> *Quase **me esqueci do** seu aniversário!*

> • Há outra construção, de uso quase exclusivamente literário, com o verbo *esquecer-se*, pronominal. Trata-se de uma construção em que os termos que costumam funcionar como complemento (objeto direto ou indireto) desse verbo passam a funcionar como seu sujeito, o que atesta a concordância no plural.

Esqueceram-me todas as lembranças ruins; só ficaram as boas.

> *Implicar*
> • É **transitivo direto**, quando usado no sentido de *acarretar, ter como consequência*.
> *Seu erro **implicará** muitos prejuízos à empresa.*

> *Lembrar*
> • O verbo *lembrar(-se)* apresenta as mesmas regências que o verbo *esquecer(-se)*. Assim, no sentido de *evocar, sugerir, trazer à lembrança*, é **transitivo direto**.
> *Seu sorriso **lembrava** um dia de sol.*

> • No seu sentido mais comum, de *vir à memória*, admite as três construções abaixo, das quais a primeira é a mais frequente.
> **Lembro-me das** *meninas do colégio.*
> **Lembra-me das** *meninas do colégio.*
> **Lembram-me** *as meninas do colégio.*

> *Obedecer (desobedecer)*
> • É usado como **transitivo indireto**.
> *Menino, **obedeça ao** seu pai!*

> • Apesar de transitivo indireto, o verbo *obedecer* admite construções na voz passiva, o que é prerrogativa dos verbos transitivos diretos.
> *Meu avô queria que as palavras de seu testamento **fossem obedecidas**.*

> *O verbo desobedecer tem a mesma regência de obedecer.*

> *Pagar / perdoar*
> São **transitivos diretos** quando seu complemento refere-se a "coisa", e **transitivos indiretos** quando seu complemento refere-se a "pessoa".
> **Paguei** *a luz e o condomínio.*
> **Paguei à** *recepcionista para vir no fim de semana.*
> *Marcela **perdoou** as mentiras de Pedro.*
> *Maria **perdoou a**o Pedro por suas mentiras.*

> *Preferir*
> • É usado como **transitivo direto** no sentido de *dar preferência a*.
> *Mário **prefere** filmes de aventura.*

> • É **transitivo direto** e **indireto** no sentido de *escolher* uma dentre duas coisas.
> **Prefiro** *peixe a carne.*

> *Visar*
> • É **transitivo direto** nas acepções de *mirar* e *pôr visto* em documento.
> *O atirador **visou** o alvo.*
> *O orientador **visou** meu projeto de mestrado.*

> • É **transitivo indireto** na acepção de *pretender, ter em vista*.
> **Viso a** *uma aposentadoria tranquila.*

Enem e vestibulares

1. **(UEL-PR)** Analise o período:

> Antes de embrenhar-se na terceira reforma ortográfica em menos de um século (já **houve** outras em 1943 e 1971), é preciso ao menos ter certeza de que Portugal irá segui-la, [...].
>
> Adaptado de: "Sem pressa" (editorial). Disponível em: <http://www1.folha.uol.com.br/fsp/opiniao/fz2708200702.htm>. Acesso em: 31 out. 2007.

A alternativa que substitui corretamente a forma verbal destacada é:

a) Existiu.

b) Houveram.

c) Existiram.

d) Haveriam.

e) Existiria.

2. **(Vunesp/UFSCar-SP)** Qual a alternativa em que o emprego do verbo *dar* se aproxima mais da maneira como é empregado no trecho abaixo?

> Houve um tempo em que minha janela dava para um canal.

a) Às vezes, minha imaginação dava com ela a sorrir ao meu lado.

b) Faz um ano que seu amigo não dá sinal de vida.

c) Deu na televisão que vai chover amanhã à tarde.

d) No final da corrida, Felipe Massa deu tudo o que pôde.

e) É preciso dar andamento àquele seu projeto.

3. **(FGV-RJ)** Observe os períodos abaixo.

> A estatística mostra que nesta rodovia já ocorreram **vários** acidentes, causados por falha humana. Acreditamos que, depois do treinamento, existirão apenas alguns, causados por falha mecânica.

> Nesses períodos, os verbos *ocorrer* e *existir* podem ser substituídos por outros.

A alternativa abonada pela norma culta para efetuar essa substituição é:

a) Houveram/haverão.

b) Houveram/haverá.

c) Houve/terá.

d) Houve/haverá.

4. **(FGV-SP)** Leia o texto.

> Como diz o sociólogo Domenico De Masi, contratação inadequada: você seleciona gente "quadrada" e quer que elas passem, de repente, a ser "redondas".

> [...]
>
> Mais importante que a alta rotatividade, dirão alguns, é saber lidar com os desligamentos. Se demissões são inevitáveis, o mínimo a fazer é tratar os demitidos com respeito, dignidade e transparência, assegurando os direitos trabalhistas e estendendo benefícios por um período maior. Não é crível, contudo, que hajam defensores de *turnover* elevado. Alta rotatividade é doença (grave) e não deve ser subestimada.
>
> *Jornal Nota 10*, PR, ago. 2009.

a) No contexto, explique a concordância do termo *redondas*, justificando se está correta ou não.

_____
_____
_____
_____
_____
_____
_____
_____
_____
_____
_____
_____
_____
_____
_____
_____
_____

b) No texto, há um erro de concordância verbal. Transcreva-o, corrija-o e justifique a correção.

_____
_____
_____
_____
_____
_____
_____
_____
_____
_____
_____

5. (UEPB – adaptada)

Centelha da natureza

[...]

1 Vi prolongado verão
2 Se abater sobre a terra
3 E vi na baixa e na serra
4 Só folhas secas no chão
5 As árvores sem condição
6 De resistir o calor
7 E o sol com seu furor
8 Fazendo as águas secar
9 Sem pão, sem água e sem lar
10 Vi sofrendo o pecador.

[...]

ALBUQUERQUE, Severino Cavalcante de. *Centelha da natureza*. Campina Grande: Ed. da UEPB, 2000. p. 5.

Com base na estrofe, analise as proposições a seguir e classifique **V** para a(s) verdadeira(s) e **F** para a(s) falsa(s).

Da estrofe, pode-se concluir que há

( ) sujeito elíptico, identificável pela desinência verbal.

( ) uma repetição enfática de complementos verbais, demarcando a função de objeto direto pleonástico.

( ) uma adequação de uso, em relação à regência verbal (Verso 6), por aproximação ao registro típico da linguagem coloquial.

( ) uma inversão de natureza estilística nos versos "Sem pão, sem água e sem lar/ Vi sofrendo o pecador" (Versos 9 e 10).

( ) utilização de um paralelismo sintático acompanhado de um paralelismo rítmico, no verso 9.

Marque a alternativa CORRETA.

a) V F V V V **c)** V V F F V **e)** F V F V F
b) F V V F F **d)** F F V F F

6. (Uespi – adaptada) Observe o emprego dos verbos *ter* e *deter* no seguinte trecho:

Tem acesso à Internet no Brasil quem já detém mais informação e conhecimento.

Também estaria correto o uso destes verbos em:

a) Têm acesso à Internet no Brasil quem já detém mais informação e conhecimento.

b) Tem acesso à Internet no Brasil aqueles que já deteem mais informação e conhecimento.

c) Tem acesso à Internet no Brasil aqueles que já detêm mais informação e conhecimento.

d) Têm acesso à Internet no Brasil aqueles quem já detêm mais informação e conhecimento.

e) Teem acesso à Internet no Brasil aqueles quem já detêm mais informação e conhecimento.

7. (Ufal) As normas da concordância verbal e nominal são prestigiadas socialmente quanto ao desempenho comunicativo das pessoas. Segundo tais normas, a alternativa inteiramente correta é:

a) Nasceu várias palavras derivadas de outras estrangeiras que entraram na língua.

b) Nenhuma das diferentes línguas conseguiu livrar-se completamente do fenômeno dos estrangeirismos.

c) Cada uma das diferentes palavras importadas de outras línguas entraram no sistema lexical da língua.

d) Não haviam, no começo do século passado, línguas que não tenha tido seu léxico enriquecido com palavras estrangeiras.

e) Podem haver estrangeirismos que não afetem a estrutura do sistema lexical da língua.

8. (Unemat) Assinale a alternativa em que a concordância nominal está de acordo com a norma padrão da língua.

a) Encaminho alguns documentos anexo para conhecimento dos projetos instituicionais.

b) O menino não era tal qual seus irmãos.

c) Era meio-dia e meio quando as autoridades deram início à solenidade.

d) Tenho menas informação que você sobre o resultado da pesquisa.

e) É necessário a participação dos alunos nos eventos da escola.

9. (Ufam) Assinale a opção em que há erro de concordância:

a) Por que será que Maria está hoje meio aborrecida? Que bicho a terá mordido?

b) Remeto-lhe inclusas as anotações solicitadas.

c) Achamos muito bonitos os quadros que tens em casa.

d) Estas rendas são o mais delicadas possível.

e) Tratam-se de questões que estão na ordem do dia.

10. (Ufal) Com base na coerência linguística requerida para os enunciados seguintes, identifique aquele em que as exigências da regência verbo-nominal foram observadas.

a) O meio o qual cada indivíduo constrói e expressa sua identidade é a linguagem.

b) A linguagem – a qual todos nós estamos sujeitos – constitui um fator de construção e de expressão da linguagem verbal.

c) A linguagem está inserida no universo das relações humanas, ao qual são avaliadas posições, ideias, emoções e intenções.

d) Admitamos uma linguagem que nos constrói e em que intervimos frente aos diferentes contextos sociais de interação.

e) É insuficiente aquele esquema tradicional dos *Elementos da Comunicação*, a que um "remetente" emite uma mensagem pronta.

Colocação pronominal

O contexto sintático determina a colocação dos pronomes pessoais oblíquos átonos, que exercem a função de complemento verbal.

Os pronomes oblíquos átonos

❯ Os **pronomes pessoais oblíquos átonos** atuam, sintaticamente, como complementos de verbos.

❯ A **colocação pronominal** é a parte da gramática normativa que determina qual deve ser a posição ocupada pelos pronomes oblíquos em relação aos verbos, a depender do contexto sintático em que ocorrem.

As posições ocupadas pelos pronomes oblíquos átonos

❯ Os pronomes oblíquos átonos podem ocupar três posições diferentes.

❯ Quando o pronome oblíquo vem antes do verbo, diz-se que ocorreu uma **próclise** pronominal.

*Meus pais **me ajudaram** muito.*

❯ Quando aparece após o verbo, diz-se que ocorreu uma **ênclise** pronominal.

***Fazê-la** feliz era meu sonho.*

❯ Quando o pronome aparece entre o radical e a desinência das formas verbais do futuro do presente e do futuro do pretérito, diz-se que ocorreu uma **mesóclise**.

***Amar-te-ei** por toda minha vida.*

Ênclise

❯ Verbo iniciando a oração.

Emprestou-me uma bicicleta.

❯ Verbo no imperativo afirmativo.

Devolva-me a bicicleta!

❯ Verbo no gerúndio.

Ele quis aparecer escondendo-me a bicicleta.

❯ Verbo no infinitivo impessoal.

Ele precisa entregar-me a bicicleta.

Próclise

❯ **Palavras ou locuções de sentido negativo.**

Não me devolveram a bicicleta.

❯ **Advérbios.**

Amanhã me devolverão a bicicleta.

❯ **Pronomes relativos.**

A bicicleta que lhe emprestei não foi devolvida.

❯ **Pronomes indefinidos.**

Alguém me trouxe a bicicleta?

❯ **Pronomes demonstrativos neutros.**

Isso me estraga a bicicleta.

❯ **Conjunções e locuções subordinativas.**

Estou nervoso, porque me esconderam a bicicleta.

❯ **Nos enunciados exortativos, exclamativos e nas perguntas diretas.**

Quem me devolverá a bicicleta?

❯ Nos enunciados em que ocorrem **tempos verbais compostos** e **locuções verbais**, a tendência generalizada no português brasileiro é a de colocar o pronome átono depois do **verbo auxiliar** e antes do **verbo principal**.

*Ele **tem** me **escondido** a bicicleta.*

Mesóclise

❯ A gramática normativa recomenda o uso da **mesóclise** sempre que o verbo estiver no **futuro do presente** ou no **futuro do pretérito** e não vier precedido por uma das palavras que atraem os pronomes átonos.

Observe.

Devolver-me-ão a bicicleta amanhã.

(Mas: *Não me devolverão a bicicleta amanhã.*)

Devolver-nos-iam a bicicleta se não estivesse chovendo.

(Mas: *Alguém nos devolveria a bicicleta se não estivesse chovendo.*)

❯ A mesóclise está em franco desuso, ficando restrita apenas a alguns contextos formais de uso escrito da linguagem.

Enem e vestibulares

1. **(Enem-Inep)** O uso do pronome átono no início das frases é destacado por um poeta e por um gramático nos textos abaixo.

Pronominais

Dê-me um cigarro

Diz a gramática

Do professor e do aluno

E do mulato sabido

Mas o bom negro e o bom branco

da Nação Brasileira

Dizem todos os dias

Deixa disso camarada

Me dá um cigarro.

ANDRADE, O. de. *Seleção de textos.*
São Paulo: Nova Cultural, 1998.

Iniciar a frase com pronome átono só é lícito na conversação familiar, despreocupada, ou na língua escrita quando se deseja reproduzir a fala dos personagens [...].

CEGALA, D. P. *Novíssima gramática da língua portuguesa.* São Paulo: Nacional, 1980.

Comparando a explicação dada pelos autores sobre essa regra, pode-se afirmar que ambos:

a) condenam essa regra gramatical.

b) acreditam que apenas os esclarecidos sabem essa regra.

c) criticam a presença de regras na gramática.

d) afirmam que não há regras para uso de pronomes.

e) relativizam essa regra gramatical.

2. **(UEPB – adaptada)**

O político famoso estava sem dinheiro e foi ao banco. Dentro da agência descobriu que estava sem documento. Falou direto com o gerente.

— Sabe quem sou? Estou sempre nos jornais, na TV.

— É, sua fisionomia não me é estranha. Mas sempre que isso acontece, eu faço um teste com o cliente. Por exemplo, outro dia esteve aqui um senhor dizendo ser um famoso poeta. Ele fez um poema lindo, em poucos minutos, e então nós pagamos o cheque. Depois veio um cartunista, desenhou uma piada ótima, e nós pagamos. Depois veio o Pelé e marcou cinco gols no nosso caixa. E o senhor?

O político ficou meio sem graça e falou pro gerente:

— Mas... eu não sei fazer nada!

E o gerente, direto para o caixa:

— Pode pagar o cheque!

Ziraldo. *Anedotinhas do bichinho da maçã.*
São Paulo: Melhoramentos, 1988. p. 23-24.

Em "– É, sua fisionomia não me é estranha.", é correto afirmar que:

I — A ocorrência da próclise é similar à frequência de uso em textos informais falados e escritos.

II — O uso da próclise se deve à exigência de um atrator que justifica essa ocorrência.

III — O pronome oblíquo exerce no contexto uma função sintática completiva verbal.

IV — O atributo "estranha" exerce função de predicativo em relação ao objeto indireto.

Analise as proposições e marque a alternativa que apresenta a(s) correta(s).

a) III apenas.

b) I, II e III.

c) II apenas.

d) II e IV.

e) IV apenas.

3. **(Cefet-MG)** A alteração na ordem da palavra em destaque promoveu um desvio da norma padrão, **exceto** em:

a) "Já não <u>se</u> encolhe..."

Já não encolhe-<u>se</u>...

b) "... as pessoas nunca <u>se</u> comunicaram tanto quanto na internet..."

... as pessoas nunca comunicaram-<u>se</u> tanto quanto na internet...

c) "... que se abre de par em par, passando para o outro lado, e <u>se</u> entregando..."

"... que se abre de par em par, passando para o outro lado, e entregando-<u>se</u>..."

d) "... a não ser por medo de sair à noite, pela insegurança que <u>se</u> alastra..."

... a não ser por medo de sair à noite, pela insegurança que alastra-<u>se</u>...

e) "Encontram-<u>se</u>, em bibliotecas monumentais como a do Congresso americano..."

<u>Se</u> encontram, em bibliotecas monumentais como a do Congresso americano...

4. **(Ufam)** Assinale a alternativa em que **não** se admite outra colocação do pronome, de acordo com as tendências da norma culta, compendiadas nas gramáticas de uso escolar:

a) Alex está se insinuando para ocupar o cargo.

b) Amarildo veio aqui para lhe trazer estas relíquias.

c) Seus pais hão de lhe perdoar a falta.

d) Deus perdoa a quem sinceramente se arrepender de seus erros.

e) A pobre moça vai-se recuperando aos poucos dos profundos dissabores que lhe causou aquele amor.

5. (Fuvest-SP)

> Jornalistas não deveriam fazer previsões, mas as fazem o tempo todo. Raramente se dão ao trabalho de prestar contas quando erram. Quando o fazem não é decerto com a ênfase e o destaque conferidos às poucas previsões que acertam.
>
> Marcelo Leite, *Folha de S.Paulo.*

a) Reescreva o trecho "Jornalistas não deveriam fazer previsões, mas as fazem o tempo todo", iniciando-o com "Embora os jornalistas..."

_____

_____

_____

_____

b) No trecho "Quando <u>o</u> fazem não é decerto com a ênfase [...]", a que ideia se refere o termo grifado?

_____

_____

_____

_____

_____

6. (Vunesp/UFABC-SP) A alternativa em que os pronomes estão empregados de acordo com a norma culta é:

a) Euclides da Cunha é enviado para cobrir a Guerra e de fato consegue lhe cobrir.

b) Não quer apenas registrar os acontecimentos, quer registrar eles com precisão.

c) As expedições destinadas a derrubar Antônio Conselheiro não derrubam-no.

d) A aldeia queria se opor à República, e efetivamente o fez.

e) Pretendia documentar as expedições e conseguiu fazê-las.

7. (Uerj)

> E que ainda não pôde se converter em estrelas...

Neste verso, a colocação do pronome pessoal átono na locução verbal segue a norma coloquial corrente no português do Brasil. Reescreva o verso por inteiro, reposicionando o pronome em uma outra colocação possível, segundo as normas do uso culto padrão.

_____

_____

_____

_____

_____

_____

8. (UFTM-MG) Leia o trecho a seguir para responder à questão.

> Atualmente se encontra decoração com poucos objetos, muita luz e cores neutras, a fim de não criar-se um modismo; são fortes tendências que visam ao bem-estar do ser humano com um conteúdo social.
>
> (*Shopping News*, 26.05. Adaptado)

Aponte, nesse trecho, um desvio da norma culta referente à colocação pronominal.

_____

_____

_____

_____

_____

_____

_____

A crase e seu uso

Conhecer os contextos morfossintáticos em que se deve utilizar o sinal indicativo da crase ajuda a utilizar corretamente a modalidade escrita culta.

Crase

》 **Crase** é o resultado de um processo fonológico por meio do qual dois fonemas vocálicos idênticos realizam-se, na fala, como um fonema, apenas.

》 Na escrita, marca-se a crase com o **acento grave** (`) quando é desencadeada pela ocorrência da preposição *a* seguida do artigo definido feminino *a* (*as*), ou dos pronomes demonstrativos *a, aquele, aqueles, aquela, aquelas, aquilo* ou ainda dos pronomes relativos *a qual, as quais*.

》 Para decidir se a crase deve ser marcada antes de um termo feminino, basta substituir o termo feminino por um termo masculino. Se houver a ocorrência de **preposição + artigo**, a crase deve ser indicada no caso do termo feminino. **Observe.**

*Marina foi **a** (?) biblioteca.*

*Marina foi **ao** autódromo.* → *Marina foi **à** biblioteca.*

Regras para o uso do sinal indicativo de crase

》 A **crase** deve ser indicada nas **locuções adverbiais, prepositivas** e **conjuntivas** formadas a partir de palavras femininas, pois ocorre, nesses casos, a sequência de preposição + artigo feminino.

• **Locuções adverbiais:** *às vezes, à noite, à tarde, às claras, à meia-noite, às três horas.*

• **Locuções prepositivas:** *à frente de, à beira de, à exceção de.*

• **Locuções conjuntivas:** *à proporção que, à medida que.*

》 Quando a locução adverbial indica uma **hora específica**, utiliza-se artigo antes do numeral e, portanto, a crase da preposição com o artigo deve ser marcada na escrita: *Encontro você **às** cinco da tarde.*

》 A crase é sempre indicada nas expressões *à moda* (*de*) e *à maneira* (*de*), mesmo que parte dessas expressões fique subentendida: *lasanha **à** bolonhesa* (= *lasanha à moda bolonhesa*).

》 Com os substantivos *casa* e *terra*, o uso do sinal indicativo de crase depende da presença ou não do artigo definido.

• Com o sentido de "próprio lar", o substantivo *casa* não pode vir precedido do artigo e, portanto, não há a crase: *Voltei **a** casa bastante cansado.*

• Com o sentido de residência de outra(s) pessoa(s), o substantivo **casa** vem precedido do artigo e, portanto, há a crase: *Fui **à** casa de Pedro apenas uma vez.*

• Com o sentido de "terra firme", o substantivo *terra* não pode vir precedido do artigo e, portanto, não há a crase: *Não vejo a hora de chegar **a** terra.*

• Com o sentido de lugar específico, o substantivo *terra* vem precedido do artigo e, portanto, há a crase: *Não vejo a hora de chegar **à** terra em que nasci.*

》 No caso dos **pronomes demonstrativos** *aquele(s), aquela(s)* e *aquilo* e dos **pronomes relativos** *a qual* e *as quais*, ocorre a crase quando esses pronomes vêm introduzidos com a mediação da preposição *a*.

*Vou **àquela** festa de que lhe falei.*
(ocorre a preposição *a* – *ir* **a**)

*A exposição **à qual** me retiro é legal.*
(ocorre a preposição *a* – *referir-se* **a**)

》 O uso do artigo definido é facultativo antes de **nomes próprios femininos**. Costuma-se optar por seu emprego em situações informais. Se o artigo ocorrer antes do nome próprio feminino, deve ser utilizado o sinal da crase.

*Pergunte isso **a** Joana.* (situação mais formal)

*Pergunte isso **à** Joana.* (situação mais informal)

Casos em que o sinal de crase não deve ser utilizado

》 Antes de palavras que não vêm precedidas do artigo definido feminino, como é o caso dos **substantivos masculinos** e dos **verbos no infinitivo**.

*Que bom! Podemos voltar **a** pé da cidade.*

*Ele ainda tinha muito **a** fazer naquele lugar.*

》 Antes de **substantivos femininos no plural** quando usados em sentido genérico. Nesse caso, esses substantivos são antecedidos apenas pela preposição *a*.

*A palestra era direcionada **a** mulheres casadas.*

》 Antes de pronomes pessoais, indefinidos e demonstrativos.

*Por favor, entregue **a** ela estas flores.*

*Avisei **a** essas alunas que hoje não haveria aula.*

》 Antes de substantivo indicativo de instrumento.

*A prova deve ser feita **a** tinta.*

》 Em expressões com palavras repetidas.

*O rapaz nunca ficara frente **a** frente com o pai da namorada.*

Conteúdo digital Moderna PLUS

http://www.modernaplus.com.br

Vídeo: trecho do episódio "A guerra das panelas", do programa *Toma lá, dá cá*.

Enem e vestibulares

1. (Fuvest-SP) A manchete de jornal que está correta quanto ao emprego do acento grave (crase) é:

a) Em represália à prisões, MST invade terras de amigo de FHC.

b) Senador se opõe à veto presidencial.

c) Embaixador pede apoio à Inglaterra para força de paz.

d) Atores negros foram premiados em meio à bastante entusiasmo.

e) Advogado de médico o aconselha à manter silêncio.

2. (FGV-SP – adaptada) Leia o texto.

Como bem mostra João Adolfo Hansen, no prefácio, Samuel Beckett atinge a história nessas eliminações da voz. Como matéria manuseada, _____ que está no meio, entre o dentro e o fora, entre o crânio e o mundo, só resta falar, "continuar a tagarelice aterrorizada dos condenados ao silêncio". Recusando, contudo, todas as determinações, conceitos e os pretensos sentidos, impedindo que a voz se torne universal; esvaziá-la, até torná-la estéril, entulho do fracasso histórico do *sensus communis* e do *linguistic turn*: para Beckett, verso e reverso de uma vida historicamente danificada.

Jornal de Resenhas, número 4, ago. 2009.

A lacuna do texto deve ser preenchida com *a voz* ou *à voz*? Justifique a sua resposta.

_____

_____

_____

_____

_____

_____

_____

3. (ESPM-SP) Em todas as frases abaixo, está presente o acento grave, indicador da ocorrência de **crase**. Em qual delas o acento foi usado **indevidamente** (de forma proposital em razão da questão)?

a) O ataque terrorista à sede da ONU em Bagdá demonstra insanidade do terrorismo agora globalizado.

b) O terrorismo deve ser repelido como grave ameaça à civilização e à comunidade dos povos.

c) Às vésperas do 11 de setembro, as lições da tragédia devem motivar os países para ações conjuntas.

d) Há muitos mercados emergentes à beira do colapso.

e) Conselho de Segurança da ONU expediu, logo após à ofensiva terrorista de 11 de setembro, leis mais rigorosas.

4. (ITA-SP) Leia o texto seguinte:

Antes de começar a aula — matéria e exercícios no quadro, como muita gente entende —, o mestre sempre declamava um poema e fazia vibrar sua alma de tanta empolgação e os alunos ficavam admirados. Com a sutileza de um sábio foi nos ensinando a linguagem poética mesclada ao ritmo, à melodia e a própria sensibilidade artística. Um verdadeiro deleite para o espírito, uma sensação de paz, harmonia.

OSÓRIO, T. Meu querido professor. *Jornal Vale Paraibano*, 15 out. 1999.

a) Qual a interpretação que pode ser dada à ausência da crase no trecho "a própria sensibilidade artística"?

_____

_____

_____

_____

_____

_____

b) Qual seria a interpretação caso houvesse a crase?

_____

_____

_____

_____

5. (PUC-RJ – adaptada) Na coluna Língua Viva, o professor Sérgio Duarte chama a nossa atenção para a possibilidade de variação interpretativa de enunciados em função do acento grave. Explique como isso se dá nos enunciados abaixo.

I. Veio à noite de mansinho e encontrou-o dormindo.

II. Veio a noite de mansinho e encontrou-o dormindo.

_____

_____

_____

_____

_____

6. (Unifesp) Leia o texto.

GRIPE A

Escolas particulares e públicas no Paraná voltam às aulas na segunda-feira

Com a decisão tomada nesta quinta-feira, às aulas de creches, ensino fundamental e médio, pré-vestibulares e universidades particulares serão retomadas na próxima semana.

Gazeta do Povo, 13 ago. 2009.

No texto, há um erro que se corrige com a substituição de

a) *voltam* por *volta*.

b) *voltam às aulas* por *voltam as aulas*.

c) *Com a decisão* por *Pela decisão*.

d) *às aulas de creches* por *as aulas de creches*.

e) *próxima semana* por *semana seguinte*.

7. (Uespi – adaptada) Na expressão "preço ajustado à inflação", como se pode ver, a crase é uma questão que concerne à regência das palavras. Nessa visão, qual a alternativa em que o sinal da crase pode ser caracterizado como adequado?

a) Há muito poucos sinais de que a globalização plena venha à acontecer.

b) Não era de se esperar que a globalização conduzisse à uma desigualdade social tão exacerbada.

c) A globalização trouxe muitos benefícios à cada uma das nações mais desenvolvidas.

d) Ninguém pode atribuir apenas à globalização a aceleração do crescimento mundial.

e) O Simpósio sobre Globalização acontecerá de 15 à 20 do corrente mês, das 8h00 às 12h30.

8. (Ufam) Assinale a alternativa em que há erro no emprego do *a* acentuado.

a) Cara a cara na Polícia, os marginais prestaram informações nem um pouco fiéis à verdade.

b) Para escapar às cassações, alguns deputados, envolvidos em comissões de inquérito, preferem renunciar.

c) Não nos submetamos àquelas exigências absurdas, que são ilegais.

d) Deixarei de fumar à partir do meu cinquentenário.

e) À semelhança de quem se preocupa com a folha que ameaça entupir a calha, um deputado apresentou um projeto de lei que extingue o uso da crase.

9. (FGV-SP) Com a palavra *casa*, no sentido de "lar", ocorre um fato curioso na língua portuguesa: quando utilizada nesse sentido, sem qualquer modificador, não é acompanhada por artigo definido feminino. Por exemplo, diz-se *estou em casa* e não *estou na casa*. Contudo, quando é seguida por algum modificador, vem o artigo a acompanhá-la: *venho da casa* (de + a) *de José*.

Por outro lado, na linguagem familiar, costuma-se dizer *vou na escola* em vez de *vou à escola*, contrariando a norma culta que manda usar a preposição *a* com verbos que indicam movimento.

Pergunta-se: no exemplo abaixo deve ou não ocorrer o acento indicador da crase? Explique.

Vou à casa do novo habitante da cidade.

10. (Ibmec-SP) A crase foi empregada incorretamente em:

a) Cravava vírgulas e crases à maneira de um ourives.

b) Ao chegar à casa, Borjalino percebeu que seu esforço fora em vão.

c) Agora o esplêndido funcionário estava à toa.

d) Todos resistiam à sua erudição.

e) Borjalino seguiu até à porta, abriu-a e saiu sem olhar para trás.

Pontuação

Os sinais de pontuação desempenham a função de delimitadores de unidades e de sinalizadores de limites de estruturas sintáticas nos textos escritos.

Os sinais de pontuação

❯ Sinais de pontuação que indicam pausas correspondentes ao término de unidades de forma e de sentido: o **ponto**, a **vírgula** e o **ponto e vírgula**.

❯ Sinais de pontuação que delimitam, na escrita, unidades que, na fala, costumam vir associadas a entoações específicas: os **dois-pontos**, o **ponto de interrogação**, o **ponto de exclamação**, as **reticências**, as **aspas**, os **parênteses**, o **travessão**.

O ponto

❯ O **ponto** é utilizado para sinalizar o término de orações declarativas.

❯ O **ponto simples** delimita orações declarativas que, por expressarem ideias relacionadas, sucedem-se no interior do mesmo parágrafo.

❯ Quando se quer passar de um grupo de ideias a outro, deve-se usar o chamado **ponto-parágrafo** e retomar a escrita uma linha abaixo, deixando-se um espaço no início da linha.

❯ O **ponto-final** é utilizado para marcar o final do texto escrito.

O ponto de interrogação

❯ O **ponto de interrogação** é utilizado ao final dos enunciados interrogativos.

O ponto de exclamação

❯ O **ponto de exclamação** é utilizado ao final dos enunciados exclamativos, denotativos de espanto, admiração, surpresa, apelo, ênfase.

❯ Da mesma maneira que o ponto, o ponto de interrogação e o ponto de exclamação podem ocorrer **delimitando enunciados** no interior de parágrafos, no final de parágrafos, ou no final de textos.

A vírgula

A vírgula no interior de orações

❯ Separa constituintes sintáticos idênticos em uma **enumeração**.

Exemplo:

Gosto de bala, pirulito, chocolate, doce de leite, de tudo!

❯ Quando os elementos que exercem a **mesma função sintática** são relacionados pelas conjunções coordenativas *e*, *nem* e *ou* e essas conjunções se repetem, também se usa a vírgula.

Veja.

Ou minha mãe, ou meu pai virá me buscar.

❯ A vírgula indica a **elipse** de uma palavra (geralmente um verbo).

Observe.

João comeu uma pizza inteira; Daniel, apenas as bordas.

❯ A vírgula também pode isolar o **vocativo** ou o **aposto** do restante da oração.

Observe os exemplos.

Mãe, tem mais leite?

Capitu, personagem de Machado de Assis, é uma das mais lembradas pelos leitores.

❯ A vírgula pode indicar que um **adjunto adverbial** foi utilizado fora de sua posição habitual.

Exemplo:

No Brasil, as desigualdades são muitas.

❯ Indica que **complementos nominais** ou **verbais** foram deslocados para o início da oração.

Exemplo:

De suas atitudes, ele tem medo.

❯ A vírgula também indica **conjunções intercaladas**.

Exemplo:

Tive de mudar seu presente. Espero, entretanto, que você não fique chateada.

❯ Isola nomes de lugares, quando se transcrevem datas.

Exemplo:

São Paulo, 12 de maio de 2010.

❯ Marca a intercalação de expressões como *em suma, isto é, ou seja, vale dizer, a propósito, aliás.*

Exemplo:

Isso significa, em suma, que você não será mais promovido.

❯ Não se admite, no interior de orações, o uso da vírgula para separar o sujeito do predicado verbal, o verbo do seu complemento e o núcleo do substantivo de um adjunto adnominal ou de um complemento nominal.

A vírgula entre orações

❯ Separa a **oração subordinada adverbial** que ocorre antes da oração principal.

❯ Caso a **subordinada adverbial** venha depois da principal, a vírgula será facultativa.

Veja os exemplos.

Assim que saiu de casa, percebeu que estava sem a carteira.

Percebeu que estava sem a carteira, assim que saiu de casa.

Percebeu que estava sem a carteira assim que saiu de casa.

❭ Separa a **oração subordinada adjetiva explicativa** da oração principal.

Exemplo:

Meu irmão, que sempre foi honesto, ficou indignado com o roubo.

❭ Separa **orações coordenadas assindéticas**.

Exemplo:

Cantamos, dançamos, rimos como crianças.

❭ Separa **orações coordenadas sindéticas**.

Exemplo:

Ela adorava feijoada, mas pediu uma salada.

❭ Não se usa a vírgula para separar orações coordenadas sindéticas ligadas pela conjunção **e**, exceto quando os **sujeitos** forem diferentes ou quando o **e** aparecer repetido.

Veja os exemplos.

As meninas dançaram a noite toda, e os meninos só apreciaram.

Ela gritava, e corria, e encantava a todos.

❭ Delimita **orações intercaladas**.

Exemplo:

Aquela festa grandiosa, pensava Carol, seria mesmo para ela?

O ponto e vírgula

❭ Separa **partes de períodos** que já apresentam divisões assinaladas por vírgulas.

Exemplo:

Mariana era prestativa, um verdadeiro anjo; o irmão, em compensação, era o terror do bairro.

❭ Separa **os itens de enunciados enumerativos**.

Exemplo:

As lojas, enfim, teriam mais clientes; os empresários, mais lucros; os vendedores, mais bônus; e os clientes, mais opções.

❭ Separa **orações coordenadas** extensas.

Exemplo:

A saída do show do grande astro do rock foi muito confusa; Ana, contudo, havia combinado com um motorista para buscá-la.

Os dois-pontos

❭ São usados antes de uma **citação** ou **fala de alguém**.
❭ São usados para indicar o **início de uma enumeração**.

Exemplo:

Vieram todos: os pais, os tios, os primos, os avós e os amigos de infância.

❭ São usados para introduzir um **esclarecimento** ou **explicação** a respeito de algo previamente mencionado.

Exemplo:

Vamos combinar o seguinte: eu escrevo o texto e você apresenta o trabalho.

As aspas

❭ Costumam ser utilizadas para indicar uma **citação**.

❭ Indicam também palavras ou expressões que são, de alguma forma, estranhas à língua: **palavras estrangeiras**, **palavras inventadas** (neologismos), **gírias**.

❭ Indicam **ironia**.

Exemplo:

O projeto "brilhante" do deputado aumentou muito os gastos públicos.

As reticências

❭ São empregadas, nos textos escritos, para indicar **hesitação**, **interrupção**, ou a **suspensão de um pensamento** ou ideia que fica a cargo do leitor completar.

❭ Indicam que determinado **trecho** de um texto citado foi **suprimido**, por ser irrelevante para os objetivos de quem o está citando. Nesse caso, as reticências devem vir entre colchetes [...] ou parênteses (...).

Os parênteses

❭ Utilizam-se os **parênteses** para intercalar, em algum momento do texto, observações, explicações ou comentários acessórios.

❭ O conteúdo dos parênteses pode geralmente ser suprimido sem prejuízo da ideia geral do texto, já que constitui informação acessória.

O travessão

❭ Indica o **discurso direto**.

❭ O travessão também é usado para **isolar palavras** ou **enunciados** intercalados em outros enunciados. Nesse caso, usa-se o travessão duplo, a não ser que o enunciado intercalado finalize o primeiro.

Veja o exemplo.

Uma e outra [a agulha e a linha] iam andando orgulhosas, pelo pano adiante, que era a melhor das sedas, entre os dedos da costureira, ágeis como os galgos de Diana — para dar a isto uma cor poética.

ASSIS, Machado de. Um apólogo.
In: *Para Gostar de Ler* - Contos, São Paulo:
Ática, 1984. p. 59. v. 9. (Fragmento).

Enem e vestibulares

1. **(Fuvest-SP)** Em qual destas frases a vírgula foi empregada para marcar a omissão do verbo?

   a) Ter um apartamento no térreo é ter as vantagens de uma casa, além de poder desfrutar de um jardim.

   b) Compre sem susto: a loja é virtual; os direitos, reais.

   c) Para quem não conhece o mercado financeiro, procuramos usar uma linguagem livre do economês.

   d) A sensação é de estar perdido: você não vai encontrar ninguém no Jalapão, mas vai ver a natureza intocada.

   e) Esta é a informação mais importante para a preservação da água: sabendo usar, não vai faltar.

2. **(ITA-SP)** Os excertos abaixo foram extraídos de uma etiqueta de roupa. Qual a opção que NÃO apresenta erro quanto ao emprego da vírgula?

   a) Para a secagem, as peças confeccionadas com cores claras e escuras, devem ser estendidas sempre com a cor clara para cima para evitar manchas.

   b) Cuidado com produtos como esmalte, acetona, água oxigenada, tintura para cabelo, produtos para o rosto entre outros, pois, podem manchar as peças.

   c) Produtos à base de cloro como água sanitária e água de lavadeira, atacam o corante desbotando o tecido.

   d) Peças 100% algodão, não devem ser lavadas com peças que contêm poliéster, pois podem soltar bolinhas e estas se depositam sobre as fibras naturais.

   e) Na lavagem, não misturar peças de cor clara com as de cor escura.

3. **(Uespi)** Analise a pontuação do seguinte trecho:

   > O Brasil ainda tem um bom caminho pela frente, antes de poder declarar que se beneficiou de forma substancial da globalização.

   Também está correta a pontuação desse trecho em:

   a) O Brasil ainda tem um bom caminho pela frente, antes de poder declarar, que se beneficiou de forma substancial da globalização.

   b) O Brasil ainda tem um bom caminho pela frente, antes de poder declarar que se beneficiou, de forma substancial, da globalização.

   c) O Brasil ainda tem um bom caminho pela frente, antes de poder declarar que, se beneficiou, de forma substancial da globalização.

   d) O Brasil ainda tem um bom caminho pela frente antes de poder, declarar, que se beneficiou de forma substancial da globalização.

   e) O Brasil, ainda tem um bom caminho pela frente, antes de poder declarar, que se beneficiou de forma substancial, da globalização.

4. **(FGV-SP)** Observe a pontuação dos segmentos frasais:

   a) Assim que saí do elevador no andar errado os versos de Drummond me desabaram na cabeça. Você constata um erro de pontuação? Explique.

   _____

   _____

   _____

   _____

   b) Voltei ao elevador decidido a raspar essa barbicha calculadamente desleixada, meu crachá de escritor. Justifique o emprego da vírgula no período.

   _____

   _____

   _____

   _____

5. **(ITA-SP)** Leia o texto seguinte:

   > Levantamento inédito com dados da Receita revela quantos são, quanto ganham e no que trabalham os ricos brasileiros *que pagam impostos*. [...]
   >
   > Entre os nove que ganham mais de 10 milhões por ano, há cinco empresários, dois empregados do setor privado, um que vive de rendas. O outro, *quem diria*, é servidor público.
   >
   > *Veja*. São Paulo: Abril, 12 jul. 2000.

   a) A ausência de vírgula no trecho em destaque, no primeiro parágrafo, afeta o sentido? Justifique.

   _____

   _____

   _____

   _____

   _____

   _____

   _____

   _____

   _____

   b) Por que o emprego da vírgula é obrigatório no trecho em destaque, no segundo parágrafo? O que esse trecho permite inferir?

mais adequada, da frase mais elegante, enfim, na construção do texto mais envolvente. Como na elaboração deste artigo. Situação paradoxal em relação ao tempo despendido por você, leitor, se porventura conseguiu chegar até aqui.

LIBÂNIO, Marcelo. *Boletim Informativo da UFMG*, n. 1398, ano 29, 29 maio 2003. (Adaptado).

Acerca dos sinais de pontuação utilizados no texto, analise as proposições a seguir.

1) As reticências utilizadas no título indicam suspensão do pensamento, que acentua o efeito de surpresa da informação que se lhes segue.

2) Em "A motivação deste texto adveio da frequência com a qual tenho me deparado, ao longo dos quase dez anos como docente da Escola de Engenharia da UFMG, com a velha frase: 'O último livro que li foi para o vestibular'.", os dois-pontos introduzem uma citação literal.

3) No trecho: "Por fim, muito do meu apreço pela Literatura advém do saber o quão árdua é a produção de um texto. Mesmo científico.", o autor opta por isolar este último segmento, colocando-o após um ponto-final, o que lhe confere maior destaque.

4) No trecho sublinhado: "Na Literatura nacional, não se passa incólume pelas páginas de *Vidas secas*, *O tempo e o vento*, *Tereza Batista cansada de guerra* ou *Capitães da areia*, sem refletir sobre a nossa realidade...", as vírgulas são facultativas, pois há elipse do verbo.

Estão corretas apenas:

a) 1 e 4.
b) 2 e 3.
c) 3 e 4.
d) 1 e 2.
e) 1, 2 e 3.

(Vunesp/Ilha Solteira-SP) Leia o poema de João Cabral de Melo Neto para responder às questões de números 7 e 8.

Questão de pontuação

Todo mundo aceita que ao homem
cabe pontuar a própria vida:
que viva em ponto de exclamação
(dizem: tem alma dionisíaca);

viva em ponto de interrogação
(foi filosofia, ora é poesia);
viva equilibrando-se entre vírgulas
e sem pontuação (na política):

o homem só não aceita do homem
que use a só pontuação fatal:
que use, na frase que ele vive
o inevitável ponto-final.

Museu de Tudo e Depois. Rio de Janeiro: Nova Fronteira, 1988. p. 146.

---

6. (Ufal)

A importância da Literatura... para a Engenharia

A motivação deste texto adveio da frequência com a qual tenho me deparado, ao longo dos quase dez anos como docente da Escola de Engenharia da UFMG, com a velha frase: "O último livro que li foi para o vestibular". O desalento da frase é agravado (salvo exceções) nos trabalhos, pelos textos incompreensíveis, nos quais sujeitos, predicados, objetos diretos e vírgulas digladiam-se em batalhas cruentas, que nem os corretores ortográficos conseguem minimizar.

O contato com a Literatura não é apenas benfazejo como forma de aprimoramento da expressão oral e escrita. Também fomenta o desenvolvimento do raciocínio abstrato, imprescindível para os estudos de matemática e física, dois pilares das Ciências Exatas e das Engenharias. Todavia, o usufruir da Literatura requer inevitavelmente uma dose de solidão que, parece, os nossos alunos não conseguem se dar. Diferentemente da minha geração, há hoje permanente possibilidade e perspectiva de contato a qualquer tempo (celular), em qualquer lugar (Internet). Desfrutar do prazer da Literatura é essencialmente um momento do exercício da individualidade. Da escolha do livro ao tempo gasto para a leitura.

Em outro contexto, talvez o mais importante, a Literatura influencia a forma de ver o mundo, suscita reflexões, sedimenta valores. Pelo muito que desvela e pelo muito que vela. Lembro-me do impacto de uma obra-prima da escritora belgo-francesa Marguerite Yourcenar, *Alexis — o Tratado do vão combate*, que li na juventude e venho relendo pela vida afora, sempre com renovado prazer. Na Literatura nacional, não se passa incólume pelas páginas de *Vidas secas*, *O tempo e o vento*, *Tereza Batista cansada de guerra* ou *Capitães da areia*, sem refletir sobre a nossa realidade, apresentada a cada dia com disfarces imperfeitos. [...]

Recentemente, reli um daqueles exemplares — *Werther* —, cujas folhas já traziam as manchas indeléveis do tempo. O romance marcante da minha adolescência pareceu-me pueril na idade madura. Com a decepção desta releitura, pude redescobrir (em verdade confirmar) velha assertiva. Há livros adequados para cada fase da nossa existência.

Por fim, muito do meu apreço pela Literatura advém do saber o quão árdua é a produção de um texto. Mesmo científico. Levamos, por vezes, dias para finalizar um parágrafo, na renovada frustração da busca da palavra

7. O poeta estabelece uma relação entre a vida e a pontuação.

a) O que se entende com os versos "Todo mundo aceita que ao homem / cabe pontuar a própria vida"?

_____

_____

_____

_____

_____

_____

_____

b) Nos dois versos finais do texto, o que significam "frase" e "o inevitável ponto-final"? Que figura de linguagem está aí presente?

_____

_____

_____

_____

8. Observe a pontuação no poema de João Cabral.

a) No verso "(dizem: tem alma dionisíaca)", qual o sentido que os dois-pontos expressam?

_____

_____

_____

_____

b) Reescreva os dois versos finais do poema, empregando a pontuação adequada.

_____

_____

_____

9. (UFT-TO – adaptada) A revista *Vida Simples*, edição 47, novembro de 2006, p. 15 e 16, apresenta o seguinte texto publicitário:

....

Você não precisa se descabelar para conseguir crédito no Banco X. Nem pentear o cabelo: dá para pedir pelo telefone.

Crédito pré-aprovado Banco X.

Emprestar dinheiro é uma das atividades essenciais de um banco. Por isso, o Banco X procura descomplicar ao máximo: você pode fazer tudo por telefone, e é bem provável que o seu crédito já esteja aprovado, com uma das menores taxas do país.

Isso vale mesmo se você não tiver conta no Banco X. E se o Banco X trata bem assim até quem não é cliente, imagine como deve tratar quem é.

Então, abra uma conta no Banco X.

Ligue e, se tivermos agências em sua cidade, iremos até você.

....

Considerando o uso da pontuação no texto, podemos afirmar que:

a) no enunciado "Isso vale mesmo se você não tiver conta no Banco X. E se o Banco X trata bem assim até quem não é cliente, imagine como deve tratar quem é.", o ponto-final pode ser substituído por uma vírgula, sem causar problemas de interpretação. Nesse enunciado, o ponto exerce o papel de separar elementos da mesma função sintática.

b) no enunciado "Então, abra uma conta no Banco X.", o uso da vírgula é opcional e não interfere na intenção comunicativa da peça publicitária.

c) o texto, por pertencer ao gênero publicitário, apresenta problemas de pontuação, tornando a leitura tensa no nível gramatical e discursivo.

d) o uso dos dois-pontos no enunciado "Nem pentear o cabelo: dá para pedir pelo telefone." tem por função introduzir um esclarecimento sobre o inusitado dito anteriormente.

10. (ITA) Assinale a opção em que a ausência da vírgula NÃO altera o sentido da frase.

a) Não, espere.

b) Não, quero ler.

c) Aceito, obrigado.

d) Amanhã, pode ser.

e) Eu quero um, sim.